任玉岭

任玉岭在全国政协十二届四次会议上作发言

任玉岭在中国经济论坛上作发言

任玉岭在云南怒江体验学生溜索上学

任玉岭在宁夏西海固农村考察

社会治理的中国逻辑

任玉岭谈社会治理

周雪 编

CHINA'S
LOGIC
—— IN ——
SOCIAL GOVERNANCE

九州出版社 | 全国百佳图书出版单位
JIUZHOUPRESS

图书在版编目（CIP）数据

社会治理的中国逻辑 ：任玉岭谈社会治理 ／ 周雪编
. -- 北京 ：九州出版社，2024.2
ISBN 978-7-5225-2640-9

Ⅰ．①社⋯ Ⅱ．①周⋯ Ⅲ．①社会管理－研究－中国
Ⅳ．①D63

中国国家版本馆CIP数据核字 (2024) 第046566号

社会治理的中国逻辑：任玉岭谈社会治理

作　　者	周　雪　编	
责任编辑	陈文龙	
出版发行	九州出版社	
地　　址	北京市西城区阜外大街甲 35 号（100037）	
发行电话	(010)68992190/3/5/6	
网　　址	www.jiuzhoupress.com	
印　　刷	鑫艺佳利（天津）印刷有限公司	
开　　本	710 毫米×1000 毫米　16 开	
印　　张	24.25	
字　　数	320 千字	
版　　次	2025 年 5 月第 1 版	
印　　次	2025 年 5 月第 1 次印刷	
书　　号	ISBN 978-7-5225-2640-9	
定　　价	88.00 元	

前　言

社会治理是社会建设的重大任务，推进社会治理现代化是完善和发展中国特色社会主义制度、推进国家治理体系和治理能力现代化的重要内容。习近平总书记指出，社会治理是一门科学，管得太死，一潭死水不行；管得太松，波涛汹涌也不行。要讲究辩证法，处理好活力和秩序的关系，坚持系统治理、依法治理、综合治理、源头治理。习近平总书记关于社会治理的重要论述中，构建中国特色社会治理体系、建设社会治理共同体的思想，为"中国之治"提供了体系支撑和方法论工具，为实现社会长治久安奠定了理论基石。

任玉岭作为国务院参事、全国政协常委、国家教育咨询委员会委员，为国家的社会治理提出大量建言，为推进社会治理体制机制创新、完善共建共治共享的社会治理格局贡献了真知灼见。我先后读完他100多篇有关社会治理的文章，发现他的建言皆是以事实为依据，有理论、有数据、有事例，且附上了符合国情和可付诸实践的建议。其观点既深刻、真切，又充满正能量，契合了习近平总书记关于社会治理的重要论述的核心精神。正因如此，我决心对任玉岭的社会治理建言进行系统整理和研究。为此，我做了三件事：一是将他这些年散布于上百种书刊中的文章抽取出来整理成册；二是将这些文章梳理、分类，提炼有关社会治理的重要内容；三是详读每一篇文章，归纳其精髓要义并总结应时价值。

党的十九大报告指出，要打造共建共治共享的社会治理格局。加强社会治理制度建设，完善党委领导、政府负责、社会协同、公众参与、法治保障的社会治理体制，提高社会治理社会化、法治化、智能化、专业化水平。因此，结合社会治理现代化的理论内涵和实现路径，本书将任玉岭针对社会治理的思路与方法归结为六大逻辑：（1）社会治理的价值逻辑；（2）社会治理的行政逻辑；（3）社会治理的统筹逻辑；（4）社会治理的民生逻辑；（5）社会治理的产业逻辑；（6）社会治理的文化逻辑。这六大部分内容充分聚焦我国社会治理的理论探索与实践创新，深刻回应了如何统筹社会力量、平衡社会利益、调节社会关系、规范社会行为等命题，为当前守正创新开展社会治理研究提供了翔实的学理支撑和实践依据。为了便于读者理解任玉岭社会治理建言的本意和详情，本书在编选时并未作断章取义式的论述，而是在保留任玉岭建言原文的基础上进行要义归纳。

任玉岭关于社会治理的建言虽部分形成于十多年前，但其核心观点与对策建议至今仍彰显出鲜明的现实指导意义。本书所选建言系统梳理了我国改革开放进程中的治理实践，为研究我国现代化治理体系的演进逻辑提供了重要文献参照。近年来，中国文史出版社《政协委员履职风采：任玉岭》与人民日报出版社《任玉岭：只为呼声成政声》两部著作的相继问世，不仅印证了其建言的前瞻性与实践价值，更反映出这位学者型参政议政者立足国情、心系民生的履职担当。

在担任国务院参事，第九、十届全国政协常委和国家教育咨询委员会委员的近 20 年中，任玉岭所提建言数量之多、领域之广、影响之大，被称为"任玉岭现象"。他始终牢记初心、胸怀天下、情系百姓，坚持"说真话，察实情"，被誉为"影响中南海的国事高参"，并于 2018 年入选"致敬改革开放四十周年·中国智库建设 40 人"。

任玉岭为什么能创下如此"现象"且被誉为"高参"？人民日报出版社于 2021 年出版的《任玉岭：只为呼声成政声》一书分析称："任玉岭现象"有着使命担当、民生在心、人民至上、有胆有魄、眼光远大、立足全局与精气神等七个特征。而任玉岭之所以能做到这七个方面，是因为他有着在工、农、兵、科、教和政府部门工作的丰富阅历，历经了抗日战争、解放战争、新中国成立以及改革开放的全过程，有在北京、天津、上海、北海、深圳、昆明、成都、广州等地的工作经历，其工作轨迹覆盖我国东、西、南、北等各大区域，遍及首都、直辖市、经济特区及沿海开放城市。他曾调研过全国1200多个县市，出访过30多个国家，有15所大学聘请他做教授、55个杂志聘请他担任主编或编委。如此宽阔的平台和活动天地，不仅增长了他的见识，开阔了他的眼界，亦使他更加熟悉国情和民情，有着同人民大众的血肉联系和深情厚谊，因此他所提出的社会治理方面的建言，皆以人为本，眼光敏锐，观点独到。

在任玉岭担任全国政协常委兼国务院参事的那些年，"双肩挑"这样两个职务的仅有他一人，他深感责任重大。为做好参政议政、建言国是，他曾对自己提出"六个三"箴言：一是抓好"三个学习"：学好党的政策，学好中国传统，学好外国经验；二是做到"三个正确对待"：正确对待自己，正确对待人民群众，正确对待政府官员；三是"坚持三不"：不人云亦云，不老生常谈，不说套话空话；四是强调"三真"：真情实意，真实可靠，真知灼见；五是提倡"三性"：前瞻性，战略性，全局性；六是搞好"三个关注"：关注实际，关注群众，关注民生。正是在这样严格的自我要求下，任玉岭的社会治理建言有着较强的担当意识，总能"敢"字当头，一针见血，始终以马列主义、毛泽东思想、邓小平理论、"三个代表"重要思想、科学发展观、习近平新时代中国特色社会主义思想为指导，坚持以人民利益、人民需求为中心，具有强烈的现实指导意义。

与此同时，任玉岭还身兼多重身份和角色。他被誉为"真正的经济学家"，《任玉岭谈经济》一书约50万字，收集了他有关经济发展的80多篇论述。他亦是一位科学家，从事科学研究24载，早在二十世纪六七十年代，就由他牵头完成了国家"十二年科技规划"攻关项目，并翻译出版了三套五册科技专著。他在科技、经济等方面的著作更是达 20 多部，屡获"产学研促进功勋奖""改革发展功勋奖"等荣誉，还被联合国开发署聘为可持续发展首席顾问。此外，他还做过"中"字头企业的董事长、上市公司的监事长、中国星火计划的总工程师；曾担任沿海开放城市北海市副市长 10 年之久，分管 21 个处级部门，并获得"北海冲击波"的称号。任玉岭还是著名的书法家，他自小深受中国传统文化的熏陶，书法风格大气磅礴、不拘一格。他曾 6 次获得国内和国际书展金奖，被授予"德艺双馨艺术家"称号，被聘为中华海峡两岸书画艺术家协会主席和中国书画家协会名誉主席。

任玉岭 76 岁退休后，本应颐养天年。然而国内、国外还有众多会议邀请他前去做主旨演讲，最多时一天参加 9 个会议，一周内走访 5 个省份。同时，任玉岭还应地方要求，在北京昌平、河南信阳、厦门翔安、浙江长兴捐出 4 座"任玉岭收藏及作品展览馆"。为支持家乡的乡村振兴，2021 年他还从自己的储蓄中捐出 70 万元善款。

时代的华章，总是在接续奋斗里书写；历史的画卷，总是在砥砺前行中铺展。走过 80 年的壮阔人生，任玉岭仍然在新时代为国家、为人民潜心奉献、坚贞不渝，这正彰显出他忧民生、忧天下的博大情怀。法国著名诗人波德莱尔曾说："英雄就是对任何事都全力以赴、自始至终、心无旁骛的人。"80 岁高龄依然行走在调查研究一线的任玉岭，正是这个时代的英雄。

编　者

2022 年 10 月 1 日

目 录

第一章

社会治理的价值逻辑

新时代的社会治理，要坚持"以人民为中心"，发挥中国共产党领导的社会主义制度的优越性，以人民群众对美好生活的向往、需求为出发点和落脚点，着眼于追求人民群众的根本利益，确保人民群众的主体地位。本章围绕社会治理的本质属性，遴选任玉岭关于中国社会治理过程中应当如何坚持"以人民为中心"的系列建言，从学理支撑到实践依据，回应新时代的社会治理应回归人民本位，致力于满足人民群众对美好生活的时代需求，把"以人民为中心"的发展理念贯穿于社会治理的各个环节，使社会治理更加人性化、优质化、高效化，彰显新时代社会治理的价值情怀、价值追求和价值担当。

一　社会治理一定要视人民利益重如山

习近平总书记指出，创新社会治理，要以最广大人民根本利益为根本坐标，从人民群众最关心最直接最现实的利益问题入手。我们党历来高度重视发挥人民群众在国家治理、社会治理中的主体作用，强调人民是历史的创造者，群众是真正的英雄。而社会治理是国家治理的重要领域，只有不断提升社会治理现代化水平，才能有效维护人民生命财产安全，不断增强人民群众的安全感和满意度。任玉岭长期深耕社会基层，对社会治理有着独到的见解，他曾在 2012 开放型经济海西发展论坛上发表主题演讲，详细论述社会治理的基本概念、目的和属性，针对我国社会治理性质作了充分回应，强调社会治理一定要"视人民利益重如山"。

什么是社会治理？简单地讲，社会治理就是对社会的各个组成、社会生活的各个领域及社会发展的各个环节进行组织、协调、监督、推进和管控的行为过程。它包括协调社会关系、规范社会行为、推进社会保障、搞好社会服务、化解社会矛盾、应对社会风险、保持社会稳定等。

社会治理的目的，是有其阶级属性的。对于走中国特色社会主义道路的中国来说，社会治理的目的，更重要的在于做到执政为民，关注社会民生，促进社会公正，实现好、维护好、发展好最广大人民的根本利益，确保社会稳定和谐，人民安居乐业。

应该说，没有社会治理，就不会有当今世界。从古至今社会治理都受到世界各国的高度重视，并形成了很多社会治理的好经验。在我们国家，自中华人民共和国成立至今，党和政府高度关注社会治理，总的来讲我们的社会治理是很有成绩的，社会治理的形势基本上是与社会发展相适应的。当然在看到成绩的时候，也要看到不足，要看到我们的社会治理确实还存在一些问题，为了社会和谐，我们的社会治理必须改进。

所谓改革创新社会治理，就是寻求构建和谐社会新方法、新途径的探索过程。先前的管理，多是出一次问题，管理就从严一次，人力不够加人，资金不够加资金。这样连续的结果是，社会群体事件仍然有增无减，出现了越维稳越不稳、越治理问题越多、越严管矛盾越大的恶性循环。正因为这样，我们必须对社会治理进行创新，必须寻求构建和谐社会的新方法，探索合理而又有效管理社会的新途径。

在我国经济高速发展和社会快速转型的过程中，一些人发财致富、兴高采烈的同时，另外一些人利益受损，从而为之痛苦和激愤，这是必然的，应予承认的。成功中有失误、振奋中有忧虑、美好中有丑恶，我们应能对这种现象进行包容，理解处于弱势方的苦衷，政府应能听其申冤和诉求，为他们解困分忧。

城乡居民收入差距、地区差距、城镇贫富财产差距这三大差距的拉大，应该引起我们的高度注意，这是一切社会问题的重要根源。长期的重锦上添花、轻雪中送炭，已经造成这三大差距十分突出。面对这样的实际，我们是用治本的办法，从深层次原因化解有关矛盾，还是将其视为洪水猛兽予以严打呢？而严打是解决不了问题的，化解矛盾和从深层次上解决问题才能真正长治久安。

因此，我认为创新社会治理，必须立足于"水治"（善治），而不能立足于"刀治"（恶治），"刀治"是必要的，但"刀治"的手段过多，会造成矛盾的深化和积累，会使事物走向反面，这绝不是我们的目的。与此相反，我们创新社会治理，一定要以"善治"为主，要立足治本之策，找出社会矛盾频发的源头，解决问题，化解矛盾，这样既节省人力、物力，又一定能构建和谐社会。

为了创新社会治理，我认为第一重要的，应该是加大群众对政府、对官员的监督。"民以吏为师"，官风正了，民风自然就会正。从克服为官的脱离群众、工作懈怠、消极腐败做起，社会治理创新才有希望。第二重要的是，要下大力气缩小收入差距，搞好协调发展，防止两极分化，从就业、教育、医疗、住房、社保等方面改善民生。第三是要把社会服务的重点向"普通人"转移。"普通人"占社会的绝对多数，他们几乎是所有不公平、不正义的承受者，"普通人"的问题解决了，社会才能安定，社会才能和谐。第四是要重视四个战略问题，要在经济发展方面重视均衡战略，在执法行政方面重视反腐败战略，在治安管理方面重视疏导战略，资源环境方面重视补偿战略。第五是要注重信访，信访工作既是洞察社会风云的哨所，也是联系群众的纽带，信访工作要立足于解决百姓的疾苦和困难，化解社会矛盾，并在化解矛盾过程中坚持三项原则，即亲民爱民的原则、权为民用的原则、法律至上的原则。

社会治理做好了，社会就会安定、和谐，投资环境就会改善。因此，一个地方要想求得更大发展，就一定要狠下功夫，做好社会治理的创新。

古代文学家、哲学家贾谊讲过，只有不通情达理的官吏，没有不通情达理的百姓，百姓作为弱势群体，只要官员为他们着想，使他们生存有保障，他们是不会无理取闹的。只要我们能够坚持"权为民所用、情为民所系、利为民所谋"，"视个人利益淡如水、视人民利益重如山"，我们就一定能做好创新社会治理工作，我们的社会就一定能平安与和谐。

（2012 年 5 月 18 日在 2012 开放型经济海西发展论坛上的发言）

二　社会治理创新一定要立足幸福百姓

习近平总书记指出，必须把为民造福作为最重要的政绩。我们推动经济社会发展，归根到底是为了不断满足人民群众对美好生活的需要。社会治理必须以人民的利益为旨归，维护和发展人民利益是社会治理的最高追求。更充实、更有保障、更持久地满足人民获得感、幸福感和安全感是社会治理的公共利益最大化本质所决定的。而社会治理要立足幸福百姓，是任玉岭一以贯之的哲学和思维。

社会管理创新不只是公安、城管的事情，社会管理创新涉及政府的各个部门。政府怎样转型？政府转型怎样进行？实际上这些都是社会管理创新的重要内容。只有搞好社会管理创新，才能搞好政府转型；只有政府转型牢牢地与社会管理创新相结合，才能实现好、维护好、发展好最广大人民的根本利益，做到社会稳定和谐，人民群众安居乐业。

就当前的情况看，我们的经济虽然赢得了高速发展，GDP 总量已超过了英、法、德和日本，进入了世界第二位，但是由于收入差距的极度拉大和腐败现象的严重，社会上怪象百出，社会的稳定和谐受到了冲击，人民群众的安居乐业受到了威胁。群众议论说社会上有"十八多"，即交通事故多、诈骗绑架多、食品安全问题多、住房困难多、工伤与职业病多、制假售假多、孤寡老人多、"四二一"家庭多、低收入人群多、群体事件多等。这些现象的存在，不仅给广大人民的生活带来了威胁，而且影响了社会的稳定。这既是社会管理不当造成的，也是社会管理必须予以解决的。对此，我们必须深刻认识到解决这些问题的紧迫性。如果"十八多"现象不能得到遏制，广大人民群众的安居乐业就无法保证，和谐社会的构建就会落空。

根据我的调查，在总书记于中央党校做了关于推进社会管理创新的报告后，全国各地都行动了起来，并做了大量工作，但是我看到的创新办法还多为治标不治本，多为立足把群众管起来的老路子。今天看来，如不立足于治本，任何仅只注重治标的办法都是不可取的。我认为创新社会管理必须重视"水治"（善治），力争减少"刀治"（恶治），"刀治"手段过多，会造成矛盾的深化、积累，会使事物走向反面。

社会矛盾的增加和激化，在我看来主要是由三个方面的原因造成的。第一个方面是发展的严重不均衡，城乡差距、地区差距、行业差距、人均收入差距明显扩大。第二个方面是一些政府部门和管理人员缺乏为人民服务的真诚，造成这些地方的发展没能从实现好、维护好、发展好最广大人民的根本利益出发，他们常常是为了升官发财，只求 GDP 增长，导致一些项目的决策脱离群众、脱离实际，违背了百姓利益。第三个方面是社会管理的不作为、乱作为，不体察民情。因此，要想搞好社会管理创新，我认为在政府转变职能的过程中，一定要从宏观入手认真解决好上面谈到的这些问题。为此，一要做好均衡发展，推进"共富"；二要真正做好反腐倡廉，重视在发展中维护人民利益；三要促进社会管理的尽职尽责，全心全意为人民服务；四要使社会管理由"管群众"向"群众管"进行转变。

人民群众是中国共产党的执政基础，也是中国共产党执政的服务对象。正如毛泽东 1945 年在给黄炎培谈话时所讲的那样，我们的政权要避开历史周期律，防止人亡政息，就必须用好我们的法宝，这就是群众路线。只有走"相信群众,依靠群众"的路子,我们才能搞好社会管理创新。

这方面做得较好的有江苏睢宁和河南安阳的殷墟区。安阳殷墟区的书记认为,群众不听我们的,是因为我们没听群众的。群众之所以要上访,是因为他们的利益没有得到保证。于是他们提出了"放权于民、还权于民、恢复群众的主人翁地位"的口号,不论做什么,都请群众参与,多听群众意见。例如他们开门搞党建,在基层组织内实施了"四个60%":一是发展党员,群众赞成票低于60%不发展;二是评议党员,60%群众不满意就视为不合格党员;三是干部考核时,群众满意度低于60%的为不合格干部;四是党支部换届时,群众信任票低于60%者,不列为意向人选。他们在抓经济、搞城管、处理信访和落实低保方面也同样实行了依靠群众参与、多听群众意见的做法,结果是极大地调动了群众的积极性和主动性,促进各项工作取得明显进展,得到了各方面的好评。

因此,社会管理创新,一刻也不能脱离群众,一定要相信群众、依靠群众,把"管群众"转变为"群众管",这是社会管理创新取得更大成绩的根本保证。

（2012 年 9 月 21 日在上海第六届参事国是论坛上的发言）

三 以人民为中心的社会治理体系必将完备而高效

"坚持以人民为中心的发展思想，体现了我党的理想信念、性质宗旨、初心使命，也是对党的奋斗历程和实践经验的深刻总结。"总结中国共产党发展壮大、中国特色社会主义发展进步的经验，很重要的一条，就是始终把人民群众作为智慧和力量的源泉，"一切为了人民、一切依靠人民"。

党的十九届四中全会的《决定》对推进国家治理体系和治理能力现代化作出了全面而深刻的描绘和论述。整个《决定》体现了总结历史与面向未来、坚定制度与改革创新、重视问题与目标明确的统一，抓住了国家治理的关键和根本，彰显了我国社会治理体系的最大优势和特色。

（一）以两大奇迹为依托，经过 70 年的实践与改革而选择下的制度和治理体系必将是行之有效的

新中国成立 70 年来，中国共产党领导中国人民创造了世界罕见的经济快速发展和社会长期稳定两大奇迹，中华民族迎来了从站起来、富起来到强起来的伟大飞跃。在这样一个长时间的发展过程中，我们在中国共产党的领导下，坚持富民、强国的总目标，对坚持社会主义道路的理论、制度和文化进行了深入而广泛的实践和探索。我作为这 70 年的亲历者，目睹了这个发展过程中曾经出现的高潮与低潮、成就和辉煌，体会到其中的挫折和教训。70 年的建设发展，虽不像当年万里长征那样要爬雪山过草地，经历枪林弹雨的考

验，但是这70年的建设征途也并不平坦，整个建设过程既要与天斗、与地斗，还要与国外和国内的敌人斗。新中国成立初期就遇到帝国主义的封锁、保家卫国的战争和国内反动派的破坏，直至今天国际和国内斗争的严峻性依然不能小觑。在这存在着诸多不确定因素的探索前进征途中，因为要破旧又要立新，要扬善又要惩恶，不可能一帆风顺，出现左一脚、右一脚，深一脚、浅一脚，前一脚、后一脚的情况，是难以避免的。但是，由于我们坚持的初心没有变，马克思主义的价值观没有变，所以我们能在中国共产党的领导下，在坚持社会主义道路、理论、制度不动摇的前提下，总结经验、改革创新，走出一条既不改旗易帜，又不保守僵化，总能充满生机与活力的中国特色社会主义道路。

例如，这次党的十九届四中全会确定下的按劳分配为主体、多种分配方式并存，公有制为主体、多种所有制经济共同发展的社会主义基本经济制度和理论，就是经过了大约35年的计划经济和35年的市场经济的丰富实践，在认识上历经了由浅入深、由拒绝到包容、由否定到肯定的过渡和转变而取得的成果。正是因为中国共产党坚持了马克思主义的实事求是基本原则，又能以实践作为检验真理的唯一标准，做到不断地自我完善和自我发展，所以才创造了70年来的两大奇迹，即经济的快速发展和社会的长期稳定。这既是我们富起来的根本依托，也是我们强起来的基本保证。这次四中全会的《决定》所肯定的国家治理体系和制度就是这样经过70年的长期淬火和历练取得的，也是历经了这两大奇迹的佐证和考验的。因此，党的十九届四中全会决定的国家治理体系的各项制度必将是行之有效的，一定能为推进国家治理体系和治理能力现代化作出积极贡献。

（二）发挥好中国共产党在国家治理体系中的统领性作用，是中国社会治理的最大特色和优势

前面谈到的 70 年的两大奇迹是怎么出现的，中国人民站起来、富起来、强起来又是怎样取得的？首先就是因为有了中国共产党的领导，没有共产党领导就没有这一切。

我小的时候，遇上过日本飞机狂轰滥炸、天天跑反、缺吃少穿。日本投降后，在河南又遇上国民党统治下的"水旱蝗汤"，民不聊生。中国共产党领导中国人民推翻了"帝、官、封"三座大山，建立了中华人民共和国，使中国人民站起来。刚一解放，中国工业一穷二白，那时连用的洋火（火柴）都没有，生火做饭要用火镰撞击燧石进行取火。但在中国共产党对党政军民学、东西南北中的领导下，经济快速发展，我们在二十世纪五六十年代就制造了第一台拖拉机、第一台汽车、第一台飞机、第一台万吨轮船、第一台水压机，并造出了"两弹一星"。后又经过改革开放，我们国家成为世界第一制造业大国，我们的工业增加值已达日本的 3 倍、美国的 1.5 倍，是美日德三国的总和，有 220 种产品产量位居世界第一。

中国今天能够成为世界第二大经济体，成为可以抗拒狂风巨浪的经济体，成为 G20、APEC 举足轻重的成员，中国首创的"一带一路"朋友圈能够很快超过 100 个国家和团体，都是因为有了中国共产党的领导。中国特色社会主义的开创、践行和保护靠的是中国共产党的领导，中国社会治理的最大优势和特色仍然是中国共产党的领导。中国共产党 98 年前成立时，就选择了以为中国人民谋幸福、为中华民族谋复兴为初心，经过 98 年的斗争实践，终于使广大人民翻身解放、致富图强，于是人民信赖共产党、紧跟共产党，这就形成了中国体制的最大特征和中国能够自立于世界民族之林的根本保障。

党的十九届四中全会的《决定》有许多新的突破，而最为突出的一点，就是把党的领导制度摆在了国家制度和国家治理体系的统

领性地位。党政军民学、东西南北中，党是领导一切的。坚持党的领导、服从党的领导、维护党的领导是我们做好一切工作的根本前提，是搞好国家治理的坚强保障。为了搞好国家治理必须把党的领导制度建设好，既要建立"不忘初心、牢记使命"制度，健全党的全面领导制度，又要建立完善全面从严治党制度等。

（三）必须坚持以人民为中心是完善中国社会治理体系和实现社会治理现代化的核心与关键

过去的 70 年，作为世界第一人口大国，中国之所以能够实现经济快速发展和社会长期稳定两大奇迹，归根结底就在于执政党坚持了以人民为中心的初心与核心。

就我所经历的和看到的中国 70 年发展的全过程，虽然出现了这样或那样的挫折和问题，但从宏观和总体上看，党和政府的作为都是以谋取人民福祉为宗旨的，其出发点都是为了让人民能早日过上好生活，让国家早点强起来。记得 1960 年冬我作为河北省委生活工作队队员工作于河北沧州地区，每天只有 4 两玉米面的供应，其他什么也没有，但我们依然与群众一起挺过了几个月的寒冬。我当时的工作单位在南开大学，当减少粮食定量，实行停课修整后，拥有数千名师生的学校也依然安定而平静。从农村到城市、从农民到师生都能理解国家的困难，同党一心，抱团取暖。这一方面体现了党和政府的崇高信誉和权威，另一方面也可看出广大百姓对政府工作的认同、理解、支持和包容。

党的十八大之后，习近平总书记第一次接待记者采访时就讲到，人民对美好生活的向往就是我们的奋斗目标，并提出共享发展目标，坚持公平正义和共同富裕。这极大地调动了全国人民的积极性，使我们国家经济体量不断增大。

因此，要搞好国家治理体系建设和实现国家治理的现代化，必须坚持为人民谋幸福、为民族谋复兴的初心和使命，并须形成长效机制，所有的治理机制和治理举措都要以人民为中心。包括财政的开支，一定要想着 14 亿人民，不要乱支乱花；要在教育、医疗、养老、就业方面更多想着百姓、关心百姓。

（四）加强教育、重视优秀传统文化的传承与弘扬，是搞好社会治理的条件和保障

我们所取得的经济快速发展和社会长期稳定两大奇迹的背后是有文化支撑的，中国传统文化与红色文化影响下的那代人，一心一意跟党走，齐心协力做贡献，保证了中国社会的长期稳定和快速发展。例如，那时中央提出的"先治坡后治窝，先建设后生活"的方针，曾经使多少人居住陋室，几代人一间房、几家人一个单元，大家都没怨言。这些人从 1960 年到 1976 年，16 年中工资没有调整过一分一厘，但仍然干劲十足。当时的社会路不拾遗、门不闭户，娃娃捡到两分钱，也要交到警察叔叔手里。

为此，要搞好社会治理，必须加强道德教育，弘扬中国的优秀传统文化；要以社会主义核心价值观为中心，搞好德文化、孝文化的传承；要从娃娃抓起，搞好社会主义道德的弘扬。

古人云，人"以吏为师"，而"上行下效"已是约定俗成的社会规则。为了搞好社会治理，更好弘扬优秀的传统文化，提升社会道德意识、道德水平，还要从广大公务人员和广大干部抓起，从上到下率先垂范；要进一步搞好反腐倡廉，反特权思想、特权现象，进一步加强法治建设，搞好对权力的监督。只有这样，我们的国家才会更美好，我们才能走在世界的最前列，为建设人类命运共同体作出更大贡献。

（2020 年 1 月 7 日在人民日报社创新社会治理经验交流会上的发言）

四 重视"七个不能持久""八个必须转变",
关注社会治理的五个新问题

任玉岭早在数年前就已敏锐地洞察到中国社会发展和社会治理出现的一些亟须解决的大问题,他将其归纳为"七个不能持久""八个必须转变",最早刊登于《中国社会科学报》。后来在苏州举行的"东沙湖论坛——2013'中国管理百人峰会"上,他结合"七个不能持久""八个必须转变",提出了社会管理必须关注和解决的五个新问题,为后来的社会治理与发展提供了一些新的思路。

我国在改革开放后,不论是企业管理、社会管理、教育管理,还是文化管理、民生事业管理等,均取得了重大突破和进展,为我国经济社会发展作出较大贡献。

但是,由于快速发展和管理改革的快速推进,社会上也出现了不少新矛盾,面临诸多新问题。2010年4月校园血案发生后,我曾向中央提出了"从校园之外构筑校园平安"的建议,得到了习近平总书记的批示。与此同时,我还反思了校园血案发生的深层次问题,并将其概括为"七个不能持久"和"八个必须转变"。

"七个不能持久"是:(1)依靠国外市场、产品外销为主不能持久;(2)依靠农民工低工资、廉价劳动力参与国际竞争不能持久;(3)产品技术落后、附加值太低不能持久;(4)对国外技术依赖度过大、自主品牌过少不能持久;(5)粗放经营、高消耗、低产出不能持久;(6)二氧化碳排放过高、耗能过大不能持久;(7)污染环境、损坏生态严重不能持久。

"八个必须转变"是:(1)中西部发展滞后、区域发展差距过大必须转变;(2)农村一家一户经营模式落后、城乡差距过大必须转变;(3)城市化推进不力、城市化率过低必须转变;(4)劳动分配比重过低、基尼系数过大必须转变;(5)服务业发展缓慢、第三产业比重过小必须转变;(6)社会保障滞后、公共服务不公平必须转变;(7)民生问题突出,住房、教育、医疗服务同百姓收入脱节必须转变;(8)文化发展重视不足、文化产业滞后必须转变。

为了解决好这些问题,中央提出了以科学发展为主题、以转变发展方式为主线的新战略,从战略高度对管理工作提出了新要求。为此,在社会加速变迁的情况下,管理工作必须担当起改革的新使命。作为管理科学家,必须立足全局,树立问题意识,善于发现问题、提出问题,找出解决问题的新途径。

根据本人的研究,当前我们的管理工作面临的主要问题:一是需要改变就事论事的管理和创新,强化管理的全局意识和统筹观念;二是需要对改革的限度进行考量,防止一种倾向引发另一种倾向;三是要高度重视对公权力的限制,严防腐败发生;四是要正确对待利益博弈带给管理的干扰,坚持为广大百姓服务的方向;五是要加强网络应用,把信息化融入管理的各方面和全过程。只有针对这五个方面存在的诸多问题,找出有效的管理办法和措施,中国的管理才能上升一个新台阶,才能完成新时期的管理的责任和使命。

(一)转变就事论事的管理思维,强化管理的全局意识和观念

孙子兵法曰:"不谋万世者,不足谋一时;不谋全局者,不足谋一域。"这既是尊重客观规律的重要论述,也是管理工作的重要指南。世间万物都是互相联系、互相制约的,我们不论做哪方面的管理,

都要既关注周边事物可能带来的影响，也要关注可能带给周边事物的影响。仅就事论事，就管理论管理，而不考虑外围环境和全局情况，不仅难以把自身的管理做好，而且还可能给外围环境造成危害。

例如，对煤变油的管理，由于一开始不注重全局利益，而是单纯追求能把煤变成油就是成绩，出现了一些企业不顾客观效果的煤变油的推广热潮。一次我到神木去访问一个煤变油的大企业，当我问及煤变油的能量转化率的高低时，一位总工程师告诉我是42%（即煤当中蕴藏的能量，经过煤变油的转化，有58%的能量被消耗在这个过程之中了）。我是长期从事工业生产管理工作的，当听到这一能量转化率如此之低时，马上感到这一技术尚不成熟，还不能推广。于是我回去后马上提出了这方面的建议，认为我们需要研究煤变油技术，但不考虑对资源的浪费是危险的，42%的转化率说明技术是很不成熟的，是不能推广的。此后"煤变油热"逐渐冷却下来，这不仅减少了煤资源的浪费，也使我们的技术推广变得更加冷静。这件事说明我们的管理工作是存在就事论事的问题的，不注重解决这样的问题是不利于国家发展的。

昨天我参加教育部党组扩大会，讨论民办教育和职业教育问题。据我在国内外的大量调查发现，我们国家民办教育和职业教育地位极其低下。在民办教育方面，中国没有一所学校能享有美国哈佛、哥伦比亚，英国剑桥、牛津，日本早稻田、庆应这些民办大学的崇高地位，相反，有不少民办学校因其地位过低而难以为继。在职业教育方面，从招生开始，得等一、二、三本录取结束了，职业高校才能录取新生，这就把职业教育的地位降到了全社会都另眼看待的最低层。而我们所开展的管理改革试验，根本不能面对主要问题，而是就事论事地做一些细节的改革。在会上，我引用赵朴初先生讲过的一句话——"脑袋都没了，哭头发有何用？"——来形容那些就事论事的改革试验。我认为不立足大局，所做的就事论事的改革，是根本解决不了当今民办教育和职业教育面临的严重问题的。

再就是城市房价过高、城市化难以推进问题，这也是住房建设管理方面缺乏全局意识和缺少统筹观念造成的。本来我国作为一个农业大国，农民人口占到总人口的70%以上，要推进现代化建设就一定要推进农民变市民的城市化，住房建设作为农民变市民和实现安居乐业的基本条件，应该是很早就需要统筹考虑的。但管理方面只注意到城市怎么现代、房产怎么发展、政府收入怎么改善，而欠缺考虑农民变市民的城市化，从而导致房价无限高企、城市门槛越来越高、城市化越来越难、城乡差距越来越大。

这些案例说明，我们的管理因缺乏全局意识、缺乏整体统筹，引发的不良后果是十分突出的。党的十八大报告指出，为了推进科学发展，必须更加自觉地把统筹兼顾作为科学发展的根本方法，坚持一切从实际出发，正确认识和妥善处理中国特色社会主义事业中的重大关系，统筹改革、发展、稳定，统筹内政、外交、国防，统筹治党、治国、治军，统筹城乡发展，统筹区域发展，统筹经济社会发展，统筹人与自然和谐发展，统筹国内发展和对外开放，统筹各方面利益关系。我想，所有这些统筹既是对管理工作的新要求，也是真正搞好管理工作的基本保证。

（二）对管理改革限度进行考量，防止一种倾向引发另一种倾向

中国汉语中，用"度"组成的词有很多，如长度、宽度、深度、广度、温度、浓度、透明度、对比度等。物质有度、精神有度、科学有度、法律有度、民主有度、自由有度，可以说凡是存在都有度。管理的改革也不例外，同样存在着管理的度。管理的改革既不能过左，也不能过右。过右了会出现管理松弛，造成管理混乱；过左了会束缚人的手脚，限制人的创造力，阻碍科学发展。

总结 30 多年来的管理改革，凡是做得好的都较准确地把握了管理的度。但是，由于发展快速，往往也有矫枉过正的现象出现。为了科学发展、搞好发展方式的转变，十分需要对那些管理过度的地方进行必要的调整，使其能够因时制宜。

在改革开放初期，我们提出了让少数人和少数地区先富起来。这在资源紧缺、竞争意识淡薄的情况下是十分必要的，为了改变"吃大锅饭"的惯习和促进竞争，一定要强调效率优先，这样的指导思想为我们改变落后面貌作出重要贡献。但是，正如诺贝尔经济学奖获得者谬达尔所言，不均衡发展到了一定阶段，必须在政府的干预下推进均衡发展，防止出现两极分化。为此，进入本世纪初后，我们提出了西部大开发、东北工业基地振兴和中部崛起等策略，但是后发地区已经失去了东部发展时的卖方市场的好时机，在买方市场的制约下仍然步履艰难。由此造成的地区差距、城乡差距、人均收入差距都处于世界的前列。这不仅造成内需不振，抑制了可持续发展，而且也给社会管理带来了诸多负担。

又如当年提倡的包产到户和对安徽凤阳小岗村精神的大力弘扬，不仅激发了中国的农村改革，也较快地解决了农民的温饱和中国的吃粮问题。但是，没想到这样一种倾向的出现，也引发了另外一种倾向，30 多年过去了，中国农村一家一户的经营体制依然稳固如山。世界上的经验证明，农村经济要发展必须走合作化和集约经营的道路。为此，早在 1953 年，我国就倡导了农业合作社，只是因为急于求成而出了问题，但不等于说合作化的道路有什么错误。改革开放后农村涌现出的光辉典型，江苏华西村和河南刘庄、南街村等，实际都是农民合作组织与市场对接的产物。因此，我们管理的改革，一定要关注一种倾向掩盖的另一种倾向。在今天的农村发展中，要重视改革一家一户的经营体制，倡导建立农民入股的公司制合作组织。不要提倡大企业走进农村兼并土地，要把农产品加工、运输、销售的利润留给广大农民，农民富了，才有走向城市和融入城市的承载力，我们的城市化也才能更好推进。

因此，管理学不仅要学外国的好经验，而且要继承中国的好传统。《中庸》中讲要坚持原则，不偏不倚，无过无不及，对矛盾折中、致和，追求中正、和谐，与时俱进。我认为这都是搞好管理的目标和责任。

（三）高度重视对公权力的限制，严防腐败多发

习近平总书记在中央纪委二次全会上指出，要加强对权力运行的制约和监督，把权力关进制度的笼子里，形成不敢腐的惩戒机制、不能腐的防范机制、不易腐的保障机制。这既是对我们的管理学提出的新要求，也是管理学面临的新任务。

有人说，当今社会上出现的各种重大问题，几乎都是腐败造成的，而腐败的发生又都与管理不善直接相关。地产开发、金融贷款、工程承包、行政审批、税收征管、司法审判、工商管理、招标采购、入学就业、工作调动、检查评比甚至足球裁判等如此广泛的社会管理领域所暴露出的大量贪污挪用、监守自盗、损公肥私、化公为私、挥霍浪费等问题，都说明我们的管理出现了黑洞。管理的不到位，管理的失职、渎职，以及管理的不规范、不完备、不真实、不公开，都为腐败犯罪敞开了大门，促成了犯罪的发生。

前几天中央电视台《焦点访谈》曝光了温州120的问题。病人家属拨打120请救护车送病人向杭州转院时，来了一辆"假救护车"，这辆车因呼吸机不能用，重病号不得不想办法向有关方面报案并另想办法。但没想到这个"假救护车"是一辆高价车，每公里10元钱，温州到杭州要花几千元的车程费。当进一步调查为什么打120会派来假救护车时，发现是掌管120派车权的人有意这么安排，旨在从中提20%的车程费，以饱私囊。如此一个小小的公权力，为了个人

得利，就可以置病人的死活于不顾。由此可见，当今加强对公权力的管理是多么必要。

又如上个月我到土耳其调查食品安全管理时，他们农业部的官员讲，重点是狠抓粮油食品的标准化。当问及如何看待绿色食品和有机食品的认证时，他们认为，他们国家还没达到这个发展阶段，还没有开展这方面的工作，他们的主要工作是保证食品标准化和全民的食品安全不出问题。根据我们的了解，土耳其居民人均年收入12000美元，比我国高出1倍多，为什么他们还没有发展到大量认证绿色食品、有机食品的阶段，而我们却到了大量认证绿色食品和有机食品的阶段呢？我们不仅用大量的精力认证绿色食品、有机食品，而且在大量认证绿色和有机食品产区、绿色和有机企业、绿色和有机商店等。相反，关系广大民众健康的食品标准化反而被严重淡化了。更有不少有权、有钱的单位在大搞自己的绿色食品基地，严重弱化了对食品生产的管理和监督，致使食品安全问题越来越严重、越来越突出。所有这些，都说明我们管理方面对公权力约束的欠缺，使得部分人、部分单位对五花八门的认证产生了兴趣，更使此中的腐败得以盛行。

因此，我们的管理工作，必须认真限制公权力的泛滥和私用，只有把权力关在笼子里，才能涤荡腐败之因，才能减少腐败发生。

（四）正确对待利益博弈的干扰，坚持为广大百姓服务

当今管理改革遇到的最大难题是既得利益集团的干扰和阻拦，我们不是说不考虑既得利益者的利益，问题是既得利益者话语权过大，往往会使应该进行的管理改革不能推行。

例如，资料显示，1996年至2003年，中国耕地由19.5亿亩下降到18.5亿亩，7年减少了1亿亩；1980年至2010年，城市区域面积由5000平方公里上升到46000平方公里，面积增加8.2倍，而

同期城镇常住户籍人口仅从 1.9 亿人增加到 4.6 亿人，城镇化率仅有 35.3%。很多城市的政府都是将从农民手中得到的便宜土地拍卖给地产商，将所得大批收入用于推动城市改造，并选择向高端发展，在高端设施、高端产业方面进行全面规划、全面投入，推进了城市的高档化、贵族化，使其更气派、更豪华。我们的农民工和农村出身的大学生有两亿多人，他们大多分布于大城市，北京、上海都有 500 万～ 700 万人。这些农民工和农村走出的大学生，几十年来不仅为这些城市的发展作出巨大贡献，并且已经在这些城市生活 20 年左右。有的人 18 岁就进北京了，现在孩子都 20 多岁了，仍然没资格获得北京户口。他们不仅工资低，而且多蜗居于地下室、城中村或是城乡接合部。更可怕的是，我们在做教育调查时，发现义务教育阶段农民子女占 80%，也就是说整个国家 15 岁以下的人口中，80% 是农民。

此外，还有两个值得注意的问题。一是土地占补平衡指标的异地使用，这也是强势压弱势，既得利益集团阻拦管理改革和阻拦发展方式转变的又一表现。本来经济的发展是由经济要素的高势能地区向低势能地区流动的，土地占补平衡指标的异地使用，就等于剥夺了欠发达地区的发展机遇，会进一步拉大地区差距，使富的地区更富，使穷的地区更穷。二是过分强调把农户的宅基地作为城市发展用地的主要来源。一些地方为了扩大城市规模，不惜用各种手段低价占有农民的宅基地。我们看到的某些农村，农民把宅基地让出后，全部住进高楼，楼房之间全部搞成了水泥地，连一棵树都无法种。如此的利益博弈，严重干扰了正常管理。基于此，我们的管理工作，必须代表广大人民的根本利益，竭力排除利益博弈的干扰，把人民对美好生活的向往，作为我们管理工作的奋斗目标。

（五）加强网络应用，把信息化融入管理的各方面和全过程

由于计算机研发和卫星技术的突破，以及光通信技术、芯片技

术、软件技术的问世与快速发展，特别是网络技术的迅速发展，已经把整个地球上的各个国家、各个行业和家家户户连接到一起，历史上没有哪一项发明，能有如此大的威力和作用，可以使人类在极方便的条件下进行交流和沟通。

信息技术的发展和应用，已经大大推动了全球一体化，在文化、技术、信息的传播和交流方面，已经消除了距离遥远的鸿沟，打破了壁垒森严的国界。网络信息技术在管理工作方面的渗透，不仅极大提高了知识技术和文化的快速扩散，极大提高了人们的工作效率，降低了工作成本，而且还改变了经济发展模式、企业管理模式、政府办公模式、文化传播模式、教育讲授模式、安全控制模式以及人们的生活方式等。

因此，网络信息技术向管理学的方方面面和全过程进行渗透和融入，必将成为我国现代化的牵引机和推进器，对提高效率和效益的助力不可低估。事实证明，凡是信息技术普及较好、网络应用较为普遍的地方和企业，一定是经济快速发展、市场更加繁荣、工作更有成效的地方和企业。相反，一些不重视普及和应用信息技术的地方和企业，一定是发展沉闷、进步缓慢、经济落后的地方和企业。

正如美国银行家格林斯潘所言，美国近 30 年来经济发展的源头动力是计算机、电信和互联网。为此，我们的管理学，一定要高度重视网络信息技术的应用，重视对三网融合、云计算、物联网发展的推动，把信息化融入工业现代化、城市化和农业现代化。

据调查，由于我国经济发展的不平衡性和地区差距过大，再加上财政投入和金融施贷的重富轻贫、重大轻小、重锦上添花轻雪中送炭，我们信息技术的传播与普及区域差距甚大。中西部一些省份由于教学设施差，信息课程缺乏计算机，一些学生小学毕业了没见过计算机，高中毕业了还不会使用互联网。这样的问题，不仅影响了很多孩子的进步，而且也影响到这些地方经济实力的提升。为了推进以人为本的科学发展，搞好区域统筹、城乡统筹，就一定要抓住信息网络技术在管理上的应用这个抓手，大力推进城乡户籍管理网络化、公共财政管理网络化、教育管理网络化、医疗服务网络化、物流运营网络化。这不仅有利于统筹发展、科学发展，提高效率和效益，而且有利于改变二元结构，促进财政使用公开透明，减少腐败发生，也必将有利于提升社会治理现代化水平，早日实现中华民族伟大复兴的中国梦。

（2013 年 6 月 29 日在东沙湖论坛——2013'中国管理百人峰会上的发言）

五 社会治理需要坚定"六个确立"

在新时代，加强和创新社会治理的过程，也是不断实现社会善治的过程。党的十九届四中全会提出：必须加强和创新社会治理，完善党委领导、政府负责、民主协商、社会协同、公众参与、法治保障、科技支撑的社会治理体系，建设人人有责、人人尽责、人人享有的社会治理共同体，确保人民安居乐业、社会安定有序，建设更高水平的平安中国。这为我们坚持以人民为中心，坚持和完善共建共治共享的社会治理制度，保持社会稳定、维护国家安全指明了方向。任玉岭曾在中国社会治理与全面小康研讨会上提出，坚定"六个确立"是当前推进有效社会治理的保障和关键。

党的十九大之后，在以习近平同志为核心的党中央领导下，社会治理由全面从严治党入手，推出了数以百计的改革举措，以刮骨疗毒、壮士断腕的决心进行了反"四风"和"打老虎拍苍蝇"的反腐行动，使我们的社会发生了历史性的深层次转变，解决了长期以来想解决而没能解决的问题。由此，我在 2012 年提出的很多社会治理方面的问题和现象，已经迎刃而解或发生改变。

今天的社会治理，正在打造全民参与的开放的治理体系，社会治理更加公平和富有成效，社会治理的宗旨和成果，一切为了人民、一切人民共享，不断增强人民的获得感、幸福感与安全感。会前我看了今天论坛的日程表，大家开展的社会治理研究、进行的社会治理指标体系的探索，都是十分必要的。我相信，通过专家们的研讨和论证，我们社会治理的现代化一定会更接地气、增底气、灌生气，并能为造福广大百姓作出新贡献。为了把这次的研讨会引向深入，我建议社会治理应结合当今形势，坚定"六个确立"。

（一）坚定地确立对中国特色社会主义的道路自信、理论自信、制度自信、文化自信

社会治理工作因涉及目标、任务、责任与使命，治理的每一步都有一个站位问题，支持什么、反对什么、弘扬什么、抛弃什么，总要有一个是与非、曲与直、美与丑的判断，这个判断本身就需要有自己的正确站位和立场。在当今受多元文化侵袭和干扰的情况下，站位找不准，方向就会偏斜，治理就会扭曲。为此，我们的社会治理一定要坚定确立对中国特色社会主义的道路自信、理论自信、制度自信和文化自信，有了信仰就有了方向。

世界上有 200 多个国家和地区，各国有各国的国情，各国有各国的文化，在国家治理上各国有各国的选择。我们中国是有着 14 亿人口和悠久历史的大国，我们的社会治理必须从中国实际出发走中国自己的道路。要反对"以洋为尊""唯洋是从"的奴仆意识，打破对资本主义社会治理的所谓"民主""自由"的盲目崇拜和迷信。

中国的社会治理要从博大精深的中国传统文化中汲取丰富的营养，要从 5000 年来民族的发展历程中、170 年来由衰到兴的变化中、98 年来中国共产党艰苦卓绝的斗争中、70 年来波澜壮阔的建国实践中和 40 年来令世人瞩目的改革开放中，找经验、找办法，找出钢筋水泥，找出秦砖汉瓦，用宝贵的技术和材料垒筑我们社会治理的精神长城和人性、高效的社会治理大厦。

（二）坚定地确立以人民对美好生活的向往作为社会治理创新的方向

中国的社会治理要不忘初心，坚持为人民谋幸福、为民族谋复兴。习近平总书记强调，人民对美好生活的向往就是我们的奋斗目标，社会治理应该首先保证这一根本目标的实现。

为确保社会治理为创造人民美好生活服务，我们就要使社会治理的创新面向全局、促进公平正义，打破既得利益的藩篱，克服不良的路径惯性，使治理创新为全面小康服务、为普通人服务、为最底层服务。只有使占绝大多数的普通人受益的社会治理创新，才是最好的创新；只有服务最广大人民的治理创新，才是最有效的创新。

其次，社会治理创新，必须尽可能降低成本，那种靠高投入、花大钱的治理创新我们不能苟同。我们还是一个发展中国家，至今我们还有两千多万人口没有真正脱贫，即使全部脱贫后，仍有一些人并不富裕。我们的财政既担负着更多的扶贫济困的使命，也承担着推进全面小康的任务。我们需要勤俭节约、精打细算，需要尽可能降低社会治理成本，做到少花钱多办事。这样的治理创新才是符合国情的创新。

（三）坚定地确立社会治理的依法进行和走好群众路线

依法治国，事关人民幸福、安康，事关党和国家的事业发展。法治兴则国家兴。我们必须坚定地依法进行社会治理，靠法律促进社会公平正义，靠法律增强社会活力，靠法律维护社会和谐稳定。

党的十八大之后，通过反腐倡廉和强化法治建设，既全面提高了法治建设的科学化、民主化水平，又减少了对执法活动的非法干预，改变了以权代法和执法腐败，这使我们依法进行社会治理有了良好的法治环境和坚强的法治保障。

为搞好社会治理的依法推进，必须走好群众路线，要使我们的社会治理坚持一切为了群众、一切依靠群众，从群众中来、到群众中去，把依法进行社会治理的主张变为群众的自觉行动。为此，一定要从政治高度认识到联系群众、依靠群众的重要性，社会治理工作要保持同人民群众的血肉联系，要通过基层、通过社区，宣传群众、组织群众，从群众的实践中找出治理社会的更好方案和办法，使群众路线融入社会治理的各方面和社会治理的全过程。

（四）坚定地确立将社会主义核心价值观的塑造作为社会治理创新的根本与灵魂

过去的 70 多年里，我们国家确实经历了两个不同时期，前一个时期社会道德高扬，广大人民守法、遵纪，并能够在人人为我、我为人人的社会环境下，不计得失、奋力拼搏，战胜了很多人们难以想象的艰难和险阻，为国家的发展作出贡献。而后一个时期，社会道德水平明显下滑，"有钱能使鬼推磨"成了部分人的价值观。虽然大家也都在奋力拼搏，但有些人为了钱可以不择手段，欺诈、造假、争名夺利、腐败贿赂、买官卖官、不诚不信、不敬师、不孝老，不仅扰乱了社会人心，也给社会治理带来了无限的尴尬和麻烦。

思前顾后，这两个时期的两种倾向的出现，归根结底是价值观在起作用。世界观、人生观、价值观不仅会影响一个人的处世和前途，更会影响整个社会的秩序和发展。各种社会乱象与道德下滑和价值观的扭曲直接相关。在帝国主义、霸权主义贼心不死，千方百计向一些国家推行"和平演变""颜色革命"的情况下，很多人都已经丢掉了是非、自律、耻感，这必然会引发林林总总的丑恶现象，破坏社会和谐稳定。

因此，社会治理创新还须在依法推进的同时搞好与以德治理的结合，强化道德对依法治理的支撑作用，为此必须把社会主义核心价值观的塑造作为社会治理的根本和灵魂。这方面的工作做好了，会有更多的人自觉践行社会主义核心价值观，带头学法、守法和倡导良好的社会风气，我们的社会治理就会事半功倍，就能以最低的成本使社会和谐上升一个大台阶。

（五）坚定地确立把各级领导以身作则、率先垂范作为社会治理创新的基本保障

社会治理能否搞好，关键在管理，更在于领导的以身作则和率先垂范。没有这一点，社会治理的创新就无法保障。

古人称人"以吏为师"。从古至今，社会风气的好坏都与政府官员的一言一行直接相关。"己所不欲，勿施于人"，要想让广大群众做到的事一定要领导先做到。领导的率先垂范，是搞好社会治理的关键。所以任何社会治理改革创新，都要防止出现领导的特殊化，要反对特权思想、特权现象。

在这方面，我们的老一辈革命家是做出榜样的。为了抗美援朝，毛泽东首先把儿子毛岸英送到朝鲜。刘少奇看到女儿在中国人民大学入党后，认为她并不够格，亲自给校长打电话，取消了女儿的预备党员资格。老一辈革命家给全国人民树立了榜样。党的十八届三中全会后，中央出台了"八项规定"。很多人都说，过去出台的管理条文八十条都有了，中央八项规定又有何用？但是，中央八项规定出台后，习近平总书记在政治局会议上要求从政治局成员做起，并且说到，这样做会给大家带来不舒服，但用这些不舒服换来广大人民的更舒服是值得的。他们这样做了，中央八项规定才产生了不同寻常的效果。

（六）坚定地确立把网络化融入社会治理全过程和各方面

当今的社会治理，一要看到信息和网络技术对现代化牵引和推进的不均衡所造成的不同地区和不同人群间的发展差距被拉大的风险和可能。二要看到信息和网络技术给不同文化和价值观传播提供的极大便利，其所造成的意识形态领域中的许多新情况和新问题，可能会引起更多的错误思潮。为此，我们的社会治理，要强化网络化的顶层设计，坚持搞好以人为本的科学发展，搞好区域统筹、城乡统筹。三要围绕互联网这一意识形态斗争的主战场，提高用网、治网水平，理直气壮地唱响网上的主旋律，做强网上的正面宣传，构建网上网下的同心圆，搞好依法管网、依法办网、依法上网，确保网络的清明和健康。

（2019 年 7 月 6 日在中国社会治理与全面小康研讨会上的发言）

六 我国到了向均衡发展转型的关键期

均衡发展是构建和谐社会的保证，也是增进民生福祉，提高人民生活品质，推进共同富裕的重要前提。只有解决了经济发展成果的均衡问题，才能让广大人民群众共享改革发展成果，才能真正实现好、维护好、发展好最广大人民根本利益。任玉岭基于中国国情，强调经济发展向均衡转型的迫切性与必要性，提出我们要有壮士断腕的决心和釜底抽薪的勇气，在达成社会共识的基础上勠力同心，共同铸就均衡发展的丰碑。

（一）经济的发展有着不均衡发展阶段和均衡发展阶段的区分

任何事物的发展，几乎都是波浪式前进、螺旋式上升的。经济的发展也不例外。它不仅会在前进过程中出现节奏加快和放慢的高峰与低谷，而且也一定会出现不均衡发展和均衡发展的不同阶段。

事实上，理论家早已提出了经济发展的两种理论，一种是赫尔希曼提出的"不均衡发展"理论，一种是诺贝尔经济学奖获得者缪达尔提出的"均衡发展"理论。不均衡发展有利于打破平均主义，区别先后，拉开距离，促进竞争，提高效率。而均衡发展，则是针对不均衡发展持续时间较长后引发的贫富差距加大、社会矛盾凸显而必须采取的发展路径。均衡发展更强调公平、正义、社会稳定，是构建和谐社会的保证。

在一个经济体发展的一定阶段，或因资本紧缺，或因条件有限，或因平均主义严重而抑制了人的积极性的时候，常常需要不均衡发展，以拉开差距、提高效率和保证效率优先。但是，不均衡发展也并不是可以无限期地推进，而是有其阶段的局限性的。任何事情都有一个限度和阈值，并不是差距越大就一定效率越高，更不是越不公平就越能产生效率。

不均衡发展以拉开和扩大差距为特征，必然会造成地区差距、贫富差距的拉大和社会不平衡的加剧。我们发展经济是要利用差距和不公平对经济发展的刺激功能，却又不可忽视差距和不公平加重后的反作用，即凸显的社会矛盾和问题必然会对经济发展带来负面影响和抑制作用。因此，不均衡发展到了一定阶段，就必须向均衡发展转变。否则，不均衡发展就会在被激发的重重矛盾中，引发危机，出现市场衰败，甚至会造成政权的更迭。

（二）实行不均衡发展和向均衡发展转型，都是我国社会主义本质所要求和决定的

《邓小平文选》（第三卷）的最后一篇文章明确指出，社会主义的本质是解放生产力，发展生产力，消灭剥削，消除两极分化，最终达到共同富裕。由此看出，解放生产力、发展生产力是社会主义的本质，消除两极分化、达到共同富裕也是社会主义的本质。

为了解放生产力和发展生产力，改革开放初期，邓小平就提出，农村、城市都要允许一部分人和一部分地区先富起来。这种一部分人和一部分地区先富起来的做法，就是不均衡发展的做法。这种不均衡发展，不仅使有限的资金集中投放到了沿海地区，加快了东部地区的发展，而且打破了当时吃"大锅饭"的局面，促进了竞争，提高了效率，对增强社会主义中国的国力和改善人民生活作出重要贡献。

从 1978 年到 2008 年，我国通过不均衡发展，GDP 总量由 1473 亿美元增长到 3.3 万亿美元，中国城市居民的平均年收入从 343 元增加到 15781 元，农民平均年收入从 134 元增加到 4761 元。按人均 GDP 计算，我国人均收入已经达到小康标准人均 800 美元的 3 倍以上。总体上的小康不仅是已经实现，而且是超出两倍地实现了。

值得注意的是，当前我们讲的总体小康，还是平均值的小康，须知我们还有很多人并没有达到小康。如不能看到平均值下面掩盖的不公平和矛盾，我们就会失去均衡发展的紧迫感，甚至会把投入与决策引向错误的方向。有人打比方说，一个大厅里有 99 个穷光蛋，从外面进来一个百万富翁后，一平均他们就都变成了万元户。本来穷光蛋分文没有，是需要特别关注的，而因为平均后都成了"万元户"，必然会使管理层失去改善"穷光蛋"生活困难的意识和理念。这只是一个比方，但这个比方启示我们，在收入差距过大时，用平均值来看待国情、看待事物，是一定要被误导的。

事实上，我们占总人口 70% 的农民，他们中的多数人，收入还没有达到小康水平。中央电视台最近的报道中讲到，仅家用电器一项，农民与城市就相差 20 年。收入差距拉大引发的社会问题多与贫困相关。例如社会上青少年罪犯占到犯罪人数的 75%，其中绝大部分犯的是偷盗、抢劫罪。所有这些都启示我们要确保社会稳定和长治久安，必须关注消除两极分化、达到共同富裕这一社会主义的本质问题，必须把推进"向均衡发展转型"视为执政为民的重要使命。

（三）城乡差距、地区差距和收入差距日益拉大，向均衡发展转型成了宏观管理的重要使命

由于城乡差距、地区差距和人均收入差距的日益扩大，社会矛盾不断发生。尽管我们在治理群众上访和群体性事件方面下了很大功夫，加大了资金投入，强化了防范力度，但仍然是"摁下葫芦浮

起瓢"。前天我拿到一张报纸，同时看到的是"吉林通钢事件始末"、"綦江26位安监员请辞背后"、不能让"开胸验肺"事件重演、"温州出租车集体罢运"等与群体性事件相关的报道，它们都是不均衡发展越过限度的具体反映。就拿"开胸验肺"来说，明明是一些企业只顾赚钱发财，而置工人的生死于不顾。4年前我去陕南安康一个县做教育调查时，有一位乡长告诉我，他们乡有40个农民工得了矽肺病，并且已有4人死去。另据最近报道，云南水富县农民工在某石英干粉厂打工，返乡后相继有12人死亡。今年初安监总局对广西马山进行调查，发现已进行矽肺病体检的600人中有225人患了矽肺病，其中14人已死亡。由此看出，发展的过度不均衡，不仅影响了人们的收入和生活，也危及了人们的健康和生命。

为了缓解差距拉大引发的各种矛盾，在进入新世纪以来，中央提出了西部大开发、东北老工业基地振兴、中部崛起和把"三农"作为"重中之重"等一系列推进均衡发展的战略。这些战略虽然取得了很大成绩，但由于认识的缺乏统一和既得利益者的阻拦以及财政金融投入惯性的难以改变等原因，城乡差距、区域差距、人均收入差距仍保持继续拉大的趋势。

据此，我们必须高度重视差距拉大的严重性、危害性，认识到向均衡发展转型的紧迫性，把向均衡发展转型作为宏观管理的重要使命。

（四）要充分发挥集中力量办大事的政治优势，采取强有力的对策与措施，促使不均衡发展向均衡发展转型

1.必须认真统一认识，取得共识

现在一谈均衡发展，就有人说是搞平均主义，甚至会说"杀富济贫"。这些说法，正好说明我们现在的改革遇到的最大困难是既得利益者的阻拦。既得利益者要保护自己的利益，不惜官商勾结以阻止中央政策的实施。但是，我们不能因为既得利益者的话语权大，就无视广大群众的利益。迁就和退缩既不符合共产党执政为民的宗旨，也不符合社会主义的本质要求。面对差距拉大、矛盾凸显、问题增多的现实，我们必须从我国已经在总体上达到小康三倍水平的实际出发，下决心实行发展的战略转型，必须推动不均衡发展向均衡发展转变。要把实行均衡发展视为经济发展的需要、社会发展的需要，也是政治的需要，增强各级政府和广大干部、群众推进均衡发展的紧迫感。

2. 必须转变重富轻贫的投资战略

现在差距拉大而难以遏制的一部分原因，是投资的马太效应。投资的马太效应就是投资扎堆、投资聚集。作为民间投资，这种效应是无法避免的，但作为国家的投资，国有企业的大项目、银行贷款的大方向是完全可以掌控的，是应该为国家战略服务的。既然国家制定了推进统筹区域和城乡发展的战略，特别是把"三农"当作"重中之重"，我们国家可以控制的项目和投资就应当服务总体发展战略，就应该改变投资扎堆的现象。

国家的一部分投资，实行的是匹配资金政策，也被称为"钓鱼政策"，实际上造成资金扎堆，使穷的越穷、富的越富。例如很多农村道路修不起，国家又不投入，其原因就是地方匹配不起资金。而富裕的地方，因为拿得起匹配资金，所以能重复得到国家的支持，不仅行政村的路修了，自然村的路修了，甚至田间的道路也都硬化了。又如一些地方因为匹配到资金，一个城市周围一小时路程有三个机场能够使用，而有的地方因匹配资金困难，两小时路程内也找不到一个机场。类似这种重富轻贫的投资战略必须改变。

3. 必须加大对财政、土地等公共资源使用情况的监督

财政、土地等公共资源既是国家的财产，也是纳税人共享的资源。财政、土地等公共资源的使用缺乏监督和使用分配的不透明，既埋下了腐败政府官员的严重隐患，也是导致投入和使用不断锦上添花、贫富差距拉大的根源。去年央视曾经报道一名市长在国外考察时，邀请对方市长来中国考察，对方市长说没有财政预算，不能成行，而中国市长马上承诺由中方出钱，请对方到中国造访。我国财政资金使用的监管缺乏同国外形成鲜明对比。同样，我们的土地使用也存在不少问题，对欠发达地方要求严上加严，弄得很多地方无法发展；而对另外一些富裕的地方，却是无限宽松，马路建得宽宽的，广场建得大大的，公园、绿地多多的，别墅建了一群又一群。同财政资金的使用情况一样，土地的"感情划拨"也是十分严重的。

4. 必须强化政府的执行力

本来中国的政治体制有一个最大优势，就是可以在共产党的领导下，集中全国人民的智慧、力量办大事。我们的"两弹一星"，我们2008年举办的北京奥运会都充分说明这一点。但让人遗憾的是，我们在统筹城乡发展方面、统筹区域发展方面，以及在提高低收入者的收入方面，还有很多工作做得不足。实际上在党的十五大时期就已经注意到这个问题，特别是进入新世纪之后我们就大张旗鼓地喊出了西部大开发、中部崛起，并把"三农"摆到了"重中之重"的位置。但是，这么多年过去了，我们的城乡差距、地区差距和人均收入差距不是缩小了，而是越拉越大了。问题出在哪里呢？为什么在共产党领导下集中力量办大事的优势未能在这方面充分发挥呢？此中很重要的原因是，政府的执行力度过于疲软。对这样一个问题，我们应该给予高度重视和研究。毛泽东同志曾经讲过，"世界上怕就怕认真二字"，说穿了，我们在推进均衡发展方面就是太缺乏"认真"了。我深信，如果各级领导，特别是管钱管物的部门领导都真的去关心均衡发展、认真去工作的话，我们就一定会使层出不穷的问题得到遏制和转变。

　　搞城乡统筹、搞区域统筹绝不能停留在口号上，决不能只喊得多、做得少，更不能只喊不做。现在我们各地的财政收入差距之大，有的达到上百倍，但是，至今我们的义务教育仍然"以县为主"，富的县可以把学校搞得好上加好，穷的县别说多媒体教学了，就连应于小学三年级开设的外语和计算机课程都开不了。最近我们到中原大地做教育调查，发现一些县95%的学校还是旱厕所，在紧靠京广铁路的一个县城内，有一所82年校龄的重点初中，全校5000人，还仅用着一个旱厕所，苍蝇乱飞，大院里充满臭气。这种情况实在让人揪心。

　　要搞好均衡发展，还必须制定有关法规和政策，遏制腐败和黑洞，要对那些仅从个人利益出发、削弱或拒不执行中央政策者进行问责，要坚决克服重大轻小、重富轻贫、重工轻农、重锦上添花轻雪中送炭的老毛病。

　　总之，均衡发展是构建和谐社会的保证。面对诸多社会问题和矛盾，我们一定要从我国人均GDP达到3倍小康水平的实际出发，下决心使我国经济向均衡发展转型。

（原载 2009 年 8 月 24 日《沿海时报》）

七 供给侧结构性改革需要堵上四个黑洞，狠抓五项发展

《习近平新时代中国特色社会主义思想基本问题》一书中提出：坚持以供给侧结构性改革为主线，是大势所趋、形势使然。所谓供给侧结构性改革，即从提高供给质量出发，用改革的办法推进结构调整，矫正要素配置扭曲，扩大有效供给，提高供给结构对需求变化的适应性和灵活性，提高全要素生产率，更好满足广大人民群众的需要，促进经济社会持续健康发展。而供给侧结构性改革是一项复杂的系统工程，既要充分发挥市场"无形之手"的作用，也要更好发挥政府"有形之手"的作用。既要强调精准发力，发挥市场的作用，更要强调社会治理，提高社会治理体系对社会需求变化的适应性与灵活性。任玉岭所洞察的供给侧结构性改革中需要审视的问题和发展的思路，为提升我国社会治理水平提供了有力的指导。

（一）供给侧结构性改革需要堵上四个黑洞

1.需要堵上金融管理黑洞

金融是经济发展的命脉，要确保新常态健康运行，就必须通过供给侧结构性改革使金融的管理做到公正公平，服务好创新发展、协调发展、绿色发展、开放发展、共享发展。但从金融管理的现状看，这方面的问题十分突出，要取得供给侧结构性改革的胜利，必须堵上金融管理的黑洞。这些年来，金融管理虽然取得了很大进步，

为国家经济的运行起到了保障作用，但是用"问题意识的镜子"照一下，就会发现金融管理中存在问题的严重性。最近出现的证券管理的窝案，作为管理者的监守自盗，不仅造成国家财富的大量流失，也严重地扰乱了证券市场，而且严重地伤害了股民利益，打击了股民对国家证券的信任。又如我们的银行贷款，长期奉行的嫌贫爱富的理念、贷大不贷小的做法，严重抑制了农村经济的发展和中小企业的发展。尤其是那些金融内部的"蛀虫"们内外勾结、以放贷谋私利的行为，既给银行造成了一批坏账、呆账，也暴富了这些"蛀虫"和被施贷的老板。近期小额贷款公司、担保公司和 P2P 兴起后，银行的资金大量流向这些机构，他们放贷利息高达 20%～30%，甚至更高，银行和这些新生金融载体都瞄准了高额利润，却不顾资金的实际走向，很多贷款用在了还息转贷上，使一些问题企业杠杆风险进一步增加。所有以上问题，不仅有害于经济发展、企业进步，而且暴富了少数人群，拉大了收入差距，造成基尼系数（0.47）居高不下，使我们的协调发展、共享发展遇到了更多阻力。为此供给侧结构性改革必须立足于战略高度，加强金融管理的改革，堵上金融管理黑洞。

2.需要堵上矿山开发黑洞

矿山是国家的财富，中国地域辽阔、地貌多样，为我们的国家聚集了大批种类繁多的矿产资源，是我们做好可持续发展的重要依托和重要支柱。但是，须知我们有 13 亿人口，人均矿产资源少，中国在世界上仍属矿产资源紧缺国家。中国煤炭资源丰富，但人均占有量也仅相当于世界人均煤炭占有量的一半。现在已出现的一些资源枯竭城市，大多还是煤资源枯竭所造成的。改革开放以来，我们放宽了矿产资源开发政策，这为国家快速发展提供了助力。但是，一种倾向掩盖了另一种倾向，由此出现了一些人用手中权力大搞寻租；更有一些人钻国家政策空子，通过贿赂手段，花小钱赚大钱，造成很多国家矿山资源以极低价格流入少数人之手。实际上很多人的暴富是利用了大量的矿山资源管理黑洞而致的，因为很多矿山归地方所有，权力的过度集中，使矿山的开发造成少数权力大的人说了算，监督起来比较困难。为此，供给侧结构性改革必须立足于保护国家资源，搞好对矿山管理的改革，坚决堵上矿山管理黑洞。

3. 需要堵上土地供应黑洞

土地是财富之母，在国外，土地多为私人所有，土地的使用和购买一般不会有黑洞生成。但中国不同，土地在农村属集体所有。所谓集体所有，实际上是土地的出让权归少数乡、村干部所有，他们想卖谁就卖谁，想多少钱卖出就多少钱卖出。很多村干部就此寻租和受贿。不久前曝出，一个村干部可以贪腐几千万元。作为土地问题的冰山一角，这可以使我们对土地黑洞管中窥豹。另一方面，农村的土地一旦进入城镇，就会几倍、几十倍地升值，这又给土地的供给带来更大的黑洞。土地管理的黑洞，还表现在一些国有工程以最低廉的价格购买农村土地，然后又向相关人员的亲属、朋友进行利益输送。还有一些企业老板，囤积土地的现象十分严重。本来土地是不允许私人转卖的，但实际上这种通过关系进行土地囤积、低价买进高价卖出的问题是广泛存在的。如此，不仅严重破坏了土地管理，而且也加剧了社会的两极分化。据此，供给侧结构性改革必须认真进行土地管理改革，堵上土地供应的黑洞。

4. 需要堵上房地产管理黑洞

从 20 世纪 80 年代末开始对房地产进行改革以来，我国的房地产迎来了空前的大发展，人均住房已经从几平方米上升到 30 平方米以上。我记得很清楚，1983 年北京最高的楼是北京饭店，有 17 层，天津最高的楼是渤海大厦，有 13 层。但是今天不同了，全国各个城市都已是高楼林立了，连一些乡镇和村庄都建起了 20 层以上的高楼，中国高楼之多，在世界上首屈一指。但是在为房地产大发展叫好之时，我们不得不看到此中存在的利益驱动，带来的问题和风险，特别是住房建设的黑洞必须堵上，否则我们"安得广厦千万间，大庇天下寒士俱欢颜"的梦想就无法实现。而房地产出问题，是从将其作为支柱产业和城市经营的主体及政府财政收益主要来源的时期开始的，并且由于土地黑洞在房地产中的存在，房地产成了投资、投机的平台，也是国外热钱追踪的重点。于是，很多房地产商白手起家或靠很少投入，不几年就成了亿万富翁、百亿富翁、几百亿富翁。虽然房地产是20世纪80年代末才正式起步，但进入新世纪后，"胡润财富排行榜"靠前的名次多是房地产商。房地产靠炒作，将其售价越推越高，城市的高房价把入城门槛抬到了令人"望洋兴叹"的地步，给我们的城市化、农民变市民带来了巨大困难。直至去年11月，我去沿海某三线城市调研时，一位房地产商告诉我，他去年营业额达13亿元，其成本只有5亿~6亿元。由此看出，房地产在三线城市的利润率还有100%。今天虽然已有很多官员因涉及房地产受贿而被关押，但这并不等于房地产的黑洞就堵上了。房地产管理混乱，房价继续高企，严重抑制了城市化的真正推进，破坏了和谐社会的构建。为了真正解决"住有所居"和顺利推进城市化进程，我们必须打破既得利益的藩篱，深化房地产发展供给侧结构性改革，堵住房地产黑洞。

（二）供给侧结构性改革需要强化五项发展

1.需要重视科技是第一生产力，强化创新发展

供给侧结构性改革既需要不断推出新产品，促进产业结构调整和升级，以新产品的问世带出对更多产品的需求。同样，也需要使更多传统产品改变业态，提高质量，不断满足人民群众的需求。而这两方面都需要由创新引领和保证。创新是供给侧改革的动力和抓

手。创新首先需要创新思维，要打破阻碍创新的思想藩篱。例如对于转基因大豆，不能总是因为有争论就止步不前。1938年中国大豆产量占世界总产量的98%，只因后来国外转基因大豆技术的发展，我国的大豆产量已降至世界总产量的10%以下。就这一点，我们是需要反思的。由此可见，要创新就一定要创新思维，尤其要用好我们的科技力量、科技投入。现在中国占有世界第一位的科技人员数量和世界第二位的研发队伍，研发的总投入已占到GDP总量的2%，与中等发达国家持平。为了搞好创新驱动，必须充分调动广大科研人员的积极性，突出企业的主体地位，更精准、更节约地用好已有的科技投入。同时还需要增加风险投资，对新开发产品搞好政府采购工作，提倡国人用国货，推进创新产品的完善，推动创新成果走向"一带一路"沿线乃至整个国际市场。

2. 需要重视人文交汇，强化开放发展

根据本人走访几十个国家的感受，我认为凡是世界经济发达的地方都是开放的地方，也是人文交汇的地方，纽约、东京如此，巴黎、伦敦也如此。那些地方开放力度大，世界各个民族、各个人种、各种肤色和讲不同语言的人都汇聚在一起。科技的创新、人类的发展，实际是由不同种族、不同文化、不同科技的占有者在一起交流和碰撞出思想火花而不断壮大和燎原的。例如，美国科技的绝对领先，那是其聚集的世界各国的年轻人和科技精英共同努力的结果。我们要想取得更大的进步，走在世界前列，必须重视扩大开放，重视对五湖四海人才的聚集，吸纳世界各国发展的成果和经验。当今，我国虽然劳动力红利在缩减，但我国劳动者素质提高的红利在加强，我们已有180万海归、56万名博士、426万研究生，每年还有700多万大学毕业生迈向经济发展第一线。对于制造业和供给侧结构性改革，我们一定要加大对内对外开放力度，转变一些企业在用人方面的家族理念、战友理念、同学理念、老乡理念，站在战略高度，吸纳四海人才，包括引进

国外的专家、学者，促进人文交汇，强化发展动力。

3. 需要重视人口经济学，强化协调发展

我们的发展是以人为本的，以习近平同志为核心的党中央一再强调发展要以人为中心，要重视人口经济学，要使经济的发展依靠人、为了人。中央之所以重视这个问题，就是因为我们的发展在以人为中心方面存在问题。我们现在基尼系数高达 0.47，这在世界上是少有的，突破了 0.4 的社会稳定底线。我们人均收入差距过大，1% 的人拥有全国 30% 的财富。还有我们的地区差距，远远大于英国 16 个省 1∶1.68 的差距和美国 50 个州 1∶2.0 的差距。更值得重视的是历史上过度开发的中部地区的农业地带人口多而发展差的问题。又如，据 2010 年统计，东部 20% 的省份拥有全国 60% 的科研经费。我们既然知道中西部发展差距较大，而且又明白科技对地方发展的先导和推动作用，那就十分有必要改变这种科技资源配置的严重不合理现象。为此，我们在资源的配置上，在依靠市场起决定性作用的同时，还要重视政府在推进协调发展中的主导作用，而不能过度放任市场的无序竞争。

4. 需要重善行、思利他，强化共享发展

美国经济学家迈克尔·波特曾在北京大学讲到，没有社会和谐及良好环境，就不会有企业的更好发展。实际上，我国绝大多数企业的从无到有、从小到大，都是我国改革开放的结果，都是大发展的外部环境为企业的发展创造了条件和机遇。因此，要想求得我们的可持续发展，就需要所有的企业为创造更好的环境而共同努力。为此，供给侧结构性改革一定要提倡社会主义核心价值观，使更多的企业和供给商重善行、思利他，重视和支持和谐社会的构建。在发展中追求利润最大化是必要的，但绝不能唯利是图和占有员工和用户的合法利益，要尊重社会道德和职业道德，做到德行天下。日本京瓷公司的董事长

稻盛和夫，一生创立了两个世界 500 强企业，靠的就是"敬天爱人"。2008 年世界金融危机袭来时，大家都忙于减员工、压开支，而稻盛和夫却下令不许裁一个员工。这不仅调动了员工的积极性，也保证了这两家世界 500 强公司的健康发展。我们在电视上看到那些唯利是图的贪官为了荫及子孙，无比贪婪，最后锒铛入狱，实际上就是理念的误区送他们走上了这条不归路。1982 年我到英国考察时，他们的工业部部长对我们讲到，英国为了民族的强大，常常男孩 18 岁时就要离家去奋斗，上大学要半工半读；他们的遗产税高达 80%。由此看出，为了子孙不计一切去敛钱，是不利于子孙成长的。

5. 需重视人民至上，强化绿色发展

绿色发展，就是要天蓝水清、草木葱茏，既给人民大众创造一个无污染的生活环境，又给人民大众的饮水、吃饭提供安全保证。为此，我们既要加强对水、土污染和雾霾的治理力度，又要防止和遏制一些部门和中介机构为寻租和追求部门利益，大搞什么绿色产品和有机产品的多种认证。前年我去土耳其考察时，他们的农业部长对我讲，土耳其人均收入 1 万美元，但他们还没到认证绿色和有机产品的发展阶段，他们更重视的是全体公众的利益，狠抓的是农产品无污染的标准化。我们人均收入比土耳其还差一大块，却把为少数人服务的绿色与有机产品的系列认证作为食品安全工作的重点，显然在服务方向上发生了问题。另外，我们生产了大量的食品添加剂，它们堂而皇之地进入了食品行业，这也给食品安全造成隐患。涉及百姓健康的大事情，必须引起供给侧结构性改革的重视，要坚持人民至上，确保真正的绿色发展。

（2016 年 2 月在清华大学供给侧改革论坛上的讲话）

八 弘扬爱国精神，实现中华民族伟大复兴

党的十九届四中全会指出，中国特色社会主义制度和国家治理体系是以马克思主义为指导，植根中国大地，具有深厚中华文化根基，深得人民拥护的制度和治理体系，是党和人民长期奋斗、接力探索、历经千辛万苦、付出巨大代价取得的根本成就，我们必须倍加珍惜，毫不动摇坚持，与时俱进发展。坚持和完善中国特色社会主义制度，推进国家治理体系和治理能力现代化，既是一项长期战略任务，又是一个重大现实课题，我们要增强政治责任感和历史使命感，坚定信心、保持定力，锐意进取、开拓创新，为实现"两个一百年"奋斗目标、实现中华民族伟大复兴的中国梦提供有力保障。

在中国红军协会与中国新四军协会等单位举办的中华爱国工程高级论坛（2015）——纪念抗战胜利七十周年暨国家安全论坛上，任玉岭提出，历史的悲剧不能重演，要时刻铭记历史，吸取经验教训，需要立足弘扬爱国精神，致力于实现中华民族伟大复兴，而这也正是当前推进社会治理改革过程中应有的精神信念。

今天由八路军研究会、新四军研究会和爱国工程委员会牵头在这里庆祝抗日战争胜利 70 周年。在此，首先让我们向领导指挥抗日战争并立下不朽功勋的毛泽东、周恩来、朱德、刘少奇、任弼时和彭德怀等老一辈革命家致以崇高的敬意！向在抗日战争中牺牲的

以杨靖宇、左权、彭雪枫、张自忠为代表的数以万计的英雄烈士们致以诚挚的悼念！向在抗日战争中因受日本侵略者的残害而死去的3000万同胞表示哀悼！

日本1931年9月18日侵入中国，由于蒋介石"攘外必先安内"的不抵抗主义，东北军撤出东北，东北人民因此蒙受了极大的灾难。1937年卢沟桥事变后，全国人民真正动员了起来，掀起了抗日高潮。我出生于抗日战争开始的第二年，我的名字就是抗战的产物。我家地处中原，位于京广铁路线上，日本帝国主义的铁蹄踏进中原，我家由县城迁到一个山寨里。1938年我出生在一个山岭上，所以叫"任玉岭"。我的童年是在战乱中度过的，我亲眼看到了日本军队对中原的进攻，目睹了全民抗日的决心和景象。我父亲作为教师和新四军的一员，曾在乡间开办抗日救亡民众学校，传授知识，宣传抗日，给我留下了深刻印象。1943年到1945年，我在读小学，日本的飞机多次像乌鸦一样从学校上空飞过，并有机枪对下扫射。那时广大百姓吃穿困难，民不聊生，经常是说跑就跑，或往山里钻，或往庄稼地里藏。那时在农村生活吃盐都很困难，连火柴都没供应，要用火镰火石取火。上学写字买不到墨，就到山上捡一种红石头，研磨以后代墨用。黄河花园口被蒋介石下令炸开后，黄泛区的人民四处奔逃，我家里就住了一家来自黄泛区扶沟县的姓刘的三口人。他们的父母兄弟姐妹被水冲走了，仅剩下这一家三口。两年后水下去了，他们才回到老家。

根据我的经历和后来对历史的学习和了解，我认为在纪念抗日战争胜利70周年之际，应汲取如下五点经验教训，做好如下三项工作。

（一）需吸取的五点经验教训

1. 要对日本军国主义者的侵略野心保持高度警惕

日本侵略中国，是蓄谋已久的，甲午战争后，日本一直没有停止过对中国的掠夺。日本自1931年"九一八"事变后的14年中，对中国的侵略行径和残忍暴行，充分暴露了他们占领中华、亡我民族的狼子野心。1945年《波茨坦协定》发布后，日本仍拒不投降，可见日本军国主义的顽固性。近年来安倍晋三参拜靖国神社、修改宪法和解禁集体自卫权等种种倒行逆施，都表明日本军国主义者本性难移。中国作为其近邻，决不可掉以轻心、麻痹大意，决不能让历史的悲剧重演。

2.要牢牢吸取"落后就要挨打"的教训

清末民初，中国政治昏庸、军阀混战。在很多发达国家向工业化过渡之时，中国还闭关锁国，技术落后、经济落后、国防落后，造成了被动挨打的局面。那时在敌人的坚船利炮面前，我们的国防不堪一击。当时日本人口不足1亿，却敢出兵欺凌拥有4.5亿人口的中国，除了因为中国积贫积弱外，还因为中国的分裂和内战此起彼伏，民众如一盘散沙。有一些人甚至丧失民族气节，甘当汉奸、"皇协军"，助纣为虐，这也大涨了日本的嚣张气焰。

3.充分认识腐败必遭遇灭亡的危机

甲午战争后，日本得到的中国赔款相当于日本三年的财政收入。日本之所以侵略中国，除了对中国的资源垂涎三尺外，一个很重要的原因就在于其看到了中国政府的腐败、政局的混乱。特别是1937年前后，蒋介石不抗日，一心剿共打内战，国民党政府内部腐败猖獗、争权夺利，给日本全面侵略中国提供了可乘之机。如果不是中国共产党团结全国人民掀起抗日救亡的伟大斗争，中国必当国将不国。

4.抗日战争取得胜利，中国共产党充当了中流砥柱

蒋介石政府在上海失守后，都城从南京迁到武汉，后又因抵挡不住日军进攻，又迁至山城重庆。而中国共产党面对民族的危亡，

在 1937 年卢沟桥事变后，立即在洛川召开了政治局会议，决定对敌人进行全面抗击。在敌强我弱的情况下，毛泽东发表了《论持久战》，提出了抗日的战略指导思想。国民党名将冯玉祥对此赞不绝口，并自印 3000 份赠送友人。中国共产党领导的八路军、新四军作为抗战的中坚力量，无论条件多么艰苦、形势多么险恶，始终坚持抗战反对投降、坚持团结反对分裂，成为夺取抗日胜利的先锋。在战术上，八路军取得的平型关大捷，打破了日军不可战胜的迷信；彭德怀指挥的百团大战扫掉了日军的威风，坚定了全国人民战胜日本侵略者的信心和决心。事实证明，没有中国共产党这个中流砥柱，就难有抗日战争的胜利。

5. 抗日战争表明，侵略必败、正义必胜，得道多助、失道寡助

日本帝国主义和所有的侵略者一样，其依靠坚船利炮的强盗行径，最终都是要失败的。有人民大众的支持，我们的抗日战争是一定会取得胜利的，代表人民、来自人民、植根人民的军队是永远不可战胜的。

抗日战争不仅唤起了中华民族意识的觉醒，也唤起了民族精神的觉醒。正如朱自清所说，"东亚病夫居然奋起了，睡狮果然醒了"。与此同时，抗日战争唤起了广大人民对中国共产党的信任，"没有共产党就没有新中国"的信念深入人心，并为中华人民共和国的成立奠定了基础。中国抗日战争的胜利，是正义的胜利，也是全民族抗战的胜利。在那血雨腥风的年代里，无论是中国的广大官兵，还是工人、农民、知识分子、实业家，无论是少数民族同胞，还是海外华侨，地不分南北，人不分老幼，无不以各种方式为救亡图存贡献自己的力量。全国人民同仇敌忾、共赴国难、铁骨铮铮、视死如归的精神力量为中华民族的坚不可摧筑下了坚固的万里长城。

（二）需要做好的三项工作

一是面对今天复杂多变的国际形势，我们除了要吸取战争的教训，大力推进世界的和平发展之外，还一定要居安思危，要治不忘乱、存不忘亡，牢记浩浩大潮中总会有暗流涌动。

为了实现中华民族伟大复兴，一定要坚定地走好富国强军之路。为应对侵略者的突然袭击，还必须加强科技创新，用最先进的技术武装国防、装备军队。作为国家的钢铁长城，人民军队一定要坚持一切服从党中央指挥、听党话、跟党走的强军之魂；要牢记能打仗、打胜仗的强军之要，确保召之即来、来之能战、战之必胜；更要重视依法治军、从严治军的强军之基，必须坚守纪律，反腐倡廉。

二是为了国家的强盛、安全，一定要大力弘扬抗战精神，这就是习近平总书记总结的"天下兴亡、匹夫有责的爱国情怀，视死如归、宁死不屈的民族气节，不畏强暴、血战到底的英雄气概，百折不挠、坚忍不拔的必胜信念"。一定要用好中华民族这一弥足珍贵的精神财富，使其为我们的发展和安全建设发挥重要作用。

三是全国的年轻一代要向抗日战争中千千万万的先烈学习，为了祖国、为了人民，不怕艰苦、不怕牺牲，树立社会主义核心价值观，按照时代要求，志存高远，立志报效国家。广大青年和干部都要努力学习，增强本领、增强能力，要在学习知识、科技、军事、外交和各项生产本领中，拿出韦编三绝、悬梁刺股的劲头，发扬凿壁借光、囊萤映雪的刻苦精神。在经济社会发展过程中，我们要用好"一带一路"建设和对外开放的机遇，充满信心地搞好大众创业、万众创新，为实现中华民族伟大复兴中国梦努力奋斗！

（2015年8月2日在中华爱国工程高级论坛［2015］——纪念抗战胜利七十周年暨国家安全论坛上的发言）

第二章　社会治理的行政逻辑

社会治理创新是社会治理主体依据社会治理的一定行为准则和价值观念而进行的创新活动，政府须积极推动体制改革与职能转变，建设职能科学、结构优化、廉洁高效、人民满意的服务型政府，实现政府职能向创造良好发展环境、提供优质公共服务、维护社会公平正义的方向转变。本章聚焦社会治理的行政逻辑，遴选任玉岭关于政府如何"精官简政"、如何发挥"上行下效"作用等提出的建言，回应当前推进社会治理创新过程中如何积极构建政府职能新格局、推进政府职能现代化、以人民对美好生活的需要为导向完善公共服务体系，以及如何提升人民群众获得感、幸福感、安全感等问题。

一 关于党政机关带头发扬艰苦奋斗传统的建议

艰苦奋斗,是人类一切进步力量走向兴盛与发达的强大动力,更是我们中国共产党人的政治本色和光荣传统。我们党要想继续得到人民群众的拥护和爱戴,永葆生机活力,持久巩固执政地位而不走向衰落,完成历史赋予的更为艰巨的使命,创造新的伟大辉煌,就须臾不可丢弃艰苦奋斗的精神和作风。任玉岭多次在提案和建言中强调清正廉洁、勤政担当是当今官员的职责和底线,尤其是党政机关需要率先垂范,带头发扬艰苦奋斗的传统,为社会治理的有效推进创建风清气正的政治生态。

应该看到,我们不少党政机关在用钱上大手大脚和铺张浪费的现象是非常严重且令人怵目的。这不仅同建设节约型社会格格不入,而且也会因行政管理费用的增长过快和管理过宽、随意性较大而滋生腐败。一些政府部门不惜占地几百亩、上千亩建设办公大楼,并用大广场、人工湖、花坛、假山、各种林木打造舒适环境,大楼内更是宽敞豪华,甚至是雕梁画栋。一些市、县长和部门头头的办公室也分出了会议室、内外间,有的还设有盥洗室。

党政机关的会议费和招待费也存在着极大的浪费。很多行政单位,自己建的豪华办公楼、豪华会议室往往闲置不用,却要跑到郊外的"培训中心""招待所""温泉城",以每人每天数百元、上千元的消费去开会。更有甚者,一些单位和部门本来有办公大楼和会议室,却要把一些会议放到外地去,甚至要到几千里外的风景区去开本单位的研讨会。在招待方面更是问题多多。现在五花八门的调研考察，各种各样的会议、论坛和说不清的横向联系，除引出大量的纵向招待外，还引出大量的横向招待，使"会议旅游""考察旅游""出国旅游"统统穿上了合法外衣。什么"财政规定""出差标准"早已被束之高阁，上面超支下面补、客方超支东家补、私家客人公款待、私人消费公款报……无不是慷国家之慨！"招待费用是个筐，什么费用都可装"。"招待费"有时还作为"公关费""跑部费""干部考研费""读书费"，五花八门、无奇不有。此中浪费有多大，"黑洞"有多深，尽可以想象，不可以低估。

更值得注意的是，近年来的行政管理费用还在大幅度地增长。将 2003 年的行政管理费用同 2000 年相比，三年增长了 1923 亿元，平均每年增长 23%。我们翻一下历史记录，发现 2000 年至 2003 年的三年中，行政管理费用的增长量高出 1960 年至 1970 年增长总量的 3000 倍。由于行政管理经费的增长缺乏规范和制约，很多地方的财政不管怎么增长，都有可能被吃净花光。有不少地方在财政收入几千万元时是"吃饭财政"，财政收入达到几亿元时仍然是"吃饭财政"，很多百姓期待的事还是做不成。

为了给百废待兴的事业挤出资金，党政机关要带头发扬艰苦奋斗的传统，遏制行政管理费的不断飙升。为此我们提出如下建议：

（1）坚持以人为本，认真调整现有的财政配置结构，改变"近水楼台先得月"的积习，减少行政管理经费在财政预算中所占的比例。

（2）出台相关政策和法规，禁止党政机关设立"小金库"、公款旅游、公款读书、私客公待等。

（3）严格限制政府机关的异地开会行为，大力减少官办论坛，对所谓的"横向联系"和调研考察要从严掌握，并在财政上做到总量控制。

（4）对办公楼建设用地、装修标准及使用面积有所规定，禁止在办公室设卧室、装桑拿房等。并要出台惩戒措施，对违规者给予惩处。

（5）实行保证工作的用车制度，杜绝公车私用，降低用车标准，提倡使用国产汽车，限制办公用车的更换频次。

（6）管好接待费用，防止弄虚作假、虚报冒领，扭转"上边超标下面补、客家不报东家报"的混乱局面。

（7）妥善安排退休老同志的各地考察费用，防止把负担压给地方，造成管理不便。

（8）严控各级首长基金和首长批条经费。对机动资金的安排不宜过大，机动资金的使用要明确、细化支出项目，加强财务监督。

（9）解决政府超编，减少政府冗员，并认真宣传历史上"成由勤俭败由奢"的经验和教训，大力弘扬艰苦奋斗精神，建设节约型党政机关。

（10）从领导干部带头做起，坚决按规定标准进行公务活动，学习吴仁宝"有福民先享，有难官先当"的精神。坚决抵制公款消费，反对铺张浪费，使我们不断增长的财政能够更多地用于医疗、教育和欠发达地区的发展，使纳税人的钱能够更广惠及百姓，为实现全面小康作出更大的贡献。

（2006 年 3 月 4 日在全国两会上的提案）

二 用好"上行下效"的正能量

任玉岭常年坚持学习，深入调研，笔耕不辍，发表了不少真知灼见，尤其是针对政府机构改革提出了很多亮眼的观点。例如他曾强调"上行下效"既可以通过发挥积极作用，凝聚民心，也可能因为反作用产生社会负能量。他提出，真正的革新思路不是一味摒弃"上行下效"，而是充分扬其长，积极发挥其正能量，从而正风肃纪，优化治理成效。

（一）"上行下效"潜在具有促进社会发展的功能

"上行下效"是中性词，有其贬义的一面，也有其褒义的一面。但无论是贬义的还是褒义的，它潜在的能量都是巨大的。贬义的"上行下效"常指上层官员的不端行为，会给下面带来负面影响，不仅可使社会权力异化，法律遭到侵蚀，还会导致制度的僵滞、风气的败坏、政府公信力的丧失。而褒义的"上行下效"，则指上层官员的清正廉洁、气正风清、身先士卒、以身作则，不仅为下级作出垂范，而且使制度更具威力，使法律更具尊严，既统一了前进的步调，又壮大了政府的力量，既能够取得广大民众的拥护，又能够更好调动各方面的积极性。

新中国成立后，我们国家虽然面对帝国主义的封锁，承载着百废待兴的艰辛，但由于中央领导的以身作则和带头艰苦奋斗，我们克服了不可想象的重重困难，在二十世纪五六十年代快速发展，不仅取得了抗美援朝的胜利，而且在极其艰难的情况下造出了"两弹一星"。尽管在前进的道路上出现了诸多坎坎坷坷和风风雨雨，但还是为我们的改革开放奠定了制度和经济基础，并使中国的国际地位不断提升。

那时为什么全国人民能够齐心协力，能够干劲无比高涨？又为什么能使腐败降到最低，干部队伍能够风清气正？一个重要原因便是中央领导的所作所为，引发了"上行下效"，产生了极其重要的作用和影响。

正如孔子所言："政者，正也。子帅以正，孰敢不正？"为政者走正道之时，没有哪个敢不走正道的。老一辈革命家、国家领导人的这些作为，应该说在党内、党外、全国各级干部中发挥了重要的"上行下效"式的垂范作用，产生了巨大威力和影响。这不仅凝聚了人心、坚定了决心、增强了信心，而且极大地激发了全社会的正能量，确保了共和国的昂然屹立和发展壮大。由此看来，"上行下效"是一种动力，既可以使星星之火在全国燎原，也可以使"滴水"产生"穿石"的力量。

（二）要在快速发展的形势下发挥好"上行下效"的积极作用

当今，我国正处于快速发展的时代，很多新问题、新矛盾摆在我们面前。为了更好推进改革开放，搞好科学发展，我们既需要防止决策过程受到既得利益集团的干扰，又需要防止决策的贯彻执行被既得利益集团绑架。而要做到这一点，关键是需要从中央做起，并通过"上行下效"发挥作用，用好"上行下效"的正能量，使中央决策能够在广大基层生根发芽。

党的十八大报告在谈到举什么旗、走什么路的时候，提出了"八个必须坚持"，必须坚持公平正义、必须坚持共同富裕作为"八个必须坚持"的重要内容，既得到了全国人民的高度赞同，也化成了中央领导的行动。中央八项规定出台半年多来已经在社会上产生了巨大影响，追求享乐和奢靡之风有了很大收敛。

最突出的例子是，去年中央很多部委"三公"经费开支，已经有了明显缩减。根据各部委公布的数据，去年82个中央部门"三公"经费决算额约为58亿元，比原预算62亿元缩减4.2亿元。除了发改委等四个部门预算超支外，其余90%的部门"三公"经费都有不同程度的缩减。在公车消费方面，82个中央部门决算为35.07亿元，比预算节省2.91亿元。除税务总局公车消费决算高达近14亿元外，其他81个部门中，包括公安部门在内，绝大多数公车消费都在1亿元以下。另外，82个部门的出国费用，去年也比预算缩减7571万元；接待费有70%的部门缩减10%，中国贸促会降低68.71%，环保部降低26.7%。同时，一些豪华的高级餐厅的营业额和高档酒的消费量也都大幅度地下降。这都足以说明曾经发生在全国各地党政机关的吃喝风已经有了明显好转。

由此说明，在社会快速发展的形势下，用好"上行下效"的正能量，不仅有利于我们更好地贯彻落实党中央和国务院的决策和规定，而且能够凝聚民心，更好调动全国人民建设中国特色社会主义的积极性。因此，在当今大发展、大变革的新形势下，应该重视"上行下效"的正能量，发挥好、利用好"上行下效"的积极作用。

（三）要加强法律和制度建设，预防"上行下效"的反作用

"上行下效"可以产生正能量，也可以产生反作用，为了防止"上梁不正"产生的负能量，或是上面行了下面也不效，从而造成的工作上的无奈和被动，仍然需要加强相关法律法规和制度的建设与执行。

改革开放后，在各种新鲜事物涌进中国的同时，苍蝇、蚊子也飞了进来，"有钱能使鬼推磨"的价值观开始在国内传播。再加上几

千年遗留下来的封建主义的残余思想沉渣泛起,"一人得道,鸡犬升天"的权贵思想、权贵意识、权贵观念、权贵作风,也给我们的党和国家造成了不良影响。在广大干部中出现的精神懈怠、能力不足、脱离群众、消极腐败的危险和形式主义、官僚主义、享乐主义和奢靡之风的蔓延,实际上都与封建主义的权贵思想泛滥直接相关。

在权力缺乏制约体系的政治背景下,很多人权力一旦到手,就要谋私得利、福及子孙,追官位、追权力成了时下的热门。"考公务员热"愈演愈烈,几百人、几千人、上万人争一个岗位。如今,哪怕一个丧葬处、街道办,甚至是 120 救护车的派遣,都成了掌握公权力者逐利谋私的平台,这都说明公权力的应用出现了严重偏斜。

为解决这些问题,一方面要端正"上梁",杜绝"上梁不正下梁歪"现象,另一方面要解决"上行下不效"的政令机制不畅问题。而要解决好这两方面的问题,就必须加强法律与制度建设,重视依法办事、依法行政,把权力关在笼子里,杜绝公权私用和腐败。

（原载《人民公仆》2013 年第 6 期）

三 转变政府职能一定要做好"五察五重"

2013 年，是我国深化改革的关键之年。任玉岭依据多年来从政和议政的实践和思考，针对新时期政府改革与职能转变，以及如何建设创新政府、效率政府、法治政府、廉洁政府等目标提出了中肯建议，认为转变政府职能一定要做好"五察五重"，期盼政府自身改革及职能转变再创新，而这也正是推进国家治理体系和治理能力现代化的必要条件和迫切任务。

我谨从在中央国家机关和沿海地方政府工作 18 年及在全国政协常委和国务院参事岗位上专职参政议政 15 年的经历和感受出发，并结合当今政府面临的新问题和新情况，提出转变政府职能和深化行政体制改革必须做好"五察五重"。

（一）察国情，重实践

政府职能转变，首先要"察国情，重实践"。我们的改革开放，最早就是从"实践是检验真理的唯一标准"的大讨论开始的。而能否决胜未来，能否搞好职能转变，同样需要用实践进行检验。我们今天面对的实践，正如党的十八大报告中所明确的：中国仍然处在社会主义初级阶段，我们还是一个发展中国家。中国虽然经济总量已位居世界第二、外汇储备位居世界第一，但是我们人均收入水平在世界 200 多个国家和地区中仍排在第 100 位左右，绝大多数人民还不富裕，贫富分化的情况日益严重，由此引发的腐败、偷盗、抢劫和群体性事件时有发生。在这种情况下，政府职能的转变，在技术创新、管理经验方面需要更多向国外学习，但在发展模式方面绝不能教条主义地照抄、照搬，尤其在政府经费开支方面更不能同发达国家攀比。再就是，转变政府职能，绝不能只喊口号不行动。例如，我们的"三农"政策。2003年以来，中央也多次谈到要把"三农"工作作为一切工作的重中之重，但是十多年过去了，城乡差别不仅没缩小，反而从1∶2.8扩大到1∶3.3。政府转变职能的工作，一定要对此深刻反思，找出问题的症结所在。要努力克服形式主义、官僚主义、享乐主义和奢靡之风，更要克服精神懈怠、能力不足、脱离群众和消极腐败的危险。

（二）察基本，重底线

转变政府职能，一定要"察基本，重底线"。普通人是社会的大多数，普通人的问题解决了，社会才能安定，才能和谐。我们讲公平正义，讲共同富裕，就必须把这个原则贯彻到社会的最底层。例如食品安全问题，我们是真的没有能力管好吗？依我看不是。食品安全问题实际上是因为政府工作没有做到"察基本，重底线"所造成的。上个月我们到土耳其调研食品安全的管理时，他们农业部的官员讲，重点是狠抓粮油食品的标准化。当问及如何看待绿色食品和有机食品的认证时，他们认为，他们国家还没达到这个发展阶段，还没有开展这方面的工作，他们的主要工作是保证食品标准化和全民的食品安全不出问题。为了搞好我国的食品安全，我们必须克服浮躁、不切实际的跟风，要改变各种追逐寻租的认证，察基本、重底线，把食品的标准化作为保食品安全的目标和重点。

（三）察大势，重宏观

同样是由于利益的驱使，很多政府工作十分重视权益的法规化和法规的部门利益化。例如20世纪80年代政府是没有资质认证的，而今，仅国务院部门就有资质认证110项，各级政府部门有资质认证 229 项。须知这仅是对个人资格的认证，对物品的认证就不知有多少了。这么多的资质认证、品牌认证、质量认证、级别认证，不仅使政府工作人员陷入忙乱不堪的泥潭之中，而且在认证多、培训多、考试多、评审多、证书多的藩篱缠绕中，既抬高了创业门槛，影响了创业发展，也使某些实施部门陷进了寻租和乱收费的深渊。政府职能转变，就必须简政放权，把这些资质认证交给相关学校和培训机构，使政府工作转到"察大势，重宏观"的轨道上来。我之前总结了中国社会上存在的"七个不能持久"和"八个必须转变"，政府有必要把这"七个不能持久"和"八个必须转变"作为大事给予关注，并促其进行转变。"七个不能持久"是：（1）依靠国外市场、产品外销为主不能持久；（2）依靠农民工低工资、靠廉价劳动力参与国际竞争不能持久；（3）产品技术落后、附加值太低不能持久；（4）对国外技术依赖度过大、自主品牌过少不能持久；（5）粗放经营、高消耗、低产出不能持久；（6）二氧化碳排放过高、耗能过大不能持久；（7）污染环境、损坏生态严重不能持久。"八个必须转变"是：（1）中西部发展滞后、区域发展差距过大必须转变；（2）农村一家一户经营模式落后、城乡差距严重必须转变；（3）城市化推进不力、城市化率过低必须转变；（4）劳动分配比重过低、基尼系数过大必须转变；（5）服务业发展缓慢、第三产业比重过小必须转变；（6）社会保障滞后、公共服务不公平必须转变；（7）民生问题突出，住房、教育、医疗服务同百姓收入脱节必须转变；（8）文化发展重视不足、文化产业滞后必须转变。政府工作应针对这"七个不能持久"和"八个必须转变"研究更多对策，出台更多法规，搞好发展方式转变，如此我们的全面小康才能更快建成。

（四）察信息，重网办

据我调查，凡是信息技术普及较好、网络应用较为普遍的地方，就一定是经济社会快速发展、市场与文化更加繁荣的地方，反之亦然。迄今为止，中西部还有很多欠发达地区，信息技术普及甚弱，网络应用很差。由于经济条件和计算机配置跟不上，一些小学生毕业了还没见过计算机，一些高中生毕业了还不会用网络，部分政府官员也对网络的应用十分陌生。对此，在政府转变职能、进行行政体制改革的过程中，一定要"察信息，重网办"，使我们一些政府工作，不至于被时代和技术抛在后面。要牢牢抓住信息技术与网络在管理上的应用，将其作为转变政府职能的一个抓手。一方面大力推进欠发达地区的信息技术水平的提高和网络的普及应用，必要时，国家可以以扶贫的方式向欠发达地区配置更多的计算机和更好的技术培训。另一方面，要大力推进户籍管理网络化、公共财政管理网络化、税务管理网络化、教育管理网络化、医疗服务网络化、物流运营网络化、住房管理网络化，这不仅有利于统筹发展、科学发展，提高效率和效益，而且有利于改变二元结构，促进财政、税务公开透明，减少腐败发生。

（五）察法治，重清廉

党的十八大强调指出，任何个人和组织不得凌驾于宪法和法律之上，不得以权压法、以言代法。但是这么多年来社会上以权压法、以言代法的现象层出不穷，这不仅给我们的工作带来了重大损失，而且在人民群众中产生了极不好的影响。政府职能的转变，一定得要求各级政府坚决改变那种以权压法、以言代法的情况，做到"察法治，重清廉"。法治是必须做到的，清廉也是转变政府职能必不可缺的。如前所述，我们政府的很多工作需要放权或减少审批，但不要忘了这些权力和这些审批，很多都与政府的不清廉有关系。要转变政府职能，必须倡廉反腐，必须扭转部门权益的法治化。要防止砍掉了几百项审批项目，再产生几百项新的审批项目。现在政府放权，特别是审批项目下放是十分必要的，但若把这些审批下放给事业单位或非政府组织，没有严格法治或反腐倡廉作保证，产生的新腐败定会更严重，必将给党的事业带来更大损失、给社会和人民带来更大危害。因此，政府职能的转变，一定不要就事论事，更不要把放权作为最有效的办法，一定要防止从一个极端走向另一个极端，更要注意一种倾向可能引发另一种倾向。一定要在今天既得利益者话语权极大的情况下，防止利益博弈给政府职能转变带来的不良导向和影响。

（原载《党政干部参考》2013 年第 12 期）

四 精官方能简政，简政需要精官

"精官方能简政，简政需要精官"这一全新的理念是任玉岭从长期工作于国家机关及地方政府的所见所闻、深切感受中提取出来的。为了改变党政机关的臃肿和人浮于事，不让精简机构这场革命半途而废，他提出，精简政府机构必须从"精官"做起。

精兵简政，曾被毛泽东视为"一个极其重要的政策"，在战争年代，解决了"鱼大水小的矛盾"，实现了兵精政简、轻装上阵，为战胜日本帝国主义发挥了重要作用。改革开放初期的1982年，邓小平又以"精简机构是一场革命"为命题，阐述了精简机构的重要性。他说，"不管怎样，对这场革命要坚定不移"。

20多年来，党中央、国务院进行过多次的精兵简政和机构的精简，不可谓措施不力、声势不大，但没有达到预想目的，而且几乎是每搞一次机构精简，就来一次机构人员的大增，已经弄得很多人害怕精兵简政了。近几年不提或较少提精兵简政问题，的确与越精就越臃肿、越简就越繁多有关系。

我们的人口增多了、事业发展了，添置一些管理部门，增加一些管理人员，是必要的，也是容易为广大群众理解和认同的。但是，现在的问题是党政机构的过分庞大和管理人员的极度增多，已经超出了发展常规，超出了财政许可。我们很多地方在15年前就喊出"财政困难，吃饭财政"，而今GDP翻了两番，财政收入也有了几倍的增长，但依然在喊"财政困难，吃饭财政"。有相当多的县，甚至连吃饭都困难。我们在几个省做义务教育调查时发现，不少县因财政困难，教育难保，就热衷于合并学校，减少教师，甚至于不愿让大学生走进义务教育，而热衷于付二三百元工资用代课教师。实际上机构臃肿，财政负担过重，已经影响到很多基层工作的开展，影响了我们的二次分配和协调发展，更影响了全面小康建设的顺利进展。

为什么我们的精兵简政会出现如此的越精越臃肿的现象呢？为什么总是跳不出越简越繁的怪圈呢？的确到了对精兵简政的难以推进多做一些研究和思考、深问一个为什么的时候了。但是，不管怎样，精简机构、简政精兵，仍是我们当前面临的一项迫切任务，这是不能回避的，也是回避不了的。应该牢记邓小平的教诲，"因为没有别的选择，这件事不能犹豫，不能妥协，也不能半途而废"，"不管怎样，对这场革命要坚定不移"。

根据本人在中央机关和地方政府长期工作的感受和对所经历的几次精简机构的体验，我认为要实现精兵简政之目标，必须从精官和减官做起，精官方能简政，简政必须精官。20世纪80年代初，邓小平就提出了不仅"庙子"多，而且"菩萨也太多"的大问题，时过25年，我们的"庙子"不知又增加多少，我们的菩萨不知又添了几倍。庙子是为菩萨而建的，菩萨多了，庙子也自然会多起来；庙子多了，菩萨就会更多。我们的精兵简政，之所以越精越臃肿、越简越繁多，就是因为有着官位不断增多、机构不断扩大、人员不断增加的恶性循环。要跳出越精越臃肿、越简越繁多的怪圈，就要从源头上切断这个恶性循环，这就是要精官和减官，没有别的道路可走。我们今天党政机构之所以迅速扩展，吃"皇粮"的人员之所以快速增长，其关键还在于"官位"的过快膨胀。百姓中流传一句谚语，"星多月不明，官多不安宁"，当官的人太多了，必然无事找事、无中生有、无事生非，也必然导致机构的无限膨胀和财政供养人员的无限增长。

最近媒体报道，江苏的一个镇，仅镇长、书记一级的干部就有50多人。对此个案我们不认为它有代表性，但据江苏有关方面反映，一个镇正副镇长和书记达到二三十人的情况是存在的。另据新华社消息，苏北一些县政府，副处级干部少者七八人，多者十几人，而且在30万人的小县和百万人的大县其县长的职数基本是相同的。1989年我到某沿海城市去工作，当时市政府仅有市长、副市长4人，市委仅有书记、副书记3人，政协仅有政协主席、副主席4人，人大仅有主任、副主任4人，而今这些官位都几乎翻了一番。出现这种情况的重要原因，一是干部提拔得过快、过宽，二是各级领导干部换得过快，特别是地、县级书记换得过快。我曾工作的某城市，10年换了5个书记、4个市长。我曾经历过三任书记的换班，每次都要进行干部的大调整。新官上来了，老的官又不能退位，虽然不能再做官，但其官位还要保留。这就冒出了一大批调研员、巡视员以及助理和顾问。现在有些市政府的领导助理、顾问、巡视员、调研员比市长、副市长、局长、处长还要多。

官位多不仅造成机构臃肿和膨胀，而且造成很多该放的权放不下，该管的又无人管。人难见、事难办往往与官位过多、人浮于事有关联。官多了消费就多，且不说车子、房子、工资和奖金，就说用车费、招待费、出国培训考察费，据报道全国已分别达到3000亿元、2000亿元和2500亿元。精官的闸门没把好，升官快、升官易的导向也给社会带来了较大影响，给社会带来了浮躁和腐败。这不仅影响了经济和社会，也影响了学术和教育；不仅影响了今天和眼前，也影响了明天和长远。因此精官不只是简政的需要，也是发展的需要；不仅是政治的需要，也是经济的需要。

为了使财政收入能够为均衡发展作出更大贡献，为了数以亿计的弱势群体和低收入阶层能够通过财政享受到社会财富二次分配的恩惠，也为了改变党政机关的臃肿和人浮于事，我们绝不能让精简机构这场革命半途而废。我们要坚持从"精官"做起，争取精简机构的全面胜利。按邓小平同志所讲的，"只要高级干部带头，这个事情就好办了"。"高级干部要带头发扬党的优良传统"，用革命的精神去对待政治体制的改革，去改革干部的终身制，反对干部的特殊化，这样党风就会更正，社会风气就会好转，我们的机构改革的目标就一定能实现。

（原载《党政干部文摘》2005 年第 4 期）

五 精简县、乡机构，促进农民增收

回顾农民减负和增收的历史，面对县、乡机构臃肿的现实，任玉岭提出，精简县、乡机构对落实"中央一号文件"十分必要。他认为只有精简县、乡机构，才能更有效促进农民增收，维护农民的基本权益。其见解深刻，触及问题根本，为政府机构改革、优化行政效率的实践提供了重要参考。

被誉为"重中之重"的"中央一号文件"是党中央和国务院从当前实际出发，为解决农民增收问题作出的重要决策。整个文件贯穿了邓小平理论和"三个代表"重要思想，体现了中国共产党执政为民的根本宗旨，反映了中央领导集体事事从实际出发，权为民所用、利为民所谋的工作作风。

但是，怎样才能落实好"中央一号文件"？"中央一号文件"的第九部分强调要"加强党对促进农民增收工作的领导，确保各项增收政策落到实处"，这无疑是十分重要的。回顾农民减负和增收的历史，面对县、乡机构臃肿的现实，我们认为精简县、乡机构对落实"中央一号文件"十分必要。

关于农民减负和增收问题，十几年来党中央和国务院下发文件之多，有目共睹。1985年中共中央、国务院下达了《关于制止向农民乱派款、乱收费的通知》；1990年国务院发出了《关于切实减轻农民负担的通知》；1993年中共中央办公厅、国务院办公厅下发了《关于切实减轻农民负担的紧急通知》；1996年中共中央、国务院发出了"十三号文件",即《关于切实做好减轻农民负担工作的决定》；1998年,中央又下发了《关于切实做好当前减轻农民负担工作的通知》；直至最近发出的《关于促进农民增加收入若干政策的意见》,可见中央是多么爱护农民、关心农民。从这一系列的通知和决定可以看出,中央对减轻农民负担和促进农民增收是下了很大功夫的,是花费了大量心血的。

但是,为什么在屡屡三令五申、大声疾呼的情况下,依然有令不行、有禁不止？为什么农民的负担非但没有减轻,反而日益加重？为什么农民的收入非但没有增加,反而减少了呢？

特别值得一提的是,去年朱镕基总理在《政府工作报告》中强调说：过去五年一直是把"三农"作为"重中之重"对待的。2002年两会期间总理在答记者问时说"已经把增加农民收入作为当前经济工作的首要任务,放在突出的位置"。既然政府多年前就把"三农"摆到了"重中之重"的"突出位置",又作为"首要任务"来推动,为什么"三农"问题还如此突出,农民的增收问题还如此沉重呢？

这些问题,很值得我们深思和研究。研究这些问题、找出问题产生的源头,不仅对落实"中央一号文件"具有重要意义,而且将对解决"三农"问题发挥重要作用。

应该说,农民增收越来越困难、二元经济结构越来越突出的原因,是在上而不在下。农民极少有国民待遇和长期对农民"取多、予少"是中国农村走到今天这种状况的根本原因。几十年来,特别是改革开放以来,中国的经济学等于是"城市经济学",说是效率与公平兼顾,实际是只讲效率,难讲公平。在"城市人"的吃、喝、拉、撒、睡、生、老、病、死、葬几乎都由国家管起来的时候,对农民的关照却很少。虽然农民为国家工业化和城市发展作出巨大奉献,但国家财政对"三农"的支持,一直到现在仍然十分有限。我国的农业法虽然规定对农业投入的增长速度不得低于国家财政增长幅度，但事实上从"六五"计划开始，对农业的投入一直在逐年递减。这说明，我们在管财理物方面严重地存在着对"三农"的忽视，也说明我们的财政分配缺乏法治观念、缺乏有效监督。如果让重市民轻农民、重城市轻乡村、重锦上添花轻雪中送炭的管财理物的定式思维和做法延续下去的话，"中央一号文件"就难以落实，中央"统筹城乡""统筹区域"的战略就难以实现。

除了上面存在的问题外，本文想就有令不行、有禁不止的问题着重谈的是下面的情况，这就是县、乡行政机构过于膨胀和臃肿的问题。有人说"星多月不明，官多不安宁"，其实当前农村不安宁主要是因为官多。行政机构的无限膨胀，财政供养人员的无限增长，不仅"吃掉"了农村改革的众多成果，而且给推进农村改革设置了障碍。

从新中国成立初期走过来的人都知道当时政府的简洁和干练。在 20 世纪 50 年代，尽管形势十分复杂，百业待兴，但那时一个县政府超不过 100 人，一个乡政府超不过 20 个人，县、乡政府工作生龙活虎、效率很高，而且治事公明、清正廉洁。

改革开放以来，我国政府机构虽然先后进行了几次精简，但每一次精简都造成机构膨胀、人员增加。1979 年，我国在编机关干部279 万人，到 1989 年扩大到 543 万人，1997 年党政干部达到 800 多万人。据估计，全国仅县和县以下由农民养活的干部（不包括教师）高达 1316.2 万人。

世界上很多国家至今只有三级政府，包括美、日、加、澳在内的 67 个主要国家都是如此。而我国则是少有的五级政府，即"中央—省—市—县—乡"，其体制之复杂、层次之繁多、机构之臃肿世界罕见。

我们一个 30 万人的小县，财政供养人员高达 1 万多人，通过乱收费供养的人员达 5000 多人。到了乡里，除了中央的外交部没有对口单位外，其余的机构是应有尽有。一般说"七站八所"，其实比"七站八所"还要多，如农机站、农技站、水利站、城建站、计生站、文化站、林业站、广播站、经营站、土管所、财政所、派出所、工商所、邮政所、供电所、司法所、房管所、信用社、法庭等。一个乡财政供养人数高达三四百人，最多的有1000人。这么多的人要吃、要喝，要盖办公楼、住宅楼，要购买汽车和手机等。这些财政供养人员已经发展成一个特殊的利益阶层，他们中的有些人在利益得不到保证、贪心不能实现时，就要乱收费、乱罚款。只要有这么多的人存在，"三乱"就不可避免。无数活生生的事实证明了县、乡机构的膨胀，给广大百姓带来了沉重负担。

农民增收困难，固然与人口超出土地的负载能力有关系，也与深层的体制和政策的缺陷和弊端相关联。解决农民增收问题，不精简县、乡机构不行，不压缩财政供养人员的数量也不行。在欠发达地区，县、乡的不堪重负，也一定是农民群众的不堪重负。县、乡的重负不解决，农民的增收就困难。因此，要落实好"中央一号文件"，除了上面下决心加大对下面的财政支持力度外，还要下决心对县、乡的行政机构进行精简。

精简机构是一次革命。既然是革命，再困难也要进行。加入WTO后，我们开始了"小政府大社会"的建设，中央也取消了七八百项审批名录。随着政府权限的减少，我们有条件对机构进行全面精简。

为此，我们建议在国务院组建一个由各方人士参加的机构精简委员会，专门研究精简机构特别是精简县、乡机构的政策和方略。要在深入调查研究的基础上，重新审视中国各个行政管理层次存在的必要性，并针对县、区、乡的缩编拿出规范性意见。中国机构精简难的一个重要原因，是国家工作人员的终身制，因此要研究终身制要不要打破，特别是要不要打破"进了公务员，各种待遇到死都不变"的现实状况。对事业单位要做到与政府分家，要坚决分离事业单位担负的政府职能，不能让事业单位发号施令。该政府人员办的事，不得收费，也不能为收费把政府应办的事转托给企事业单位。对县、乡还要坚决清理"帮办"的编外人员。为了保证精简机构的顺利进行，需要统筹工商、税务和其他各部门在农村设置的分支机构，研究制定整合与撤并政策，并探索和改革群团组织的活动方式。总之，为了落实好"中央一号文件"，也为了"三农"问题的更好解决，一定要努力推进县、乡机构改革，通过这场变革创造农村美好的明天。

（2004 年 3 月 9 日在全国两会上的提案）

六　关于遏制行政成本过快增长的建议

任玉岭在担任国务院参事期间，通过长期深入调研，发现我国各级财政支出增长过快，政府支出增长速度远超过同期收入增速。这种非常态增长不仅挤占了支农资金规模，导致"三农"领域投入与政策目标存在执行偏差，更使得"五个统筹"战略的推进效能受到制约。针对这一突出问题及其背后存在的深层次矛盾，他提出继续精官简政、改革和规范费用支出标准等建议，既为破解"行政成本黑洞"提供了制度破题路径，又为优化国家治理资源配置贡献了前瞻性思考。

奢靡与腐败同在，俭朴与高尚同行。正像《淮南子·主术训》中所言"非澹薄无以明德"，行政开支无度、豪华奢侈之风蔓延，会造成广大干部的品德受损和腐败滋生。现在社会上虽有大量法规文件出台，而它们的落实、兑现十分艰难，这多与党政机关行政开支过大和缺乏节制相关。奢侈之风不除，必然导致有禁不止、有令不行。为了从根本上转变这种不正之风，我们对行政成本过高及其隐藏的问题进行了深入调查，并根据有关情况提出具体建议。

（一）行政成本增长的有关情况

近年来，中央各有关部门十分重视发扬艰苦奋斗精神，遏制党政机关奢侈浪费的发生，以中办和国办名义出台了《关于在国内公务接待工作中切实做到勤俭节约的通知》《关于严禁用公费变相出国

（境）旅游的通知》《关于调整党政机关汽车配备使用标准的通知》《关于继续从严控制党政机关办公楼和培训中心项目建设的通知》《关于进一步加强机构编制管理的通知》等。这些通知切中时弊，针对性强，对于遏制行政成本过快增长起到了重要作用。

但是，由于没有限制行政成本增长的明确规定，这些通知的精神未能完全落到实处，党政机关在接待、出国（境）、汽车使用、办公大楼的兴建以及编制的膨胀等方面存在的问题仍然严重，由此导致的行政经费增长令人怵目。我国行政经费，不包括人员工资和基建，其占财政总支出的比重，已经从 1978 年的 4.71％增长为 2003 年的 19.03％，这比日本的 2.38％、英国的 4.19％、韩国的 5.06％、法国的 6.5％、加拿大的 7.1％、美国的 9.9％，分别高出 16.65、14.84、13.97、12.53、11.93 和 9.13 个百分点。

我们在湖南湘潭县进行调查时，发现他们在行政开支方面做了很大改革，进行了较大努力，取得了显著成绩。但是 2004 年全县直属机关会议费依然比 2003 年增长 41.7％，外出学习考察费增长 139％，汽车维修及汽油费增长 50％～82％。2005 年该县采取了措施，取得了效果，但行政管理费总量又比 2004 年增长了 101.5％，占财政收入的 33％。由于行政经费，特别是公检法司经费的过快增长，造成一些地方支农和教育经费比例不升反降。1990 年至 2005 年，娄底市支农经费从 19.09％降至 5.94％，教育经费从 20.13％降至 19.39％。

（二）行政成本增长过快的原因

1. 经费预算缺乏制度把关

从财政预算看，各级政府每年所做财政预算虽然都是经过人大批准的，但是，由于这个预算分设科目过粗，又没有法律依据，所以其在人大批准环节上缺乏审定依据，流于形式、走过场，缺乏精确的核算和有效的监督。更因为行政管理经费，是管理经费的机构给自己定经费，所以既存在"近水楼台先得月"的问题，也存在决策部门为自用经费进行决策的弊端。在这种情况下，必然造成行政管理经费的取得过于容易，行政经费的额度过于宽松。

2. 经费使用混乱

经费使用的混乱，不仅造成行政成本不断飙升，也造成巨大的浪费，并产生腐败。

公用经费的管理缺乏制度约束，造成财政支出中公私不分现象十分严重。北京有全国各省、各市，甚至县一级的办事处，按审计署的说法，这些都是"跑部办事处""腐败办事处"。为什么要设这么多"跑部办事处"？就是因为我们的经费使用缺乏制度约束，财政支出的机动性过强。这也造成行政成本的过度增加。

不少党政机关在用钱上大手大脚、铺张浪费是非常严重的。一些政府部门不惜占用几百亩上千亩农田建设办公大楼，并用大广场、人工湖、花坛、假山、各种林木打造舒适环境；进到大楼内更是宽敞豪华，甚至是雕梁画栋。有一些单位和部门本来有办公大楼和会议室，却要把一些会议放到外地去，甚至要到几千里外的风景区去开本单位的研讨会。在招待方面更是问题多多，现在五花八门的调研考察、各种各样的会议论坛和说不清的横向联系，除引出大量的纵向招待外，还引出大量的横向招待，使"会议旅游""考察旅游"统统穿上了合法外衣。"招待费"有时还被当作"公关费""跑部费""干部考研费""在职读博费"，五花八门、无奇不有。此中浪费之大，简直不可想象。

3. 编制管控不严

编制管控不严带来的机构臃肿，不仅造成行政管理经费的上升，还造成工资额度的增长。改革开放后，我们虽曾多次精简机构，但依旧没能根本性解决问题，每进行一次机构精简，都要增设大量机构，编制庞大的政府所属事业单位几乎都是在各次精简中派生出来的。另外，某些人由于升官、卖官的冲动，还不断申请机构升格、城市升格、部门升格，而科升处、处升局、局升部、县升副市、市升副省、地升副省、学校升格、报纸升格、杂志升格等，也都是导致机构膨胀、人员冗余、官多兵少、行政成本剧增的重要原因。各级编委虽然都在认真工作，但因没有法制约束，抵挡不了上面的压力和市场"勾兑"，不仅造成编制"闸门"形同虚设、过于宽松，还造成很多单位只发工资不见人，在政府拿工资而在外另谋职业的大有人在。

（三）降低行政成本的建议

1. 对行政编制的设置进行立法

机构臃肿和编制难控是行政成本增长的主要原因，因此降低行政成本必须首先从精简机构和控制编制入手。20多年来的实践证明，没有法律和制度的约束，机构只会膨胀，不会精简；编制只会扩大，不会缩减。迄今，我国经济社会发展已经有了一个稳固的基础，机构设置已经达到较为完备的程度，为行政编制立法、规范编制设置已经到了重要时机，应该把编制立法作为遏制行政成本上升的首要任务，抓紧抓好。

2. 继续进行精官简政

邓小平在20世纪80年代把精简机构问题视为一次革命，并指出一定要把这场革命进行到底。面对我国机构臃肿、行政成本极高的现实，还必须进一步对机构进行精简。在今天官多兵少、普遍"因神设庙"的情况下，要简政必须精官。只有官"精"了，才好"减庙"。同时，还要着手考虑减少行政层级。我国行政层级多达五级，远多于其他国家，根据经济社会发展实际，我们有必要探索县归省直管的经验，进而考虑取消地级市这一行政层级。

3. 推进财政预算法治化

为了用好管好纳税人的钱，加强对公用经费的使用和对财政的监督，需要大力推进财政预算的法治化。为此，一方面要做好对财政配置结构的改革，使其适应当今发展的需要；另一方面要细化财政支出科目，并用法律进行规范，使其既能保证行政机构的运转，又能够以良好的形象影响下层，树立榜样。

4. 改革干部职务待遇终身制

中华人民共和国已成立 56 周年，今天我们已有条件和必要对干部职务待遇终身制进行改革。这次工资改革后，干部的待遇将根据职务级别的提升有较大幅度的提高。干部在任期间既已享受到较高待遇和带职消费，在退休后应该学习国外的普遍做法，进行必要的缩减。要不然，随着我国人口向"四二一"格局转变，孙辈的负担之重将难以承受。改革干部职务待遇对社会风气的好转必将产生巨大推动作用，特别是上层干部的带头，将具有里程碑式的意义。

5. 建立行政单位公车使用制度

我们 20 世纪 90 年代已有规定，除了正部级及以上干部配备专车外，副部级及以下均实行保障用车制度。但是这并没有严格执行，一级级保障用车制度落空了。建议在国家机关林立的地方，成立公车服务公司，实行保障用车制度，缩减专车配用规模，同时还要防止公车私用和公车攀比，减少用车浪费。

6. 党政部门要禁建培训中心和休假别墅

我们知道有一些党政机关和事业单位在风景区建有培训中心或别墅群。为了管理培训中心，还会任命很多局、处级管理人员，这不仅造成编制增加、机构膨胀、行政成本上升，也使各机关工作人员同百姓拉开了距离，造成一级级不良影响，甚至导致腐败。

7. 改革和规范费用支出标准

降低行政成本需要尽早改革和规范接待费、差旅费、出国（境）费、会议费的标准。上面出差下面补的差旅费制度，严重破坏了财务制度。应该说，中国的财力主要集中在上面，上面出差下面补，不仅增加了下面的负担和困难，而且也容易造成漏洞和腐败。这种状况应该改变，出差标准应实事求是、科学规范。不规范差旅费，就无法规范接待费。我们应该坚决改变"接待费是个筐，什么费用都往里装"的混乱状况。

8. 大力提倡艰苦奋斗精神

现在我们一些部门总在强调行政费增长有这样或那样的理由，却对出现的奢侈浪费现象视而不见。这主要是缺乏艰苦奋斗精神所致。因此需要教育广大干部牢记胡锦涛总书记关于"以艰苦奋斗为荣，以骄奢淫逸为耻"和温家宝总理关于"视个人利益淡如水，视人民利益重如山"的指示，学习吴仁宝同志"有福民先享，有难官先当"，切记"成由勤俭败由奢"的经验和教训，努力使艰苦奋斗蔚然成风。另外还需要把反对奢侈浪费纳入各级领导班子民主生活会和述职、述廉的内容，加强自律，鼓励监督。

（原载《凤凰周刊》2006 年第 5 期）

七 打破既得利益藩篱，搞好"吃住教医"

任玉岭曾提出，要真正搞好社会治理，需要从实现全面小康、扩大全面开放、全面依法治国、全面从严治党这四个方面着手，尤其是要针对当前关系民生的"吃住教医"问题，打破既得利益藩篱。他对当前政府落实勤政担当、履职为民提出了中肯建议。

要真正搞好社会治理，就要做好"四个全面"：实现全面小康、扩大全面开放、全面依法治国、全面从严治党。这四个方面做好了，我们的社会治理就一定能搞好。

我们的习近平总书记高度重视民生。他曾讲过，人民希望有一个好的住房，有一个好的医疗条件，有一个好的工作，还有好的教育。解决好这些问题是中国共产党执政为民的重要体现，也体现了习近平总书记所说的，人民对美好生活的向往就是我们的奋斗目标。

改革开放以来，我们国家发生了巨大的变化，我们的经济总量进入世界第二，我们的外汇存款位居世界第一，我们有 220 种产品产量位居世界第一，中国的国际地位空前提升，人民的生活也得到了巨大的改善。我举一个例子，我们现在国内旅游人次一年就有 32 亿，由此而言，人民生活有了很大的改善。今年是我们为全面实现小康进行攻坚的第一年，在这个时候，我们更应该就民生、就社会治理，好好地研究还存在什么问题。就像习近平总书记反复强调的，我们要有问题导向，要去调查问题、研究问题、解决问题。否则的话，攻坚就找不到靶子，就解决不了我们现在存在的困难、存在的问题。

原先我准备要讲"吃住教医"四个方面，今天再加一个方面，这些都是刚才提到的大家最关心的、最直接的、最现实的问题。

第一个就是"住"的问题。经过改革开放，我们现在人均住房面积 36 平方米，如果按这样一个数字，中国 13 亿人口就没有住房问题了。但是发展的不平衡造成我们还有很多人面临住房困难。我们不能光看平均数或者躺在平均数上享安逸，那是不行的。过去我曾讲，平均数有什么作用呢？一个房间里有 99 个穷光蛋，一分钱都没有，嗷嗷待哺，吃饭都没有钱；进来一个百万富翁，这个百万富翁有 100 万，一平均他们个个都是万元户。我们不能完全看平均数，特别是在地区差距、城乡差距、收入差距比较大的情况之下，我们更不能被平均数遮蔽了眼睛，我们要看到我们的问题。现在很多城市，就像北京，有多少来自农村的大学毕业生，有多少从全国各地走进来的农民工，他们还没有住房，因此不得不到家乡去盖房子，不得不到自己的县城去买房子。结果钱就积压在那儿，并不利于促进社会消费，而且这些房子基本也闲置了。我认识一个曾经做衣服的温州人，他赚了钱回到老家盖房子，结果连着三年都没回家去住。目前就是这么一种状况，我们在住房方面有一些问题，该供应房子的地方没能供应房子，这要引起我们的重视。正是因为农民工的房子问题没解决好，才导致农村有 5800 万留守儿童。他们不能跟父母团聚，健康成长受到了影响。我们该怎样对待住房问题，值得认真去研究，以真正使广大百姓安居乐业。

第二个是关于"吃"的问题。关于"吃"当前主要有两个问题，一个是水污染、土壤污染、重金属污染等导致的食品安全问题，这个问题现在还很突出。食品安全是中央特别关注的一个问题，但值得研究的是什么呢？我们现在一天到晚在搞绿色商店认证、绿色企业认证、绿色开发区认证、绿色产地认证，以及有机产品认证、有机开发区认证、有机产地认证、有机商店认证。我年前到土耳其去调研，我问他们的农业部部长是否搞绿色认证、有机认证，他说：我们现在人均年收入1万美元，还没有到那样一个发展阶段，因为做这些认证是为少数人服务的，我们搞的是全部食品无污染的标准化，让广大民众都能够吃上安全食品。而我们的人均收入是多少？是不是到那个阶段了？我们人均GDP才7900多美元，今年可能达到8000多。我们收入比人家低，人均GDP比人家低，我们为什么就到了这样一个阶段呢？我们为什么不能搞好标准化呢？正因为把精力都放在这个认证、那个认证上了，所以就没有人去推进食品安全标准化和严格管理标准化，导致老百姓吃的东西没有更多人去关注。这是我们社会治理工作值得关注的问题。

另一个食品方面的问题，就是我们的食品添加剂。改革开放之初，我们的食品添加剂很少，仅有一些防腐剂；现在不是了，很多食品添加剂进入了食品行业。我之前到河北一个食品厂去调研，发现其生产的食品里面要加发泡剂、增黏剂、增白剂。到底有没有必要加这些东西？我们应该注意这个问题。实际上我们在这方面已经吃不少亏了，"三聚氰胺事件"就是典型的例子。我觉得全社会应该来研究这些问题：食品中要不要加添加剂？要不要每种添加剂出来后都大量推广使用？当然不是说完全不能使用添加剂，但很多国外不允许使用的添加剂，我们也不应当使用。

第三个问题是教育问题。教育方面，我们现在有了很大的进步，有了很大的改善，但也存在一些问题。不久前我们到河南去调研，发现标准教室本来是坐45个人的，竟然有的教室坐了150人，这还不仅仅发生于一所学校。另外，有的学校公共厕所平均80个人才配有一个蹲位，以至于学校不得不分期分批下课。这些问题存在于我们的一些欠发达地区、人口密集的地方、交通发达的地方，不值得我们重视吗？根据我的了解，这主要是因为我们的大学占据了大量的国家教育经费，中小学没有充足的经费支持。这就是我们在治理方面存在的问题。我们的教育经费该怎么使用，值得我们研究。最近习近平总书记也提出我们要重视人口经济学，很多地方都强调以人为中心，但在很多人口非常密集、人口非常多的地方，我们怎样给予特别关照，使其能够在全面建成小康社会的过程中跟上来，是值得我们研究的。

再一个教育方面的问题是异地报考。异地报考不解决，公平问题就解决不了。刚才我讲的5800万留守儿童也与异地不能报考有直接关系，这都是既得利益者在那儿阻拦，使我们的主管部门没有办法推进。习近平总书记讲，我们改革遇到的最大问题就是既得利益的藩篱，不打破既得利益者的藩篱，我们的改革就很难顺利推进。而且这些既得利益者有好多就在体制之内，值得我们警惕，值得我们重视。

第四个是医疗问题。前天我在政协开了一个会，吃饭的时候大家都在讲，现在是看病越来越贵、越来越难。其实我们针对医疗是下了很大功夫的，特别是最近几年中央对医疗加大了投入，尤其是对卫生院的建设、对县级医院的建设加大了力度，一定程度上改变了过去好医院都集中在城市的状况。但是这个问题积重难返。正巧我听到一个新闻，北京88家医院每年接收2.8亿病人，其中70%来自外地。有2亿人每年要从外地跑到北京治病，这给他们带来多少困难呢？而且并不仅仅是租房、吃饭问题，还有其他问题。我们在医疗方面还存在很多问题，这值得我们去研究。

我再举一个例子。广东有一家高州医院，在当地很有名。它有两个大牌子，一个是"百姓医院"，一个是"平价医院"。我曾在2010年去调研过，了解到高州医院的院长是赤脚医生出身、农民出身，是一位擅长心脏手术的专家。很多县级医院是不能做心脏病手术的，但是这个医院可以做心脏病手术。院长经常跟大家讲，老百姓都是卖了鸡鸭来治病的，一定要对他们负责，能用便宜药，就不能用贵药。因此有很多人到高州医院来看病，甚至还有来自新加坡的病人。

后来这位院长因为某些原因被调走了，新的院长居然和药厂勾结起来，通过吃回扣敛财。中央电视台也报道过此事，这实在令人遗憾。体制内的既得利益者阻碍了我们的医疗改革，阻碍了我们的公立医院改革。这些问题不解决，我们的看病难问题就很难解决好。

第五个问题是环境问题，也是今天我补充的一个问题。习近平总书记讲环境就是民生，他说我们的环境因为大量的排污而产生很多问题。特别是雾霾，已经涉及我国 25 个省份，涉及 8 亿人口。雾霾可不是一件简单的事儿。我查阅了资料，20 世纪 30 年代到 60 年代的美国经常发生雾霾，每年因此而增加 5.2 万死亡人数。所以中央现在高度重视雾霾的治理，但是在这个治理过程中也有不少既得利益者在违规偷排、偷放。我觉得这些问题不认真去解决，我们的民生就很难改善。

社会治理要特别关注这五个方面的问题，真正把这五个方面的问题解决好了，我们的人民才能安居乐业，才能过上更美好的生活。我觉得刚才我谈的问题是最直接的几个现实问题，这几个问题要怎么解决好呢？习近平总书记曾引用过《道德经》中的一句话："既以为人己愈有"，大家都去考虑一下别人，我们的好多事情就好做了。我们要为广大的子孙后代考虑，而不光是在小家范围内为子孙后代考虑。我们当干部的也要像习近平总书记所讲的，"得一官不荣，失一官不辱"，要有责任心，要敢于担当，不要去跑官、买官，不要去追求当高官。我们穿百姓之衣、吃百姓之饭，自己也是百姓，把这些方面做好了，我们的民生问题、社会治理就一定能搞好，我们中华民族的伟大复兴就一定能早日实现。谢谢大家！

（2016 年 1 月 24 日在全国创新社会治理优秀案例推选活动暨 2015 社会治理创新经验交流会上的发言）

第三章

社会治理的统筹逻辑

在习近平新时代中国特色社会主义思想的指引下，中国社会治理现代化稳步向前推进，中国特色社会主义社会治理体系进一步完善。本章遴选的任玉岭围绕社会治理中的城乡发展、区域发展、经济社会发展、人与自然和谐发展、国内发展和对外开放等方面提出的建言，回应了当前改革和发展所要解决的一系列战略性、全局性重大问题，有利于助推社会治理在重点领域和关键环节获得突破性进展。

一 社会全面协调发展应着力转变"五重五轻"和"四轻四重"

公平与效率是推动社会向前发展的两大重要因素。兼顾公平与效率，实现社会全面均衡发展，是构建和谐社会的必要条件，也是社会治理的重要使命。任玉岭自1993年担任全国政协委员、政协常委、国务院参事以来，风雨无阻，走访了全国数以百计的城市、区县和乡村，了解实情，汇集灼见。他所建言的"十一五"时期应转变"五重五轻"的惯性路径和"四轻四重"的发展观念，至今仍具重要意义。

（一）转变"五重五轻"的惯性路径

改革开放20多年来，我们的几个五年计划，基本上是围绕着一部分地区先富起来的思路推进的。在编制计划、安排项目、分配经费、配置人才和创造条件时，长期沿袭着重城轻乡、重富轻穷、重工轻农、重效率轻公平、重锦上添花轻雪中送炭的定式。在如此效率优先的决策推动下，有限的财力和资源得到了更好发挥，增强了经济发展动力，促进了国民经济的快速发展。

邓小平当初提出让一部分人先富起来，是为了让先富带动后富，实现共同富裕。迄今前者的一部分人和一部分地区先富起来的目标已经充分实现了，而作为目的的共同富裕，仍然遥遥无期。特别是城乡差距、地区差距和贫富差距越拉越大、愈演愈烈的现实，以及由此带来的社会风险，不能不引起我们的认真反思和关注。

当今，我国经济发展的不平衡度已经达到世界少见的地步。一是城乡收入差距已拉大到3.23：1，从实际购买力来看，城乡差距为6：1。二是地区收入差距，最近报道，我国100个富县和100个穷县相比，人均GDP为15：1。三是人群的收入差距，我国贫富差距的基尼系数已达0.46，远远超越国际公认的0.40的警戒线。上个月我到广西河池去，看到那个地方很穷，大家收入很低，但是不同行业的收入差距却很大。我问了两个23岁左右的女孩子，一个在宾馆工作，月工资仅300元，而另一个在保险公司工作，月工资则达2000元，后者的月收入是前者的6.7倍。

三大差距的问题，不仅在横向上的表现是严重的，在时空的纵向上的表现也是十分突出的。例如城乡差距，在20世纪80年代仅为1.8：1，到90年代发展到2.5：1，2003年扩大到3.23：1。1979年至2003年的25年中，农民收入增长不到城市居民收入增长的五分之一。

为了遏制和改变经济发展中三大差距越来越严重的状况，近年来党中央连续提出了"西部开发""五个统筹""协调发展""工业反哺农业""城市支持农村"，以及把解决好"三农"问题作为全党工作重中之重等一系列发展新思路，充分体现了中国共产党执政为民的宗旨。特别是胡锦涛总书记提出的科学发展观，更加体现了人民群众的根本利益和愿望。

因此，"十一五"规划的制定，一定要坚持以人为本，要按照构建和谐社会的总要求，调整"十一五"规划的决策观念，坚决转变"重城轻乡""重工轻农""重富轻穷""重效率轻公平""重锦上添花轻雪中送炭"的"五重五轻"的计划路径和计划定式。要用公平的规划、公平的机制、公平的机会、公平的环境、公平的条件，下大力气推动欠发达地区的发展，推动农村的发展，推动低收入阶层和弱势群体的发展，为实现"消除两极分化，最终达到共同富裕"的目标作出贡献。

（二）转变"轻面重点"，扩大城市带动

既要看到城市是经济发展的产物，也要看到城市是经济发展的火车头。在中国城市化严重滞后于自身工业化水平和国际城市化水平的情况下，一定要高度重视城市化的推进。

我国是一个农业人口占世界三分之一的国家，因为农业人口过多，城市型消费人口相对较少，不仅抑制了国家的总需求和总消费的增长，而且也阻碍了农民劳动生产率的提高和农产品价格的上扬。这既是"三农"问题的总根子，也是全社会第三产业总量上不去、就业难度大的总背景。

因此，"十一五"规划的制定，一定要高度重视城市化工作，而且要转变"轻面重点"的思维模式，狠抓量大面广的欠发达地区的城市发展。要把城镇的合理发展、健康发展和加快发展摆到突出位置，既要搞好城镇发展的规划和布置，又要搞好交通和项目的互相衔接。

第一，要建设一些首领城市，推动城市群的大发展。很多地区的发展，是靠这个地区的首领城市带动的。例如珠江三角洲的发展是香港、广州带起的，长江三角洲的发展是上海、苏杭带起的，渤海湾的发展是北京、天津带起的。中国有13亿人口，是美国的7倍，是日本的10倍，加上国土辽阔，我们的经济发展不能像某些经济学家所讲的那样，仅靠珠三角、长三角和渤海湾三个点的带动就够了。中国要走共同富裕道路，要大力降低农业人口占比，要推动区域协调发展，就必须高度重视各区域首领城市的打造和与此相关联的城市群的发展。

为此，"十一五"规划，应在珠三角、长三角和渤海湾之外，以区域人口总量大的地方为重点，并视水资源的许可情况，重点推进

郑州、武汉、成都、济南、沈阳、长沙、西安、合肥、昆明、太原、兰州等首领城市的建设，加速发展以武汉为首领城市的城市群，以郑州为首领城市的城市群，以西安为首领城市的城市群，以沈阳为首领城市的城市群，以成都为首领城市的城市群，以长沙为首领城市的城市群，以济南为首领城市的城市群等。时间将证明，这样做不仅是符合中国实际的，也是十分必要的。

第二，要高度重视中国县城的建设和发展。据统计，我国从农村分离出的 1.7 亿劳动力，有 1.1 亿分布在以县城为主的城镇中。因此，城市化的重点将历史地落在县城上。为了推动农村发展，推动县域经济发展，一定要狠抓县城的建设和规划。"十一五"规划，要加大对县城的投入，并通过土地价格、工资水平以及税收标准等的调控，吸引一些产业向县城转移，吸引各方面的资金向县城投入。国家需加大县城的公共资源配置，发展较好的镇，应尽可能按县级市给予待遇，以有利于城市化的推进。在平原地带要力争早日实现每个县城都能通高速公路，都能有因特网相连接。

第三，要尽可能降低农民入城留住和落户的门槛和条件。我们现在真正有城市户籍的人口，按 2000 年国家统计报告仅有 2 亿人，按 2002 年中国城市发展报告，拥有总人口 11.03 亿人的 269 个主要城市中，市区非农业人口仅有 1.77 亿人，地区非农业人口有 3.08 亿人。我们所讲的城市人口占总人口的比例要超过 40%，可是真正有户籍和能享受市民待遇的人口仅占总人口的 23% 左右。如果城市化不能解决户籍问题，入城农民不能享受市民待遇，城市型的消费总量就上不去，分流农民的目的就达不到。为此，"十一五"规划，一定要把农民落户城市的门槛降下来，解决好户籍问题和入城农民的各种待遇问题，以保证城市化的顺利推进。

第四，国家资源的配置要公平合理。一是工业布局，总应该给欠发达地区多一些发展机会。例如汽车工业几乎都放在沿海城市，或是如北京这样的地方。北京交通拥挤、水资源匮乏，已经有了两个汽车厂，还要再建奔驰车厂。类似这种情况，应在"十一五"规划中有所控制和调整。带动性大的产业，应给欠发达地区多一些。二是由国家财政或政府权力维持的学校、机关、出版机构和媒体等，可否根据新的发展形势，进行必要的分散和重新配置。例如北京有100多所大学，基本上是国家拿钱兴办的，在我们很多管辖近千万人口的地级市尚没有大学的情况下，应研究对在京高校进行必要的搬迁和转移，支持欠发达地区的进步和发展。在德国，不仅大学分散在各个城市中，就连重要媒体和一些国家机构也都分散在东、西、南、北、中的不同城市和地方。我们一直有在党的领导下集中力量办大事的条件和传统，在城市化的推进上也应发挥这一优势，外国可以做到的，我们也一定能做到。

（三）转变"轻农重工"，狠抓重中之重

自胡锦涛总书记作出要把"三农"问题作为全党工作重中之重的指示后，我国的"三农"问题有了很大转机。特别是去年"中央一号文件"的出台及国务院采取的"减税""直补"等措施，为2003年的粮食大幅增产和农民大幅增收作出重要贡献。但是，因为生产资料的涨价和农业基础薄弱的情况没有显著改变，新的一年粮食增产、农民增收的难度将明显增加。从长远看，解决"三农"问题，不仅要走的路十分遥远，而且前进征途上还会有很多问题和困难。

"十一五"规划，一定要进一步转变"轻农重工"的思想，对农村形势的估计，绝不可过分乐观，更不能只有口号没有行动，也不能再走中央"请客"地方"买单"，而欠发达地区实际无人"买单"的老路子，要严防到头来竹篮打水一场空。特别是"工业反哺农业，城市支持农村"方针的实施，一定要有新举措，一定要在"十一五"规划中落实政策，落实项目，落实投入，包括农田基本建设、农村

道路建设、农村教育、文化和公共卫生建设等，都应有实实在在的投入规模。必要时，应敲定城乡投资比例和工业反哺农业的份额，保证中央的政策落到实处。

此外，为了确保粮食安全，一定要利用好东部各省的土地。东部不仅土质肥沃，而且光照时间长，气候条件好，像珠江三角洲、长江三角洲这些地方，因单产高、复耕指数大，一亩田的年产量可抵北方五六亩。正是因为这个原因，日本 20 世纪 70 年代曾推出"南农北工"的列岛改造计划，这为日本经济的腾飞作出重要贡献。我们应该严把东部的土地闸门，严控和抬高东部土地价格，确保东部农田和粮食安全，并使产业和投资向中西部转移。

"种粮直补"是国家一项重要政策。但是对农民的增收，不能只看放下去多少钱和农民增收的平均数。根据对广西、河南和湖北三个点的调查，我们发现能拿到直补的只有湖北的一个点，而且补贴的数量很有限。河南的一个点上补贴是拿到了，是在纳税时减扣的。在广西一个村庄调查时，我们发现那里的农民还没能拿到种粮补贴。因此，对国家下达的粮食补贴款，还要进一步规范，对补贴规模、数量、款额要及时公布，防止资金被挪用或截留。

农业科技的发展，仍是破解"三农"问题的一大关键。我们国家的科技投入这些年大大增加了，但对农村的投入反而减少了。原来农村的科技网络，出现了"网破、线断、人散"的新情况。农村科技不能走完全市场化的道路，应把农村科技作为公益事业，给予支持和投入。"十一五"规划应加大对农业科技网络建设的投资，要像保教育那样，保农村科技网络。

发展畜牧业和农产品加工业，是解决农村就业和提高农民收入的重要途径。但因为农民缺乏行动资金，又得不到政府和金融部门的支持，所以很多农民只能是"老太太喂鸡"，小打小闹，不能实现集约化生产。如此则造成多数农民"望富兴叹"，致富无门。"十一五"规划一定要解决农村金融改革问题，推进农村畜牧业和农产品加工业的集约化和产业化经营。还要放开发展农村经济合作组织，大力发展公司制的农业专业合作社，由农民入股，把公司的发展和效益与农民的利益紧密联结和挂钩。财政、银行要与之对接，确保国家的支持和银行的贷款能使农民直接得益。用这种方式可以促进农村快速发展，促进农民更好增收。

（四）转变"轻三重二"，助推服务经营

中国各地的经济观，长期以来存在着"重二产、轻三产"的老习惯。我国经济结构中第二产业比重大、发展快，一定程度上造成我国经济发展的高消耗和高污染。出现这种情况，固然与我们不注重节约有关系，更与产业结构的不合理相关联。

世界很多国家的产业结构中第三产业所占比重多在60%左右，美国则达70%以上。第三产业以服务业为主，劳动密集，一般情况下是以"低投入、低消耗、高就业"为特征。为了增加就业、降低消耗、降低污染，我们应特别重视产业结构的调整，大力发展第三产业。

我国的第三产业在改革开放以后虽然有较大发展，生产总值已经从1978年的860.5亿元发展到2003年的38885.7亿元，增加了44倍。但从增长速度看，1983年至1993年的10年间增长了近10倍，而1993年至2003年的10年间仅增长3倍，也就是说1993年之后，第三产业的发展明显放慢。

迄今，我国第三产业生产总值占GDP总量的比重为31.8%，同美国相比低近40个百分点。这一比重实际在1990年就已经接近了，1990年至2003年的14年中第三产业的比重仅增长1.8个百分点。这些数据揭示出三个值得反思的问题：一是我国的第三产业所占比重为什么上不来；二是近十几年第三产业的发展为什么明显转缓；三是在我国第三产业中的现代服务业包括银行业、保险业、电信业

快速发展的年代里，为什么第三产业的总量却不升反降止步不前。这很值得"十一五"规划的制定者认真研究和思索。

在国外，每万人拥有的小企业数量为 45～55 家，而我国每万人仅拥有小企业八九家，仅为国外的五分之一。很多国家允许大量的非注册企业存在，英国、德国都有非注册企业 150 万～200 万家，相关就业人口有 1000 万左右。而我国连修自行车、补鞋等都要登记和缴费，特别是在城市的整治和美化过程中大量驱赶小商贩，已使1995 年以前的 3000 万家服务商贩下降到 2000 万家，服务人员已从1995 年的 6000 万人减少到 4000 万人以下。这不仅砍掉了数以千万计的就业岗位，而且严重阻碍了第三产业的发展。

去年五月我在北京离北四环 10 公里的一个小区外做调查，那里一条 200 多米长的马路边，早上摆有 300 多个摊贩，有卖菜的、卖瓜的、卖衣服的、卖鞋袜的，也有卖食品的、卖花草的，等等。我走进这个地方时是 7 点 40 分，当我了解完这里的摊位数量和经营品种后，时间就到了 8 点整。顿时，大家都收起摊子往外跑，有的甚至连买主的钱都不要了，一个劲地往外冲，真有点鸡飞狗跳的态势和场面。我发现原来是城管的人来了，没有跑掉的不仅商品被没收了，而且连手推车、三轮车也给拉走了，只见有人在那儿抹眼泪，他们仅有的饭碗又被砸掉了。在北京四环路外 10 公里的地方尚且如此，其他城区当然就更不允许这样的服务业生存了。据我调查，全国有不少城市和北京一样，有很多做小生意的和凭借手艺提供服务的弱势群体，他们大多随城市改造而被驱赶回家待业了；城市虽然漂亮了，但更多的人失业了。

"十一五"规划，应坚决转变"轻三重二"的惯性思维，高度重视第三产业的发展，除了现代服务业，还要重视传统服务业的发展。因为中国大多数人的收入还很低，中国人口多，传统服务业还有巨大的市场，这是一个就业的广阔天地，也是广大穷人凭劳动、服务进行创业和逐步致富的重要途径。我们一定要总结 1994 年以后第三产业发展明显放慢的教训，更多支持服务业的发展。

为了加快第三产业的发展，一要使城市加快吸纳农村人口，使农民进城安居，这样既有利于扩大服务市场，又可以使服务业的从业主体增加。二要放开服务业的注册登记，可以让其不登记即可从业，可不限其经营范围和投入多少。如果必须登记，可以免除注册资本，可以用住宅作为登记处所。三要由银行给予支持，向从业者发放小额贷款。四要在城市改造中"高抬贵手"，给摊贩经营留出场所，创造出宽松的发展环境。五要打击乱收费、乱罚款，改善摊位费过高和门槛过高的情况与现状。应通过努力使第三产业的比重在"十一五"期间上升到 45%。

（五）转变"轻创重引"，加速自主创新

科技创新是世界所有国家发展和进步的主要依托和动力源泉。我国的科技创新工作虽然在改革开放以来取得了很大的进步，但同经济发展实际相比，还有很大差距。

自主创新缺乏，知识产权不足，不仅使我国产品在世界上失去了竞争力，也造成出口产品虽不断增加，但企业效益却普遍较低。真正效益好的高技术产品，有 75% 是外资企业和合资企业生产的，国内企业占比仅为 25%。创新缺乏还表现在我们有很多设备与原部件依赖进口上。我国是软件需求量最大的国家，但 80% 的软件靠进口；我国机电零部件市场有 1 万多亿元，也主要靠进口来满足；生产规模大、生产产值高的汽车行业、飞机行业、船舶行业以及高速铁路等所需技术也多靠进口来解决。

我国自主创新缺乏和知识产权不足的主要原因有两个。第一个原因是科学研究与生产实际相脱离，形成了科研与生产的"两张皮"，很多科研工作只重论文、不重成果。科技成果的评定工作、奖励工

作存在的问题也比较严重，没能创造和培育出更多、更成熟，能够有效应用的好成果。生产企业至今未成为科技创新的主体，中国97%的企业没申请过技术专利，这也严重制约了科技的自主创新和科技与生产的结合。

就拿引进装备和技术来说，改革开放以来我们为了走追赶世界先进技术的捷径，投入巨资引进了大量的先进装备和技术。按说，我们应该组织技术队伍，加大应有投入，推动这些技术与装备的消化吸收，并在消化吸收的基础上进行模仿和创新。然而我们的科研工作却没有利用这条追赶世界先进技术的捷径，只见很多人在文献缝里找题目，在论文上搞追赶，极少有人重视消化吸收这些先进技术和装备，更谈不上模仿和创新。

从技术消化吸收的投入看，虽然我国科技经费近些年有了很大幅度的增长，但极少对消化吸收所引进的技术进行投入。韩国投入消化吸收的科研经费是引进装备、技术费用的8倍，而我国投向消化吸收的科研经费仅是引进装备、技术费用的7%。

我国自主创新缺乏和知识产权不足的另一个原因，是创新产品的国内市场问题。任何创新的技术和产品，都不是一次性地走到完美和高端的，往往需要经历"实践—认识—再实践—再认识"的全过程。需要在应用、演练的实践中，发现问题，找出不足，然后才能在解决存在问题中提高，在改进不足中完善。任何一个高端的技术或产品，都要在本国市场的应用中得以培育和发展。

日本、韩国和美国有很多政策是鼓励本国技术推广应用的。特别是韩国，从机场、车站、地铁出入口到一些商店都有"身土不二"的广告牌，他们还会把"身土不二"印到商品的包装上。"身土不二"意思是生在哪里、住在哪里，就要用哪里出产的东西，吃哪里生产的食品。在这种"国人用国货"的民族精神推动下，韩国的一些技术创新产品在国内得到了演练和实践，得到了提高和完善。当初韩国生产的轿车质量较低，难以销到国外，但是韩国马路上跑的全是韩国轿车，韩国轿车业通过本国市场的支持和关爱，最终得到了发育和完善。今天，不仅其汽车产品已经走到了国外，其汽车技术也开始在国外立足，北京的"索纳塔"就是一例。

而我国的情况恰恰与此相反，不仅重复引进、连续引进、各行各业都引进，自主创新产品走向国内市场受到限制，失去了实践、演练场地，难以发展和完善，而且缺乏支持自主创新产品推广的优惠政策。我在浙江横店调查到，有一个德邦电子公司，他们生产的节能灯泡，耗电量仅相当于白炽灯泡的五分之一，一只18W的节能灯按每天工作4小时计算，每年可节电120度。全国照明耗电量每年为2000亿度，如全部使用这种节能灯，一年可省电1600亿度，正好相当于三峡工程竣工后年发电量的2倍。现在这个公司每年生产2500万只节能灯，其中90%以上出口美国，美国能源部专门对其进行销售补贴，为美国节约能源作出贡献。在我国，其则因价格偏高，得不到扶持政策和补贴，而没有市场。

因此，"十一五"规划要转变"轻创重引"，力促自主创新。一方面要高度重视对引进技术、装备的消化吸收和模仿，另一方面要高度关注和开拓自主创新产品的国内市场。除了制定政策、加大投入外，还要鼓励政府、企业和国民更多采购拥有自主知识产权的技术和产品。我们不妨学一学韩国"身土不二"的理念，强化民族精神。如果13亿人都有了这种"国人用国货"的意识，我国的科技创新就一定会有大的推进！

（原载《市场论坛》2005年第4期）

二　关于妥善处理统筹区域发展中五大关系的建议

提高发展的平衡性、协调性、包容性是我国立足新发展阶段、贯彻新发展理念、构建新发展格局的内在要求，也是促进共同富裕、体现社会主义优越性的本质要求。当前，区域协调发展战略已上升到党和国家事业发展全局的高度，重点在于解决区域发展不平衡、地区发展差距大的矛盾。任玉岭曾就统筹区域发展问题提出要处理好五大关系的建议，充分彰显了以战略谋全局的韬略。

为了促进经济社会的协调发展，党的十六届三中全会的《决定》中提出了"五个统筹"。其中"统筹区域发展"充分体现了全面建成小康社会的战略目标，对缩小地区差距、加速欠发达地区的发展，将起到重要的推动作用。

但是，统筹区域发展不是一件容易的事情，要把欠发达地区的经济搞上去，不仅需要欠发达地区的努力拼搏，更需要有中央各部门和发达地区的指导和帮助。特别是在一些政策性较强的支撑条件方面，十分需要从欠发达地区的实际出发，给予更多关注和扶持。以下谈到的五种关系是当前区域统筹中面临的实际问题，尤其需要有关方面提供宽松和灵活的政策，以使欠发达地区的发展充满生机与活力。

（一）定点集中乡镇企业与限制开发园区建设的关系

"统筹区域发展"刚刚提出，限制开发园区建设的呼声便振聋发聩地传了出来。前一时期开发区过多、过滥，不仅造成对农田的破坏，而且滋生了腐败，因此，整顿开发园区、严格园区管理是十分必要的。但是，由于地区发展的不平衡，在中央的整顿政策出台时，往往仅砍了发达地区的"尾巴"，而砍了欠发达地区的"脑袋"。在这种情况下，如不能正确处理定点集中乡镇企业与限制开发园区建设的关系，欠发达地区的发展就会止步不前。

应该说，开发园区是改革开放与发展地方经济的一个创举，它作为一个地区对外开放的窗口、招商引资的平台、聚集人才的载体、发展经济的增长点，为发达地区的发展作出举世瞩目的贡献。正因为这样，东部发达地区，往往一个省就有国家级开发区十几个、省级开发区几十个、地区级开发区几百个。现在轮到欠发达地区开发的时候，它们同样需要有"窗口"、有"平台"、有"载体"、有自己的"增长点"。特别是要大力促进乡镇企业的发展和定点集中，没有开发园区的建设，仍会出现村村点火，抑制乡镇企业发展。因此，为了搞好统筹区域发展，十分需要处理好定点集中发展乡镇企业与限制开发园区建设的关系。在开发园区的整顿中，要对欠发达地区网开一面，以促进欠发达地区加速发展。

（二）推进城镇化与保护农用土地的关系

城镇化作为减轻农村人口负载过重、分流农村人口的途径，是创造非农产业、促进农民非农化、提高农民收入、全面建成小康社会的必由之路。发达地区的经验告诉人们，没有城镇化的推进，是难以繁荣地区经济的。因此，统筹区域发展，促进欠发达地区经济登上新台阶，一定要学习发达地区，在城镇化方面下功夫。

如同发达地区那样，欠发达地区要发展城镇，必然要占用农用土地。特别是在农业开发程度极高的主产粮食的平原地区，推进城镇化不牺牲一些农田是绝无可能的。尤其是在城镇化初期，经济能力较差，尚不能把人口集中于高楼大厦，城镇化对土地的需求是很大的。

为了推进欠发达地区的发展，我们既不能像发达地区那样，无限制地向城镇化提供土地，更不能像此前推出的某些样板村、样板镇那样，做那么多绿地、公园，搞得那样豪华而宽敞。但也绝不能对欠发达地区过于苛求，那种硬性要求占一亩农田就要再造一亩农田进行补偿的做法，在平原地带的粮产区土地几乎被百分之百开发的情况下，是绝对脱离实际的。据此，要立足于统筹区域发展，既要重视城镇化对欠发达地区发展的拉动作用，又必须处理好推进城镇化与保护农田的关系。在土地供应上，不搞"一刀切"，要给欠发达地区多一些灵活和宽松。要按照发达地区走过的路子，给出一个城镇化用地的比例数字，以保证欠发达地区城镇化的需求。绝不能因为土地管理过严，而抑制和贻误欠发达地区城镇化的推进和统筹区域发展的顺利开展。

（三）农业产业化与保证粮食安全的关系

农业产业化是我国在新形势下调整农业产业结构、发展规模经济、拓展农产品市场、促进城乡统筹的带动力量。农业产业化大多要改种粮种豆为种果种蔬，或者是挖塘养鱼、发展畜牧等。因此，欠发达地区要学习发达地区农业产业化的经验，压缩粮食种植面积，发展果木与蔬菜种植或水产与畜禽养殖等。

由于农业产业化的推进，粮食种植面积减少，粮食明显减产，这时候提出保证粮食安全问题无疑是十分必要的。但是，这一政策如同限制开发园区一样，同样是砍了发达地区的"尾巴"，而砍了欠发达地区的"脑袋"，对发达地区不会有特别大影响，而对欠发达地区将造成致命的创伤。不少发达地区，土地大面积抛荒，在农业产业化方面，有的地方非粮面积已超过耕地的70%。尽管这样，我们有关方面在推进工作时，往往是一抓农业产业化就到发达地区去促进，一抓粮食安全就到欠发达地区去保粮，甚至提出不许改变土地用途、不许挖塘养鱼等。这样做的结果是：发达地区发展的路子宽了又宽，而欠发达地区的发展环境，则是严了又严。

为了统筹区域发展，使欠发达地区的发展环境宽松些，处理好农业产业化与保证粮食安全的关系是十分必要的。在保证粮食安全方面，对欠发达的农产区要网开一面，不要以保粮食安全的名义阻碍他们迟来的产业结构的调整，或抑制他们的合理发展。

（四）招商引资集约开发与防止农民失地的关系

欠发达地区的发展，固然需要大力发扬自力更生、艰苦奋斗的精神，而很多地方由于财力十分有限，金融贷款又十分困难，因此借助外力，大搞招商引资是十分必要的。但是，招商引资参与城镇建设也好，发展农业产业也好，都可能大量占用农田，从而造成农民失地。这两者的关系如果不能妥善处理，要么影响地方发展，要么妨碍社会稳定。

我们现在招商引资的竞争是十分激烈的，有些发达地区，给外商的土地价格低到 60 元一亩。这些地方财政富裕，能够对农民进行安置和补偿。但欠发达地区，由于财政相当困难，难以承受低地价的招商竞争，即使招了商也难以对农民进行安置和补偿。

因此，为了增强欠发达地区招商引资的竞争力，又保证农民失地问题能妥善解决，一方面需要国家进行宏观调控，对发达地区的地价要严加管制，需限制以极低地价或零地价进行招商的恶性竞争，以增加欠发达地区在招商引资中的吸引力；另一方面，欠发达地区要加强对失地农民的培训，有组织地进行劳务输出，并要提高土地的补偿金。有条件的可以促成农民成为被招商入驻企业的股东，使其收入得到保证。尤其值得注意的是要防止腐败，尽量避免县、乡镇、村干部与外来投资者合起伙来，大面积承包和租用农民土地，以防止农民在失地后处境更加艰难。

（五）发展龙头企业与保护农民权益的关系

各地为了推进农业产业化，引进了很多龙头企业参与农产品的规模种植、加工和营销等。这种做法，不仅有利于龙头企业的发展，也促进了地方财政收入和经济总量的增长，所以地方政府是极力支持的。

但是，这样做也为农民致富带来了新问题。根据国外的经验，90%以上的农产品会被加工，其增值比例高达200%以上。我国迄今农产品加工比例才只有24%，增值比例不到80%。因此，中国农产品加工、营销尚有巨大潜力。有一些国家把加工、营销的权益留给农民，即使有非农户来投资，其股份也会受到严格限制。而我们当前的做法，不是支持和鼓励农民创业，发展农产品加工和销售，而是靠引进龙头企业发展农业产业。他们虽然也喊出"公司＋农户"，但这与国外的"公司＋农户"截然不同，中国农民不能像外国农民那样做龙头企业的股东，不能分享农产品加工、销售的增值和利润。在统筹区域发展过程中，需要建立科学的政绩观，处理好引进龙头企业与保障农民农产品加工、销售权益的关系。建议改革工商注册要求，不要注册资本；促进银行改革，增加助农贷款，以鼓励欠发达地区农民创业，发展以千家万户农民为股东的农产品加工、营销企业。同时，还要协调好龙头企业与农民的利益对接，使农民的利益与企业发展互相联动。

（曾收入任兴磊主编：《任玉岭谈经济》，世界知识出版社2013年版）

三　改革财政金融的配置结构，统筹城乡和区域
协调发展

伴随社会经济的发展，城乡、区域的非均衡发展问题日益突出，如何推进"两个统筹"协调发展，已经成为我国经济发展战略的重点。而整合城乡、区域发展力量，缩小国内不同区域之间、城乡之间的发展差距，增强我国的可持续发展能力，是促进城乡区域经济协调发展的主要动力。任玉岭多年来深耕经济领域，关注区域经济发展问题，立足财政金融视角提出了深刻见解，洞悉了有效统筹的内在机理。

（一）搞好"两个统筹"对持续快速健康发展具有极其重要的作用

正如胡锦涛总书记所讲，经济发展不仅要持续快速，而且要协调健康，这是人民群众不断提高生活水平的重要条件，也是人民群众对发展前景充满信心的重要保证。党的十六届三中全会提出的"五个统筹"，对于全国上下树立科学发展观和保证快速健康发展具有不可低估的历史作用。特别是"统筹城乡发展"和"统筹区域发展"，已经引起中央的高度关注，并出台了一些战略举措，形势正在向好的方向转变。

但是，不能不看到我们在推进统筹城乡发展和统筹区域发展方面面临的困难还非常大，面临的形势还十分严峻。在区域发展方面，不仅存在着地区差距过大的问题，而且存在着差距继续扩大的危险。2000 年中国 31 个省、自治区、直辖市中，人均 GDP 高的与低的之

比为 13∶1。最近有报道称，我国 100 个富县和 100 个穷县，人均 GDP 之比为 15∶1。在财政收入方面地区差距就更加悬殊。以河南为例，巩义县与台前县两县的财政收入分别为 7 亿和 3000 万，实际相差 22.3 倍。如果将台前县与东部省份的富裕县相比，其财政收入差距之大会更加惊人。

从城乡差距的方面看，世界劳工组织调查了 6 个城乡收入差距较大的国家，结果表示，绝大多数国家的城乡收入比为 1.6∶1，差距较大，即城乡收入比超过 2∶1 的国家有 3 个，中国是其中之一。我国的城乡收入比为 3.23∶1，而从实际购买力上来看的话，城乡收入比实为 6∶1。由此可见，中国城乡差距之大是何等严重了。

以发展的眼光看，地区差距与城乡差距大并不可怕，怕的是得不到遏制。关于缩小地区差距和城乡差距，中央在 1997 年召开十五次代表大会时就提出了，特别是西部大开发战略的实施，应该说取得了不小的成绩。但是实际上，差距不仅没有缩小，而且在继续扩大。在地区差距方面，从东、中、西三个地区 GDP 占全国的比重看，东部地区 2000 年占 57.3%，2003 年上升为 58.5%，中部地区则由 2000 年的 25.6% 下降到 24.6%，西部地区由 2000 年的 17.1% 下降到 16.9%。在城乡差距方面，20 世纪 80 年代城乡收入比为 1.8∶1，到 90 年代扩大为 2.5∶1，2003 年扩大为 3.23∶1。1979 年至 2003 年的 25 年中，农民收入的增长不到城市居民收入的五分之一。

我们在缩小区域差距上实施了西部大开发、振兴东北老工业基地和中部崛起的发展战略；在缩小城乡差距上出台了一系列扶农、支农政策和措施，把"三农"摆到了一切工作的"重中之重"，战略不可谓不宏伟，措施不可谓不得力。但是，为什么地区差距和城乡差距越来越大、基尼系数不断飙升呢？的确应该对此进行深入的而不是表面的、认真的而不是敷衍的研究和思考，不然的话，我们在统筹区域发展和统筹城乡发展的过程中，就有可能出现 20 世纪 90

年代以来的"三农滑坡"现象。90年代之后，我们在"三农"问题上可以说是发布了很多政策，花费了很大功夫。但是直到今天，"三农"问题依然是中国一切问题中的大问题。从"三农"问题走过的路来思考，我们对统筹区域发展和统筹城乡发展，还必须有更加有力的措施来保证，以防止出现像"三农"那样的不良情况和后果。

根据我们在全国各地的调研，广大群众对本届中央与政府领导的亲民、勤政形象表示高度的钦佩和赞扬，广大群众最关心的还是缩小城乡差距和地区差距问题，但也最担心、最害怕越发展基层群众的利益越受侵害，越发展基层群众越困难。因此，一定要坚持以人为本，坚决贯彻执政为民的方针，认真落实胡锦涛总书记所倡导的"权为民所用、情为民所系、利为民所谋"，把维护好、发展好最广大人民的根本利益作为我们一切工作的出发点，这样我们才能统筹好区域发展和城乡发展，才能为"发展是硬道理"作出切实的保证和贡献。

（二）"两大差距"的不断加大，关键在财政、金融的使用上过于注重锦上添花

我从20世纪80年代初就在政府工作，据我所知，东部地区和城市的发展在国家财力的使用中吃了很多偏饭。1986年春，国家科委主持在扬州召开中国"星火计划"的工作会议，当时我在讨论中提出，其他国家计划都是放在沿海，属于锦上添花，我们能否把"星火计划"多往中西部放一些，搞一点雪中送炭。但是，国家"星火计划"仍要服从沿海经济发展战略，我们也多把"星火计划"的项目部署到了沿海省份。我讲这一例子是想说明，区域差距的扩大和城乡差距的扩大，不都是历史和自然禀赋的原因造成的。就东部与中西部差距的扩大而言，肯定是与历史的基础和自然禀赋有关系。但是，差距的不断拉大和过分拉大，则是由国家过分向东部倾斜的

政策造成的。

一是国家的投入政策促进了东部的启动。改革开放初期实行国家拨款政策来扶持各地经济发展，这些拨款分散在各种计划中和各个部门内。尽管当时的拨款比较有限，但它对沿海地区的发展所起的作用是巨大的。美国著名经济史学家戴维·兰德斯讲过，有钱才能赚钱。马克思也说过，效益小的大资本比效益大的小资本，赚钱来得更容易。正因为有国家拨款的扶持，东部先走了一步，在"万事先入为主"规律的支配下，在当时处处均为卖方市场的推动下，东部的发展如鱼得水，事事在前。

二是国家财政包干政策有利于东部竞争。在地方财政的包干制度下，东部地区因较早获得了启动资金，在当时商品十分紧缺和到处均是卖方市场的情况下，经济启动较快，财政收入增长迅速，较早具备了自我投入和自我发展的能力。这些地方的经济就像滚雪球一样，越滚越大。相反，财政包干政策不利于中西部的发展，在没钱就不能赚钱规律的制约下，中西部经济启动迟缓，后来虽有了西部开发和中部崛起政策，但因遇到商品过剩、到处均为买方市场的境况，中西部产品缺乏竞争力，于是发展困难，举步维艰。

三是税收优惠政策加速了东部发展。我国实行的税收"免二减三"政策，即所得税免两年、减三年的政策，对东部的发展起了极大的作用。享受这一政策的国家 14 个沿海开放城市都在东部；4 个特区也在东部；国家的 44 个经济开发区有四分之三以上在东部；高科技开发区，以 2002 年前的开发面积论，仅广东、江苏、山东就占了 44%。另外，东部还较早地设立了大量的省级开发区、市级开发区、县级开发区，它们也享受了类似国家开发区的政策。东部因为临近海港，加之起步较早，环境优美，政策灵活，所以 80% 以上的外资投到了东部。政策就是生命，是政策给东部带来了活力和生机。

四是投资立项权给东部发展提供了先机。在东部沿海开放城市和经济特区内，投资立项权和外资投入的审批权明显大于中西部地区。首先，东部早期启动时，很多项目投资立项十分宽松和容易，20世纪90年代以后，虽然加强了立项审批，但东部的立项权仍要比中西部大得多。特别是在土地的使用上，东部要宽松得多、灵活得多。我记得很清楚，20世纪80年代中期，广东一个镇长即可决定200亩地由稻田改为鱼塘。直至2002年，江苏某市供应给新加坡商人的2000亩土地，也才20元一亩。这就为生产要素，特别是资本要素流向东部创造了条件，为东部发展提供了先机。

五是金融政策为东部发展提供了巨大支持。中央采取的切块分配信贷资源和投入进行地方匹配的做法，十分有利于经济发展快、经济实力强、重点项目多的地区，在这方面东部得到中央的资金支持是巨大的。另外，金融机构以及证券交易所的创立和设置，给予东部很多优惠，东部地区得到了更发达的金融与证券的支持和服务。

六是外汇留成为东部地区开展外贸、走出国门提供了便利条件。国家给东部的外汇留成比例比中西部要高得多，特别是先期外汇十分稀缺情况下，这样做意味着东部地区在对外贸易和引进先进技术、装备方面享有更大的自主权和更便利的条件。

以上六个方面实际上都涉及财政、金融的投资取向。过去这么做是完全正确的，但是，今天依然这样延续下去，既不利于"两个统筹"的开展，也会造成城乡差距和地区差距继续拉大。因此，我们必须下决心改革财政、金融的配置结构。

（三）改革财政、金融配置结构是搞好"两个统筹"的根本保证

时至今日，我国的经济发展，仅靠先进地区的局部发展，已经不能保证全局发展的快速推动，也不利于全面小康以及机会公平、规则公平和分配公平的顺利实现。现在一讲改革财政、金融的配置

结构，就有人认为是要杀富济贫、抑制东部发展。实际上这都是既得利益者对改革的恐惧和对进一步全面快速发展的阻拦。历史的经验证明，任何时候改革都是会有阻力的，因为任何改革都会触动少数人的利益，都需要改革者付出代价和牺牲。所以，对财政、金融配置结构的改革，我们不能低估它的艰巨性，更不能相信不付出努力就可以完成。

　　财政、金融的配置结构，在今天基本是沿着过去20多年的老体制和旧基数向前推进的。中央财政的支出结构，以及工业、农业、交通、科技、文化等方面的很多计划的项目投入、资金使用，也多是在原有的条块配置基数上修修改改，而未能适应今日推动"两个统筹"发展的基本形势和进行大的改革。就以去年中央财政对农业的投入而言，各种媒体大力宣传对农业的投入较前一年增加了20%，实际上是19%。这个投入增加比只不过是第一次实现了我国农业法关于农业投入的增长比不得低于财政收入增长比的规定而已，对农业投入基数并未进行调整，对农业投入多年来的欠债也并没有补上。如果按农业法规定的依财政增长比例增加对农业投入的话，农业的投入基数远不是2003年的数额，这样计算2004年的增长仅仅是在财政配置基数未到位情况下的比较性增长。去年对农业的投入同比增长19%，而地探同比增长72%，公交和流通行业同比增长36%，政策性补贴同比增长58%，其他支出同比增长45%。相比之下，中央财政对农业的投入并未体现出其为"重中之重"。由此看出，中央财政并未在统筹城乡发展上下足功夫，对亟待重点推进的"三农"工作是"说起来重要，干起来次要"，是十分欠缺作为的。在对地区发展的支持上，实际存在的问题更严重。例如，云南省举行世博会，经过中央领导讲话，才从中央拿到1亿元；而北京举办2008年奥运会，在离奥运会举办还有4年的2004年，不计体育总局的大量投入，仅国家财政就已经下拨4亿元。这都说明中央财政的配置结构是不利于统筹地区和城乡发展的，需要进行改革，使之与国家总的政策相适应。

中央财政的配置结构需要改革，地方的财政结构同样需要改革。金融的配置虽然应以效率为主导，但也同样存在着改革配置结构的必要性。我们的不少地方，在城市的道路上一投就是几十亿、上百亿，而广大农村，甚至是城市周边农村的进村道路多还是天晴时黄土满天、下雨时泥泞不堪，"一村一品"无法推进，农业产业化无法发展。

另外，财政、金融的配置结构要支持"两个统筹"，还需要彻底改变对义务教育和医疗投入过低的现状。义务教育是实现社会公平的重要工具，医疗是全民健康的保障，现在这两方面投入过低，使很多人失去了发展的机会，失去了健康的保障。因此，只有彻底改革国家财政配置结构，才能保证"均衡"发展，才能逐步缩小地区差距和城乡差距，才能顺利全面建成小康社会、构建和谐社会。

（曾收入任兴磊主编：《任玉岭谈经济》，世界知识出版社2013年版）

四　地区现代化建设的问题与突破

　　地区现代化建设是一项系统工程，需要地方政府树立科学的发展观和政绩观，将现代化建设推向新高度、引向新阶段，从而有利于增强我们对我国现代化建设所处历史方位的认识，有利于增强我们对建设和谐社会的信心。任玉岭曾立足发展观、城市化、教育、非公经济四个角度提出如何多方发力，推进地区现代化建设，其观点的前瞻性、预见性在我国现代化建设的进程中得到检验。

　　改革开放以来，我国各地区在"四个现代化"建设方面进展快速。特别是近十几年来，不论东部、西部，不管南方、北方，在推进现代化建设方面都取得了巨大成绩。仅从道路建设、城市风貌、办公条件和人们的衣着看，它们都呈现出面貌全新、今非昔比的巨大飞跃。有些地区，有些方面变化之大、水平之高，几乎可以同20多年前曾被我们视为望尘莫及的北美、西欧相媲美。鳞次栉比的高楼大厦，宽敞便捷的高速公路，令人舒心的鲜花、草坪，现代化的办公环境，以及方便快速的通信和繁荣发达的传媒信息等，不仅使人们享受到了现代化建设的恩泽和实惠，而且也增强了人们建设现代化的勇气和信心。

　　但是，在这令人振奋和感慨的现实面前，我们也不能不看到地区现代化建设中还存在一些值得关注的大问题。尤其是用"三个代表"重要思想来衡量，我们的现代化建设更需要在全面、协调方面下功夫。邓小平同志曾多次讲过，"我们搞的四个现代化，是社会主义的现代化"。社会主义现代化与资本主义现代化的根本不同点，就是要实现共同富裕。邓小平把实现共同富裕视为社会主义的原则和本质。他认为，社会主义的原则，第一是发展生产力，第二是共同富裕，社会主义最大的优越性是共同富裕，这是体现社会主义本质的一个东西。因此，地区现代化建设需要以"三个代表"重要思想为指导，把实现好最广大人民的愿望、维护好最广大人民的利益、满足好最广大人民的需要，作为共产党执政的出发点和落脚点，作为地区现代化建设的宗旨和要求。为此，要对以下几个问题予以高度关注，并采取有力措施进行突破，以保证地区现代化建设的顺利推进。

（一）突破发展观问题

为了推进地区现代化建设，各个地方都高度重视发展，千方百计促进发展，这无疑是十分必要的。但是在为谁发展、怎么发展和应把发展的着力点放在什么地方等方面，还存在理解不完整、做法不全面、实施有偏差等诸多问题。

概括地讲，发展观的第一个问题是，很多人谈的发展只是经济的发展，很多人关注的现代化只是城市的现代化，很多人重视的增长只是 GDP 的增长。很多地方，把经济之外的发展忽略了，把农村的现代化遗忘了，把 GDP 之外的增长丢失了。不少地方在推进现代化的过程中，严重存在着重经济轻社会、重城市轻农村、重效率轻公平、重政绩轻实效、重数据轻诚信、重眼前轻长远、重局部轻大局、重锦上添花轻雪中送炭的现象。

发展观的第二个问题是，要不要协调发展，要不要在缩小差距方面下功夫。改革开放初期，为了拉开差距、提高效率，实施了让少数地区和少数人先富起来的政策，这无疑是正确的。但是时至今日，20 多年已经过去，不仅东西部的差距拉大了，一些地区不同地方的差距也拉大了。例如广东省作为经济高速发展地区，GDP 总量已达到全国第一，但其自身也开始出现区域经济发展的严重不平衡。以东莞、惠州和梅州为例，东莞人均国民收入 32477 元，惠州人均 16024 元，梅州人均 4627 元。从人均存款看，东莞是惠州的 5 倍，是梅州的 10.3 倍。从人均财政收入看，东莞是惠州的 4.2 倍，是梅州的 11.2 倍。深圳的市民收入，是东莞农民的 3.2 倍，是惠州农民的 6.1 倍，是梅州农民的 12.3 倍。从全国看，基尼系数已经从 1978 年的 0.3，上升到 1997 年的 0.46、2001 年的 0.47。这种情况下，我们是继续按照"不均衡发展"的理论推进发展，还是按照"均衡发展"的理论缩小差距？邓小平当初就先富后富问题提出了"两个大局"。对于在什么时候转变这个大局，邓小平指出，应在 20 世纪末人均收入达到 800 美元的时候，突出提出这个问题。因此，我们在突破发展观的时候，应该把"均衡发展"提到重要议事日程，要采取措施，避免富的地区越来越富、穷的地区越来越穷。

发展观的第三个问题是财政与金融的使用、支配问题。例如，某城市财政收入增长很快，他们在城市发展上十分肯花钱，如建一个广场就一掷亿元；而远郊的农民年收入仅 1000 多元，农村的道路无人修，也无人管。又如某地区年财政收入高达 18 亿元，但用于农业的预算不到 1 亿元，实际投入 5000 万元。金融方面的问题更加突出。银行为追求最大利润，取消了农村的贷款业务，地方权力不断上收，基层机构不断精简，地县贷款大幅削减。同时还通过农行的只存不贷和邮政储蓄两个管道，将大量的农村资金吸入城市，使本来就困难的农村更加雪上加霜。

以上问题的存在，致使二元经济结构日趋严重，地区差距越拉越大，社会问题不断增多，环境恶化愈演愈烈，资源紧缺每况愈下。这既干扰了地区现代化的推进，也影响了社会的治安和稳定，特别是低收入阶层过大，抑制了内需的调动。这些情况虽然有些是难以避免的，但也有不少是因为发展观的偏差而导致和加剧的。

党的十六届三中全会总结了 20 多年发展的经验和教训，从当今国际国内的实际出发，根据经济社会发展新阶段的要求，提出要坚持以人为本，树立全面、协调、可持续发展的科学发展观。科学发展观坚持以人为本，把统筹兼顾作为根本方法，三中全会所提出的"五个统筹"，即统筹城乡发展、统筹区域发展、统筹经济社会发展、统筹人与自然协调发展、统筹国内发展和对外开放，为各地区树立科学发展观和推进现代化建设指明了方向，也为进一步解放和发展生产力、加快推进地区现代化注入了强大动力。只有在发展观方面突破旧有的观念、思路和框框，坚决按照执政为民的宗旨，把最广大人民的根本利益作为地区现代化建设的动力和归宿，我们才能处理好效率与公平的关系、当前与长远的关系、局部与全局的关系，才能保证地区现代化的协调推进。

最近，我们在宁夏中卫市考察得知，其市长、书记一上任，就深入农村调查研究。他们发现，资本小的农户养鸡只能小打小闹，一年仅赚几百元；而有资本的养鸡大户，可以进行规模饲养，一年可赚十几万元。他们看到本地农民没有钱，土地不能抵押、房子不能作价，贷款无门，想发展却十分困难，就开展了一场"我们能为农民做什么"的大讨论。最后，经与银行协商，全市干部行动起来，各自用工资收入作抵押，为农民担保贷款。每个干部为农民担保贷款 2 万至 5 万元，最后共贷款 1678 万元，支持农民建起 213 列鸡舍和 1800 个蔬菜大棚。此举得到农民的热烈拥护和欢迎，极大地调动了农民求发展、谋增收的积极性。这种做法，虽然解决问题是有限的，但是这种执着地为民分忧、为民解难的行动，是值得弘扬、值得提倡的。我们的各级领导班子和广大干部只要能够像中卫市的领导干部那样，全心全意为人民服务，认真践行胡锦涛总书记关于"权为民所用、情为民所系、利为民所谋"的指示，就一定能够落实科学发展观，搞好城市与农村、经济与社会、发达地区与欠发达地区现代化建设的协调发展。

（二）突破城市化问题

中国地区现代化建设，有一个突出要解决的问题，就是分流农民问题。世界上很多发达国家农村人口都降到了 10% 以下。作为现代化国家的基本标志，农民在总人口中所占比例应低于 20%。我国城市人口在总人口中所占比例现在虽然达到了 36.9%，但实际享有城市户口的人或是真正的城市型生活的人也就 20% 左右。各个地区虽然农村人口比例各不相同，但都有一个十分艰巨的分流农村人口的任务和使命。

我国人均只有 1.46 亩耕地，即使每亩地平均年产 1000 斤粮食，按每公斤粮食卖 2 元钱，农民仅靠土地种粮的平均年收入也不会超过 3000 元，这同我们 20 年前预定的人均年收入达 800 美元的小康水平相比，差一半还要多。如此实事求是地算一下，我们便会知道，中国农民仅靠种粮是不能实现全面小康的。因此，地区现代化建设要解决"三农"问题，仅就农业论农业是要误事的。在土地承载人口严重超载的情况下，必须在土地之外寻找农民生存和发展的空间与岗位。就社会财富的聚集和分配情况而言，农民只有更多地走向城市，向城市靠拢，到城市就业，才可能在财富的聚集地寻求到就业的岗位和发展的空间。

实践证明，农民跨省或跨地区打工是可行的，但跨省、跨地区落户是困难的。因此，地区的现代化建设，为分流农民、减少农村人口，必须重视城市化的推进。城市是经济发展的产物，也是经济发展的火车头。城市不仅是地区发展的大脑和心脏，也是地区经济的增长极，要带动一个地区的现代化，必须建设地区的首领城市。这个首领城市不仅要有足够大的规模，而且要有足量的人口，非此不能实现聚集人才、聚集交通、聚集资金、聚集工业、聚集科技、聚集文化和知识的繁重任务，同样也难以发挥应有的辐射功能和对整个地区的带动作用。

研究表明，只有高度的城市化和城市的规模化，才能创造出更多的就业岗位。尤其是第三产业的就业岗位，是靠人口聚集而生的，人口聚集度越高，第三产业的就业岗位就越多，第三产业就越发达。美国因为有 80% 以上的人口住在城市里，而且有 55% 以上的人口住在 50 万人以上的大城市，其第三产业占到了全部产业的 70% 以上，纽约则更是达到 81.1%。我国有近两亿劳动力在城市和农村失业或待业，急需大力发展第三产业为他们开创就业的岗位和空间。但是由于我国实际上的城市化率偏低，多数城市规模偏小，有城市户籍的人较少，第三产业的发展受到了制约和局限。特别是 2000 年以来的 4 年中，第三产业的增幅连年下降，其所占比重近 7 年仅增 1.2 个百分点。在这 7 年时间里，城市化率增加了十几个百分点，而第三产业却增加甚少，这显然与城市规模过小和城市型消费人口过少有关系。

因此，无论从带动地区的发展考虑，还是为开辟就业岗位、分流待业农民着想，地区的现代化建设都要从城市化进行突破。世界上总人口的 40% ~ 50% 分布于 50 万人口以上的大城市，中等发达国家为 48%，发达国家为 55%。若按中等发达国家的标准设计中国的城市化，到 2030 年中国应有 6.5 亿以上的人口住进人口规模 50 万以上的大城市。按此目标需要形成 1000 万人的大城市 15 个、500 万人的大城市 20 个、100 万人的大城市 100 个、50 万人的大城市 600 个。但实际上我国的城市发展距此目标还十分遥远。因此，在大城市的建设上，特别是城市数量的扩展上，我们应该有紧迫感。地区现代化建设应该认真探讨地区首领城市的建设和地区大城市的布点，在城市化的推进上要有远见卓识和超前意识，如此才能变被动回应为主动出击。

城市化的问题，除了在认识上和规划上要进行突破外，城市化的思路更需要突破。我们的城市化一定要以人为本，要服从于分流农民、减少农民数量的目标，要有利于农民走进城市、住在城市，要有利于发展第三产业和创造就业岗位。因此，我们的城市化不能只注意亮化、美化和绿化，不能过分抬高城市的成本和住房的售价，更不能为了城市的整齐化使小商小贩无处立身。要千方百计降低农民入城的门槛，提高农民入城的承受力。要改变廉租房匮乏和大量驱赶小商小贩的现状，坚决打击中小学乱收费的违法行为，为农民子女入学创造宽松环境。

为了突破城市化，当前还需要妥善处理城市化与保护农田的关系，农业产业化与保证粮食安全的关系，园区建设与农民失地的关系。各个地方要理解和贯彻国务院关于严格农田保护和限制开发区建设的有关政策，但这些政策绝不能全国"一刀切"，要从欠发达地区的现代化建设的实际出发，网开一面，支持欠发达地区的城市发展。

（三）突破教育发展问题

教育是地区现代化建设的重要内容。邓小平在"文化大革命"结束后刚恢复工作不久，就指出"不抓科学、教育，四个现代化就没有希望，就成为一句空话"。因此，没有教育的现代化，也很难做到地区的现代化。在教育事业的发展上，我们虽然在普及九年义务教育和大学扩招方面作出很大努力，取得了很大成绩，但仍存在很多问题。就大多数地区而言，不仅义务教育问题比较突出，而且高中教育和高等教育也难以适应本地区的快速发展。

2001年，全国从业人口中，大专以上教育程度的占5.6%，高中占13.5%，初中占42.3%，小学占30.9%，文盲半文盲占7.8%。就全国总人口而言，初中以下文化程度者占到 77.2%。我国人口平均受教育年限为 8 年，世界平均人口受教育年限为 11 年，美国为 13.4 年，韩国为 12.3 年。我国高等教育的毛入学率为 14%，同发达国家平均水平 61.1% 相比，差距甚远。教育发展的滞后，不仅拖住了很多地方推进"四个现代化"的后腿，而且还会抑制其未来经济社会的全面进步。

教育发展面临的最大问题是，需要看到问题的客观存在，有时候承认问题的存在比解决问题更重要。从官方的一些文件和统计数字看，似乎认为教育方面不存在问题了，尤其是以县为主的管理及财政供给体制，究竟是使农村义务教育"取得了突破性进展"，还是使农村义务教育出现了更大的危机和困难，的确存在着认识上的分歧。

当前教育事业的发展确实存在很多问题和困难，尤其是发展的极不均衡问题应引起更大关注。有些地方经济条件好，财政收入高，学校办学的经费自然充足，学生学习的环境自然较好。与之相反，一些地方经济很不景气，财政收入甚少，有的甚至财政"吃饭"都难保，办学经费十分紧张，学生的学习条件很差。全国 100 个富县和 100 个穷县相比较，2001 年财政收入相差 17.4 倍，这种情况下，分属于富县和穷县的中小学，其公用经费相差自然悬殊。前几年曾有资料介绍，小学公用经费最高的省与最低的省相差 50 倍，初中公用经费最高的省同最低的省相差 92 倍。在这样的悬殊之下，仅以县为主是解决不了问题的，还需要进一步改革。有人建议对县财政进行分类，其办学经费需依具体情况由各级财政共同分担。县财政收入高于全国平均水平的可以以县为主，县财政收入低于全国平均水平的可以以省为主，县财政收入低于全国平均水平、其所在省财政也低于全国平均水平者，应以国家为主。

当前，九年义务教育突出的问题，除了公用经费紧缺造成运转困难外，还有普九欠债负担沉重、学校危房无钱改造、每班学生数量严重超标等。我本人曾就教育发展问题考察过河南、湖北、陕西、宁夏、云南和四川等地，通过调查得知，中小学危房，四川是494万平方米，河南是625万平方米，湖北是430万平方米；四川昭觉县，村小 D 级危房占到全部教室的78%。普九欠债，湖北为21亿元，四川为30亿元，陕西为16亿元。当初普九时，有些地方提出"不是楼房，就是危房"，实行大拆大建，然而由于拖欠施工单位垫资，债权人堵政府、封学校、赶学生、锁教室的现象时有发生。经费困难，还造成很多学校不能开展英语和计算机教学，有的学校甚至在接受了电脑公司的捐赠后，又因缺电而把计算机卖掉了。

大班上课的现象也很普遍。由于缺少经费，不能新建学校和教室，或是因为没钱请更多的教师，很多地方实行大班上课。河南省有学校每班最高达到120人，全省平均每班60人，比规定标准高出15人；湖北最高每班100人，全省平均每班70.36人。我们最近在宁夏调查时发现，某市平均小学每班65人、初中每班66人、高中每班69人，本来需增教师900人，需扩建校舍20万平方米，但由于财政困难，只能搞无米之炊。

高中学校过少的问题也是教育发展中的一大难题。很多地方，初中升高中的比例只能达到40%，比高中升大学还要难得多。由于高中学校少，很多初中生觉得没奔头，初中辍学率较高。以宁夏固原市为例，其初中义务教育完成率仅有65%。此外，教育乱收费问题在各地也普遍存在，有些学校把国家教育资源作为商品，随意向学生家长讨价还价，广大百姓子女特别是农民工子女入学遇到了很多障碍和阻力。

以上所述教育问题如果不能解决，地区的现代化建设就会受阻。一个人的青少年时期是受教育的关键阶段，青少年的教育程度，不仅决定着国民素质水平，而且会影响一个人的终生。因此我们应高度重视教育问题的存在，要对其采取突破性行动。除了要认真解决九年义务教育阶段存在的各种问题外，还要千方百计发展高中教育和欠发达地区的高等教育。此外，还要认真开展初中毕业后的技术培训，让大量的初中毕业生掌握一技之长。这不仅对于地方的发展是有益的，对于农村富余劳动力外出务工和推进城市化也是十分必要的。

（四）突破非公经济问题

非公经济的性质与体制，决定它更能适应市场经济的游戏规则。在市场经济的汪洋大海中，非公经济更富于生命力和竞争力。改革开放以来的实践证明，哪里的非公经济成长快，哪里的经济就繁荣，哪里的现代化建设步伐就强劲。

我国非公经济的发展，仅仅 20 年的时间，就走过了从无到有、从小到大、从弱到强的辉煌历程。非公经济已经从拾遗补阙和国民经济的补充成分，跃升为我国国民经济的重要基础和市场经济的重要组成部分，已经成为我国经济社会发展中举足轻重的重要力量。

至 2002 年，我国已经接纳内资民营企业注册资本 6900 亿元，其资本总额已达 2.85 万亿元。与此同时，引进外资超过 5000 亿美元，折合人民币 4 万亿元以上。民营经济为我国 GDP 的增长作出巨大贡献，特别是在一般性竞争领域内，非公经济所占比重已经超过 70%。在出口贸易方面，非公经济的贡献更大。以广东为例，其进出口贸易额从 1991 年的 176 亿美元，提高到 2002 年的 2211 亿美元，占全国的三分之一还要多，实际上增长了 11.6 倍，而这主要就是靠非公经济创造的。在高技术产品出口方面，1999 年，外商独资企业占 44.5%，中外合资企业占 29.0%，合计占 73.5%，这说明非公经济在高技术产品的出口中，更是占了巨大份额，作出极大贡献。此外，非公经济还在安排就业、缴纳税金、提高资源配置效率、促进科技发展、加速我国经济市场化改革进程等方面，立下了汗马功劳，作出不可磨灭的贡献。

因此，地区的现代化建设，一定要高度重视非公经济的发展。现在的问题是，非公经济的发展在各地极不均衡。一般来说，东部沿海地区非公经济明显发达，经济发展水平也明显高于中西部地区。特别是在工业领域，国有经济和非公经济所占比重，在浙江为20：80，在广东为25：75，在江苏为29：71；与之相反，在东北和西部的多数省份，国有经济与非公经济的比重恰好倒过来，东北为80：20，西部为89：11。在引进外资上，中国前10名的省份，除湖北省外，都集中在东部地区，西部各省累计引进外资不足全国引进外资总量的10%。中西部非公经济发展的严重滞后，引进外资的严重不足，明显制约了中西部的发展，抑制了中西部现代化的进程。

再一个问题是，一些地方民营中小企业发展的滞后，也影响了地区现代化的推进。要促进地区的现代化，有必要大力促进民营中小企业的创业和发展。事实证明，非公经济的大企业，除了部分外资企业外，大多都是从民营的中小企业发展起来的。因此为中小企业的创业和发展创造宽松环境，不仅是发展更多的大型企业所需要的，也是创造就业岗位、扶持更多人走向致富之路、缩小分配差距、降低基尼系数、实现共同富裕所不可缺少的。资料显示，不少国家中小企业的比重高达99%，如美国为99.7%、德国为99.9%、日本为99.5%、加拿大为99.7%；中小企业容纳就业人口总数大多占到就业人口总量的60%以上，如英国为67.2%、日本为73.8%、德国为65.7%、法国为69%、加拿大为66%。美国则把中小企业称为"就业机器"，给予特别的重视和关注。

世界平均每千人拥有的中小企业数量为45～55个，而我国迄今每千人拥有中小企业仅8.9个，不到世界平均数的五分之一。在我国就业形势严峻、就业岗位需求甚多的情况下，我们应该把发展中小企业作为地区现代化的重点，给予其更多的扶持和关照。我们不能总是宣传大公司的产品可靠、大商店的产品可信度高，这种宣传上的错误导向，等于设置了不平等竞争的筹码，等于在恶化中小企业的生存环境和扼杀中小企业。我们也不能总是把银行的资金都以数以亿元计的额度贷给大企业，而忘记了对中小企业的支持与扶持。中小企业贷款难是社会共知的大问题，必须推进金融改革，调整现行融资体制和政策，必要时应引导民间资金，创办为中小企业服务的民间地域银行。此外还要创造条件，扩大中小企业发展基金，完善和加强中小企业贷款担保体系。

第三个问题是发展民间服务业问题。应该说现在的很多服务业是一种"民本产业"，如修车的、补鞋的、洗衣的、卖报的、卖菜的、看电话的、开锁的、缝衣的、刷漆的、打杂的、装修房屋的、经营小商品和小食品的、做家政服务的等，它们不仅是广大百姓日常生活离不开的服务项目，也是创造就业岗位的广阔天地。搞得好，有些人还可以从这些服务中得以崛起，创造出更大的财富和奇迹。但是，由于近年来各地区在推进城市建设上不切实际地大搞城市整顿，大拆特拆旧街道、旧房屋，大面积驱赶这些服务行业，弄得很多路边开店的、夜晚摆摊的再无立身之地，只好回家待业。就我亲眼所见，全国各地很多城市几乎都是一个样，把很多仅能做点小生意的和凭借手艺提供服务的弱势群体，从城市的街道上驱赶得一干二净，城市是漂亮了，可更多的人失业了。

20世纪80年代初我在加拿大的温哥华遇到一个中国朋友，他全家去温哥华三年多，家里买了五辆车。我问他是怎样在温哥华立足的，他说刚到温哥华时全家人只有1000美元，两个月的生活费都不够，就是靠妻子在家里做点广东小点心，在住房的临街方向打开一个小窗口进行售卖，然后凭此发了家。我想，既然发达国家的发达城市都允许人们（而且是外国人）做小生意养家糊口，在我们正处于社会主义初级阶段的中国，更应该允许百姓通过自己的劳动，在城市服务和谋生，应该为他们提供营业场地，允许一些人在夜晚摆摊。

世界上很多国家是允许大量自由职业者和非登记企业存在的。如英国、德国就有非登记企业 150 万至 200 万家，它们创造就业岗位 1000 万以上。而我国连擦皮鞋、修自行车都要进行登记注册，就业岗位甚至成了某些部门的寻租手段，严重制约了服务产业的发展。

地区现代化建设，一定要注意解决以上三个方面的矛盾，大力改革工商管理规范，促进非公经济的快速发展，只有这样才能促进经济社会全面进步，才能为全面现代化的实现作出贡献。

总之，以上所谈到的地区现代化建设需要突破的四个问题，是笔者通过几十年的实践和大量调查研究发现的，突破和解决这四个问题，不仅关系到地区现代化建设的顺利推进，也关系到国家的政治稳定和民族的兴衰。衷心希望我们的地区现代化建设，能关注这些问题，用科学的发展观和政绩观，把地区现代化建设推向新高度，引向新阶段！

（原载 2004 年 9 月 6 日《科学新闻》）

五 提升县域经济需要握紧"三个抓手",坚持"五个第一"

郡县治,天下安。县域是解决城乡发展不平衡不充分问题的主阵地,也是推动城乡融合发展的关键支撑。在 2020 年中国县域经济高质量发展长垣论坛上,任玉岭发表了有关新形势下县域经济发展方略和要领的主旨演讲,就中国县域经济发展提出了行之有效的建议,对当前充分挖掘县域发展潜力、释放县域强大动能、缩小城乡差距、促进城乡协调发展等方面具有重要意义。

县域经济是以城带乡和城乡统筹发展的前沿阵地。县域经济发展的好坏和水平的高低,直接关系到广大农村能否发展和整个乡村能否振兴。从某种意义上讲,没有县域经济的振兴,就不会有广大乡村的振兴;没有县域的富与强,就不会有国家的富与强。

我曾经到长垣做过考察,长垣的县域经济在我的心目中是走在河南省前列的,在起重设备、卫生辅材、防疫、厨师和民营医院的发展方面也位居全国前列。而今,面对世界百年不遇的大变局和我国经济走向了内循环的高质量发展新阶段,长垣该如何适应变化的新形势和高质量发展的新要求?我认为需要紧握"三个抓手",坚持"五个第一"。

（一）握紧"三个抓手"

1. 要狠抓解放思想和改革开放

依我之见，进一步解放思想和扩大对外开放，让更多人知道长垣、走进长垣、投资长垣，是长垣县域经济再上新台阶的重要动力。

前几天纪念深圳特区成立 40 周年时，会上有人指出深圳在 1980 年 8 月被批准为特区时，GDP 只有 1.6 亿元，而今已经达到 2.86 万亿元，实际增长约 1.7 万倍，仅用 40 年就实现了一个小渔村向国际现代化大都市的惊人跨越。这是在中央领导下，深圳干部群众解放思想、改革开放的结果。当然，把深圳作为特区进行发展，也是因为有了中央决策层的解放思想和改革开放。

还有苏州市，它既不是直辖市，也不是省会；既不是特区，也不是副省级城市，但它的工业产值却走在了上海之前。2019 年其工业产值为 3.36 万亿，今年上半年达到 1.55 万亿，它已成为中国最大的工业城市，也是世界第一大工业城市。这同样也是靠解放思想和改革开放。当年苏州率先兴起了乡办工业；苏州的昆山看到"三线建设"中由上海走出的大批企业和人才想回上海又回不去，便决定敞开大门，让这些企业和人才到昆山发展。再就是苏州新加坡工业园的建设。据说新加坡发展局工作人员来到上海后，并没有受到热情接待，他们便准备在第二天早晨返回新加坡。苏州政府听说后，立马赶到上海，同新加坡的朋友边吃早茶边聊合作。就这样他们在飞机起飞前，定下了在苏州建设新加坡工业园。这为苏州的开放发展和新兴工业建设打下了坚实基础。在中央提出"高质量发展"后，苏州很快行动起来，引入了上万名高端人才，引进了几十家研究院所，并敞开大门引进 2500 名外国高端专家。正是这样不断解放思想，大力推进改革开放，才有了智能产业在苏州的快速发展，才使苏州成为世界第一大工业城市。

国外也是一样，凡是经济发达、市场繁荣的地方，都是开放力度极大的地方，也是五湖四海之人汇聚的地方。20世纪80年代初，我走进东京、纽约、伦敦、巴黎的时候，这种感觉尤为突出。我在1989年到广西北海任副市长时，首先提出了要引进三种人（戴眼镜的、说普通话的、讲外国语的），以促进北海的人文交汇和快速发展。事实证明这种做法是绝对有效的。

为此，长垣需要学习深圳、苏州的做法和精神，需要进一步解放思想和大力推进改革开放，立足人文交汇，广聚各方人才、资金与技术，以求县域经济跨上高质量发展的新台阶。

2. 要狠抓数字经济促进"互联网+"普遍实现

以互联网为基础的数字经济，既是当今各国竞争的焦点，也是当代经济发展的重要引擎。"互联网+"则是让传统产业插翅腾飞、升级换代的有力武器。互联网走进中国是在1994年，迄今已26年，带给经济社会的影响之大令人瞩目。随着物联网、云计算、大数据、人工智能、区块链技术的快速发展，数字技术不仅改变了人们的生活与工作，而且改变了国防，改变了实体经济。凡是数字经济发展快的地方，都是发展速度和发展质量居先的地方。

白俄罗斯驻中国大使鲁德·基里尔讲过这么一句话："我在中国每天都感到更加开放，更加变化，更加创新，更加不同，更加面向未来。"一个外国人能够有如此的感受，正说明我国发展之快。此中除了有党领导下全国人民的奋力拼搏外，我认为互联网和数字科技对经济社会的发展也起了重要的引领与推动作用。2018年，中国的数字经济规模已经达到31.3万亿元，占到GDP的34.8%。2019年上半年数字经济增速为17.9%，软件产业的增速为30%。在这次新冠病毒疫情期间，数字经济为控制病毒的传播和我国成为世界上经济唯一正增长的国家作出重要贡献。

为了促进数字经济更好发展，中央又于年初提出了新基建的规划和要求。新基建包括5G、高压输电、高铁、互联网工程、大数据、云计算、北斗导航、充电桩等。新基建的推进和发展，必然会对数字经济的发展产生更大的推动力。

为此，我们县域经济的发展，一定要紧握发展数字经济的抓手，大力推进"互联网+"同传统产业的全面融合，以提升原有实体经济的自动化、智能化、高效化、现代化水平。

3. 要狠抓农民入股的公司制合作组织的建立和发展

农业是县域经济的重要组成部分，为了从中国国情出发，用好财富之母的土地和农田，解决好城乡差距过大、农民收入过低的问题，我们必须推动农业产业化，推动农村经济多元化发展。原先城市大企业走进农村，会包销农产品、运输农产品、加工农产品，这看似给农业生产找到了出路，但是加工、销售、运输环节的巨大利益都落到了外来企业之手，农民很难致富。例如山东一个企业让农民种葡萄，由他们来包销，他们收购的价格是6角钱1斤，卖到市场的价格是10元钱1斤，企业很快发展了起来，建起了高楼大厦，而农民收入却十分有限。又如，某企业在吉林建了肉鸡屠宰场，其所谓的"公司+农户"，农民养1只鸡才给1元钱，成本比在城市办养鸡场低两倍。这样的龙头企业进农村，农民是无法富裕起来的。

我所看到的很多国外农村龙头企业都是农民以土地入股的公司制合作组织兴办的，一些国家是不允许非农公司介入农产品加工、运输和销售的。日本北海道，农民以土地入股办公司，搞土豆加工、淀粉加工，把炸土豆片销往东京，这样就把加工、销售、运输的利润都留给了农民。而且他们还可以作为经营主体进行银行贷款，享受国家补贴，最终把公司办大。他们还成立了生物技术研究所，除了大搞土豆加工外，还开展了水培蔬菜、水培网纹瓜等项目。在奥地利，则是养牛户以奶牛入股，成立农民入股的奶牛公司，搞牛奶消毒、销售，赚了钱后又建起了利乐包生产线，不仅灌装牛奶，还灌装水果饮料，并且建起了自己的饲料厂和旅游宾馆。日本的土地入股也好，奥地利奶牛入股也好，这些农民入股的公司都实行公司制管理，最后农民都富了起来，公司也有了丰厚积累，形成强大的实力。

在我看来，只有狠抓农民入股的公司制合作组织，我们才能够向农村聚集资金和人才。没资金、没人才，是不可能振兴农村的。有了农民入股的公司制合作组织，就有了人才用武的平台，有了银行投入的对接点，这样农村才能真正搞好与市场的对接，农民才能真正富裕起来。

当然，要走好这条农民致富之路和乡村振兴之途，我们就必须大力为农村培养经营人才。我们的学校也要改革，按照哪儿来哪儿去进行定向培养。我们的银行要允许公司以土地作抵押进行贷款，使贷款向农民入股的公司倾斜。我们还要对这样的农业公司实行减税免税，允许其开展多种经营。

（二）坚持"五个第一"

1. 坚持人才第一

事在人为，有高水平的人，才能干出高水平的事。人才决定今天，人才更决定未来。中国制造业长期质量偏低的根本原因，是我们制造工厂的管理人员和生产线操作人员文化水平较低。我1985年在美国硅谷考察时，他们的生产线工人的水平都在大专以上，而那时我们很多企业员工还多是初中生、小学生的水平。

今天，我们大部分地区普及了高中教育，并且每年有850万大学生和近40万海归走向生产与研究岗位，为我们的企业发展提供了高水平的后备军。我们一定要放开眼界，努力吸引人才、培养人才，还要学会用好人才，把企业打造成"八仙过海，各显神通"的大舞台。

作为领导和企业家，还要学习日本京瓷公司董事长稻盛和夫，做到重善行、思利他、敬天爱人。2008年金融危机时，很多企业忙着裁员、减工资，稻盛和夫却不这样做，他下令一个员工不许裁，一元工资不许减。这是他的企业战胜危机的秘诀，也是他一生能够成就两个世界500强企业的原因所在。因为企业是靠员工去干事的，员工有了积极性，企业就会发达和兴旺。

2. 坚持创新第一

今天既是科技爆炸的时代，也是竞争激烈的时代。习近平总书记讲，在这个激烈竞争的时代里，唯创新者进、唯创新者强、唯创新者胜。为此，我们一定要把创新作为支撑经济发展的第一动力，努力搞好思维创新、管理创新、科技创新、模式创新和品牌创新，要建立更多的研究院所，推进创新的落实。

创新是需要加大投入的。1985年我到日本三多利研究院考察时，得知他们的研发投入占到了企业销售额的15%。而2000年我去中关村调查时，没有发现哪个企业的研发投入超过其营业额的2%。没有高投入，就聚不了高人才，就没有研发的高手段。这方面我们要向华为的任正非董事长学习，舍得对科技的大投入，更舍得不计成本地挖人才。

3. 坚持学习第一

随着时代的发展和科技的进步，知识加番的周期越来越短，处在这样的时代，我们稍有懈怠就会落伍。要提升县域经济水平，必须从提升企业水平做起，而企业水平的提升，必须靠管理人员多学多看，扩大眼界，把握全局，站在制高点上与人竞争，这就要求他们一定要扩大自己的认识半径。日本前首相田中角荣在《日本改造论》一书中指出，一个人的贡献同他的活动半径成正比。所以，我们要想有较强的竞争能力、较高的认知水平，就必须重视学习，扩大活动半径。古语所说的读万卷书、行万里路，就是今天所讲的既要读有字之书，也要读无字之书；既要重视向书本学习，也要重视向实践学习，而在如今的网络时代还要重视线上学习。

学习是需要耐心的，也是需要珍惜时光的。我们在瞄准先进知识、先进技术、先进管理的情况下，要以"一寸光阴一寸金"的态度珍惜每分每秒，沉下心来搞这些方面的学习；也需要以韦编三绝、悬梁刺股的毅力，以凿壁借光、囊萤映雪的劲头，努力扩大知识半径，掌握真才实学，练就过硬本领。工程技术人员也要加快知识更新，优化知识结构，努力成为堪当大任、能做大事的优秀人才。

4. 坚持营商环境第一

提升经济质量，主要靠企业家的推动力和执行力。因此，我们一定要为企业家着想，要搞好营商环境，要通过多方面的努力，厚待投资人，支持企业家，成就企业家。

投资环境有硬环境，也有软环境。从硬环境方面考虑，要重视交通条件的改善，包括陆路、水路和航空运输等。最近中央正在规划一大批支线机场建设，例如我前几天去四川丹棱县，得知全县仅有 15 万人，离成都双流机场不到 1.5 小时，但也规划了一座新机场。而长垣到郑州机场可能比丹棱到成都还要远，需不需要考虑机场建设，这也是解放思想、改革开放的重要方面。记得 1993 年李光耀曾经谈到，新加坡作为一个弹丸之地之所以能吸引全世界那么多投资商，就是因为绿化、美化搞得好，一座建筑物就是一件艺术品。为此，我们在硬环境的打造上，也要重视城市规划、城市建筑以及绿化和美化。

在软环境上，要提高法规制定的科学化、民主化水平，要加大执法的力度和对执法的监督。在市场准入、融资贷款等方面要公平、正义，要强化亲、清的政商关系，要反腐倡廉，要防止拉关系、走后门。此外，还要搞好减费、降税，并确保企业财产安全、专利不受侵犯等。作为企业家当然也要爱国、爱党、爱人民，要担当社会责任，要讲诚守信，不造假，不违法，不自欺欺人。只有这样，我们的高质量发展才能有保证，我们的县域经济才能有新的提升。

5. 坚持环境保护、生态建设第一

生态兴则文明兴，生态衰则文明衰。保护生态环境是全球面临的共同使命，也是保障人民美好生活的重要内容。为了人类发展的可持续进行，保障人民群众生活所需的绿水蓝天，我们必须改变无序开发、恶性污染、杀鸡取卵、竭泽而渔的发展方式，处理好生产扩张同自然承载能力的关系，处理好征服自然与自然界反征服的关系，处理好追求发展和政绩同以人民为中心这一基本要求之间的关系。绿水青山就是金山银山，在发展过程中要像保护眼睛一样保护好绿水青山，要像对待生命一样保护好生态环境。

最后，衷心祝愿长垣市能紧握"三个抓手"、坚持"五个第一"，使县域经济再上一个新台阶，走向更美好的明天。

（2020年10月25日在中国县域经济高质量发展长垣论坛上的发言）

六　关于大力推进北纬 33 度经济带建设的建议

2016 年 6 月，"区域协同发展观——北纬 33 度经济带"智库课题在京启动，任玉岭作为东中西部区域发展和改革研究院学术委员，在会上向大家详细介绍了"北纬 33 度经济带"狭义与广义的地域内涵、历史地位与作用、发展现状，并提出有针对性的政策建议。他认为，北纬 33 度经济带正处于"中国之腰"的位置，是中国经济东中西互动、南北协调发展的关键区域，具有重大的战略意义。

从 20 世纪 90 年代末，我出任全国政协常委，继而又任国务院参事至今的 18 年中，我因工作和社会活动需要，每年要考察和造访 25 个省、自治区、直辖市，在频繁的同东中西部的接触中，我发现以北纬 33 度为轴的中国由东到西约 2500 公里的地带，雨水充沛、自然条件较好，曾是中国历史上开发较早的地区，但也是今天同其南、其北相比，明显属于欠发达的地带。

为了"两个一百年"奋斗目标的顺利实现和更好引领新常态的发展，本人认为有必要按照实现共富目标、统筹区域发展的要求，把推进北纬 33 度经济带建设作为统筹区域发展的重要内容，将其作为"十三五"和"十四五"规划的重要经济增长极给予关注。

（一）北纬 33 度经济带的地域内涵

北纬 33 度经济带，狭义地讲是南起 32.5 度、北至 33.5 度，大约 140 公里宽，东起江苏盐城，西至青海玉树，涉及 8 个省份的地带。广义地讲则是把这个地带加宽一倍，南起 32 度北至 35 度之间的这个经济带。

北纬 33 度经济带，涉及苏北、皖北、豫南、鄂北、陕南、甘南、川北及青海的东南部等八个地区。位于 33 度主轴上的城市有盐城、兴化、盱眙、蚌埠、阜阳、周口、驻马店、南阳、十堰、商洛、安康、汉中、陇南、巴中、广元、阿坝州、玉树等。广义的 33 度经济带还应包括泰州、淮安、滁州、宿州、亳州、淮南、信阳、漯河、平顶山等。

狭义的北纬 33 度经济带，粗略测算南北宽约 140 公里，东西长约 2500 公里，总面积 25 万平方公里，总人口 7100 万人，GDP 总量 18161.56 亿，一般公共预算收入为 1819.51 亿。广义的 33 度经济带，粗略测算南北宽约 280 公里，东西长约 2500 公里，总面积约 50 万平方公里，总人口为 11000 万人，GDP 总量为 41256 亿，一般公共预算收入为 3229 亿。

（二）北纬 33 度经济带在中国历史上的地位与作用

北纬 33 度经济带，是中国的南北过渡地带，基本位于淮河沿岸和秦岭之南。这个地带四季分明，年降雨量大约在 700～1200 毫米，旱涝保收，较少靠灌溉种植农业，是一个相对低水平的丰衣足食之地，以前就有"走千走万不如淮河两岸"的民间谚语。

中国的二十四节气和重阳节等都诞生在这个地带，这里四季分明，二十四节气的表现最为典型。例如，"七九""八九"抬头看柳，"九九"牛儿遍地走，在这个地带表现得最为标准。这个地方拥有南北方众多物种，仅从作物品种看，水稻、小麦、大麦、玉米、芝麻、蚕豆、小豆、豌豆、红豆、绿豆、大豆、扁豆、高粱、小米、荞麦、红薯、烟叶等在这个地区都曾有广泛种植，种桑养蚕也由这里起始。

北纬33度经济带河流湖泊众多，洪泽湖、高邮湖、宿鸭湖、薄山水库、板桥水库、石漫滩水库、丹江水库、运河、淮河、涡河、洪河、颍河、漯河、汝河、汉水、嘉陵江等，都在此地带穿流，并在今天南水北调，特别是中线调水工程中作出巨大贡献。

北纬33度经济带曾经创造过历史性的辉煌，大禹，管子，墨子，老子，秦朝的丞相李斯，《说文解字》的著者许慎，医学家张仲景、华佗，发明地动仪的张衡，以及中国唯一的女皇帝武则天等，都出生在这个地带。另外，被列为世界七大古战场之一的垓下古战场就位于这个经济带中的蚌埠。传说中的女娲故事、梁山伯与祝英台的故事，也都发生在这个地带。这个地带开发较早，文化积淀十分深厚，仅以安康为例，就有古寺庙650多处。

（三）北纬33度经济带今日发展的重大差距

北纬33度经济带，特别是南阳以东的半数地区都是平原，本应当有较高的发展水平。但是由于种种原因，所统计的位于北纬33度线上的7个省的15个地级市（统计时取了江苏两个县级市），有7000万人口，人均GDP约为26034元，仅相当于全国人均GDP水平的一半强一点，这些城市所辖地区，除个别城市外，仅为所在省份平均GDP的50%～70%，人均公共财政预算收入为2608元，仅相当于全国人均财政预算收入11073元的四分之一。各城市财政预算收入也多为本省的四分之一至三分之一。

若将这15个城市的人均GDP同江苏省人均GDP相比，其仅为江苏的四分之一至三分之一；同深圳相比，仅为深圳的六分之一；同昆山相比，仅为昆山的七分之一。其人均财政预算，仅为江苏的四分之一，仅为深圳的九分之一。

正是由于经济发展的滞后和财政的困难，这个地带外出打工者多，留守儿童多，教育条件差。不久前调查时，仅在河南这个地带就发现一些中小学的大班额，高达 150 人，这么多的学生挤在一个标准教室内，两三个人挤在一张课桌上，手都抬不起。有人调侃说，这里培养的全是"一把手"，学生只能有一只手可以抬动。还有一些学校，80 人拥有一个厕所蹲位，下了课要排长队上厕所，上课时间到了还轮不上。这还只是地方发展困难和滞后的一个侧面。

广义的北纬 33 度经济带，还加上泰州、淮安、滁州、宿州、亳州、淮南、信阳、漯河、平顶山等。这些城市因位于北纬 33 度主轴以南或以北，发展状况比主轴上的城市相对较好，但是其人均 GDP，除个别城市外，同全国人均 GDP 相比仍有较大差距，人均财政预算收入也只有全国平均水平的三分之一。按广义的北纬 33 度经济带统计，这个地带人均 GDP 仅约为 41256 元，比全国平均水平低 8000 元，是江苏平均水平的一半，是深圳的七分之二，是江苏昆山的四分之一，是广东佛山的五分之一。

无论狭义的还是广义的北纬 33 度经济带，无论同全国平均水平相比还是同先进地区相比，都存在巨大差距。这对于一个地处中国的腰间地带、自然条件相对良好的地方，确实是不应该的，也是需要从区域经济发展的安排上进行反思、研究和高度重视的。

（四）关于推进北纬 33 度经济带发展的几点建议

1. 作为重大智库课题给予研究

北纬 33 度经济带正值"中国之腰"，是中国的一条龙脉，同人一样，腰部健康不起来，整个机体就会受到大的影响。为此，必须看到北纬 33 度经济带在中国发展中的地位和作用，特别是需要将其同习近平总书记强调的区域统筹、人口经济学、共同富裕和共享发展联系起来，将其作为重大智库课题予以立项，投入适当的人力进行调查和研究。

2. 修建北纬 33 度线的铁路和公路

我们国家的发展是以北京、上海、广州为中心，所有的铁路、公路等均是以这些城市为中心向外辐射的。北纬 33 度线上只有南北的铁路、公路从那里穿过，却没有东西的联络。如蚌埠、阜阳、驻马店、南阳，东西看就在一条直线上，而且全部位于平原上，但至今没有一条直的东西向的公路将其连通，更不要说铁路了。

"要想富先修路"，目前十分需要修一条从江苏到广元，若有条件可以到玉树，横贯东西的沿北纬 33 度线的东西大铁道和东西高速公路。现在我们开隧洞、架桥梁的技术很高，修打通这条线的铁路、高铁、公路、高速公路并不难，而且会有较好的效益，会对这个地区的发展起到极大的带动作用。

3. 下决心解决淮河问题

如前所述，这里曾有"走千走万不如淮河两岸"的谚语。但是由于开垦种植的过度，特别是众多的小湖泊被填，以及气候的变化，河南、安徽、江苏的淮河地带常受水灾之患。新中国成立后，在水利建设上毛泽东首先写下了"一定要把淮河修好"。但是，我们至今没有对这个问题下功夫，并没有给予应有投入。现在河南、安徽，有些人住在泛水区内人工修筑的高台上，居住条件极为恶劣。根据今天的经济实力，我们完全可以在沿淮河及其支流，修更多水库，并修好河堤，可以做到彻底解决水患问题，把淮河两岸变成北国江南。

4. 推进北纬 33 度经济带的城市化

这个地带人口密集，但城市化水平很低，需要立足战略高度，对这个地区的城市发展进行布局，并且要通过基础设施的安排和投入，加强产业转移，支持这个经济带的城市化建设。

5. 要在土地上放宽政策

北纬33度经济带，是历史上开发较早、农田过度开发的地区。这里开放迟、发展慢，当其要大力发展时，已经确立了农田红线。这就使该地带的工业发展、城市建设受到土地的限制。为发展这个地方，必须放宽土地的供给，确保工业经济的发展和城市化的推进。

6. 要支持这个地区的教育发展

"治贫先治愚"，由于财政困难，这个地带的教育是相对滞后的。教育的滞后，造成落后的代际传递。为此，必须研究解决这个地带的义务教育和高等教育的发展问题，不要让孩子输在起跑线上。

（2016年6月23日在"区域协同发展观——北纬33度经济带"智库课题启动研讨会上的发言）

七　构建和谐社会需要着力加快民族地区发展

我国是统一的多民族国家，民族团结是社会和谐的基石，和谐的民族关系是构建社会主义和谐社会的重要内容和根本保障。在推进和谐社会建设的进程中，必须牢牢把握各民族共同团结奋斗、共同繁荣发展的时代主题，坚持以经济建设为中心，统筹协调各项发展任务，制定和落实切实可行的政策措施，积极推动民族地区经济加快发展与社会全面进步。任玉岭曾立足多维视角，就构建社会主义和谐社会提出了系列建言，本文选取的是其中关于民族地区加快发展的必要性及其创新思路的相关内容，以供参考。

（一）加快民族地区发展是中国共产党执政的重要使命，也是构建和谐社会的必要条件

早在 1945 年毛泽东同志就指出，中国共产党完全同意孙中山先生关于中国境内各民族一律平等的民族政策，并要求共产党人必须积极地帮助各少数民族的广大人民群众为实现这个政策而奋斗；必须帮助各少数民族的广大人民群众，包括一切联系群众的领袖人物在内，争取他们在政治上、经济上、文化上的解放和发展。

新中国成立后的 50 多年来，党和国家高度重视民族自治和民族地区的快速发展，广大少数民族群众的生活水平有了极大的改善。正像歌曲中所唱的那样："五十六个民族，五十六枝花，五十六个兄弟姐妹是一家"，我们的民族团结不断得到巩固和加强。邓小平同志

曾经讲过，中国一个很大的特点是没有大的民族纠纷，这对保持中国社会的稳定与和谐发挥了十分重要的作用。

我国现有少数民族55个，少数民族人口近1亿人，占全国总人口的8%；民族地区人口1.68亿人，占全国总人口的13.3%；民族地区所辖面积611.96万平方公里，占全国总面积的63.75%。无论少数民族所占人口比重还是民族地区所辖面积之大，都说明了民族地区的经济社会发展，对整个中国的发展有着举足轻重的影响。因此，构建和谐社会离不开民族地区的发展，加快民族地区的发展是构建和谐社会的必要条件。

（二）改革开放后民族地区虽然变化巨大，但仍存在困难和差距，更需开拓加快发展的新局面

改革开放以来，民族地区的经济社会发展取得了喜人的进步，1999年同1980年相比，民族地区工农业总产值增长15.26倍，其中农牧业总产值增长11.98倍，工业总产值增长17.48倍。实施西部大开发战略以后，民族地区的经济发展明显加快，2002年五个自治区和云南、贵州、青海三省GDP总量首次突破万亿元大关，2003年又跃升到11462亿元。但是由于种种原因，民族地区的经济社会发展依然缓慢，广大民族地区的生活水平同沿海地区的差距仍在扩大。2003年，民族地区的GDP增速比东部地区低1.6个百分点，比2002年增加1.2个百分点；GDP总量仅为东部地区的14.1%。2003年民族地区进出口总额仅为全国的1.8%，社会消费品零售总额仅为全国的7.5%。全国592个国家重点扶贫县中，民族地区有267个，占45.1%，民族地区还有相当一部分群众仍处在极端贫困状态。全国22个人口较少的少数民族中，尚有四分之一未解决温饱问题，还有一部分贫困人口常年遭受疾病的困扰，因病致贫现象也很严重。

出现这些情况，固然有历史的原因，有自然条件的原因，也有

人为的原因，包括政策的原因。很多民族地区底子薄、基础差、居住分散、交通不便、环境封闭，加上自然条件恶劣，其进步和发展受到严重影响。改革开放后，全国进入了一个大发展的新时期，但由于民族地区财政收入过低，国家投入不足，基础设施建设落后，地方银行存款较少、贷款困难，乡镇企业未能很好发展，民营经济成长缓慢。特别是受教育的不公平，导致很多民族地区受教育程度甚低，文盲半文盲比较普遍。这不仅严重制约了民族地区昨天的发展，也给民族地区今天和明天的发展造成困难。根据我们的调查，民族地区不仅明显地存在着东西部差距、城乡差距、地区差距，而且还存在着严重的居住环境差距、自然禀赋差距和文化素质差距。构建和谐社会，需要认真解决民族地区面临的这些困难和差距，需要用科学的发展观和政绩观，按照以人为本、统筹区域和城乡发展的总原则，开拓民族地区发展的新局面。

（三）民族地区发展需要政策扶持和倾斜，只有放开搞活，发展才能加快，差距拉大才可能避免

为了构建和谐社会，促进民族地区发展，首先需要国家在发展政策上对民族地区进行倾斜。考虑到民族地区的发展起步较晚，需要在政策上拉开时间差，不搞"一刀切"。我们现在出台的很多政策，往往全国一个样，殊不知，东部当初发展时，除了有国家的大量投入支持外，在很多方面都有极大的自由度，使用土地不受限，开发项目不受限，银行贷款不受限，尤其是当时市场物质短缺，形成巨大的卖方市场，为东部的发展创造了很多机会和条件。当初东部一个镇长即可决定200亩稻田改鱼塘，而今，管19个县的民族地区的州政府却没有2亩地的审批权。为促进民族地区发展，需在某种程度上放宽开发政策，为民族地区提供更加宽松的环境。不放开搞活，民族地区的发展将十分艰难。特别是在商品严重过剩、处处是买方市场的情况下，若对民族地区没有一些特殊的扶持政策，其发展将很难加快，差距拉大很难避免。

为此，不管出台什么政策，都须从"五个统筹"出发，多为民族地区和后进地区着想，改变全国"一刀切"的做法。即将出台的"十一五"规划，要转变重锦上添花轻雪中送炭的习惯做法，除了在开发土地供应和开发区设置方面需要对民族地区网开一面外，税收政策、工商注册政策、银行机构设置政策、贷款发放政策、国债使用政策、边境贸易政策、义务教育政策、资源开发政策、人才流动政策等，都需要从民族地区发展的实际需要和实际困难出发，分门别类地制定一些有利于民族地区发展的规定。例如，凉山州提出，大城市的企业在地方办公司，所得税交回大城市；民族地区企业所得税和发达的大城市一样高；地方赚钱的企业都上收到省和中央直管；矿产开发地方无权审批，也不能从中获益；公路建管地方只能出土地而不能过问收费；国债资金必须地方配套；银行贷款权力高度向上层集中。这些措施的落地，需要改变全国"一刀切"的做法，政策向民族地区倾斜，这样才能有利于民族地区自我发展能力的增强，激励国内外企业到民族地区投资兴业。

（四）资金紧缺是民族地区发展的主要症结，只有加大财政、金融支持力度，方可确保民族地区加快发展

除政策支持外，还需要国家在财政和金融方面加大对民族地区的支持力度。当前，民族地区的发展，最紧缺的还是创业资本。正如美国经济史学家戴维·兰德斯所讲，有钱才能赚钱，民族地区难就难在没有启动资金。宁夏中卫市在前年成立后，市委、市政府做了一个调查，发现少数有钱投入的农民搞养殖，一年可以赚数万元；而绝大多数没钱投入的农民搞养殖只能是"老太太喂鸡"，一年只能赚几百元。当市委、市政府的干部用工资作抵押为一个村的农民担保贷款，搞起

蔬菜大棚后，这个村的情况马上发生了大改变。这就像马克思所说的，利润小的大资本要比利润高的小资本积累来得更迅速。很多例证说明，民族地区问题很多，但集中到一点，就是钱的问题。实事求是地讲，钱虽然不是万能的，但没有钱的支持，民族地区的发展是难以加速的，差距扩大的趋势也是难以遏制的。

除去农民创业需要国家财政、金融给予扶持外，民族地区的基础设施建设、医疗卫生设施建设等都需要国家财政和金融的关注和大力支持。"要想富，先修路"，这是共知的道理，但很多民族地区，至今仍受着道路的困扰，进不去、出不来，有些地方到县城开会要走好几天。凉山州昭觉县迄今无电村还占49%，人畜饮水困难户还有59.4%。在医疗卫生方面，全县医院只有一个大学本科毕业生，72.6%的人生病不能就诊，89.3%应住院的病人住不了院，小病拖大、大病拖死的情况比较普遍。诸如这些基础设施建设的问题，没有国家财政、金融的支持，仅靠地方政府，只能是无米之炊，是无法解决的。根据国家统计局资料，2003年民族地区8省份全社会固定资产投资总额仅为4970亿元，而山东省全社会固定资产额就达5315亿元。为改变这种情况，需要加大中央财政转移支付力度，各部委管的国家项目资金也应向民族地区倾斜。金融系统要在民族地区增设分支机构，增加贷款额度，扩大贷款授权，放宽贷款规模，延长贷款期限。还可以考虑发行民族地区发展债券，免去国债配套资金。只有这样，才能确保民族地区的加快发展落到实处。

（五）大力发展人力资源才有望改变贫穷的恶性循环，大力支持民族地区教育事业发展，为构建和谐社会做贡献

高度关注民族地区教育事业的发展，也是构建和谐社会的重要条件。尤其是要落实九年义务教育政策，这是奠定一个人终身资历和学习能力的基石。为了使民族地区的孩子们不因地方经济落后陷

入"贫穷→失学→再贫穷"的恶性循环,应加大对民族地区教育的支持力度,让民族地区青少年在义务教育阶段能够接受较好的文化教育和素质教育。我们调查发现,民族地区的一些县青少年受教育的年限仅有 3～5 年,这甚至比全国平均 9.8 年的水平少一半还要多。也有一些少数民族青年一天学也没有上过,汉语都不会讲,连外出打工的能力都没有。出现这种情况的原因,一是当地教育资源缺乏,二是教育经费缺口太大。宁夏固原市因教育资源缺乏,初中义务教育完成率仅有 65%。重庆彭水因为教育公用经费缺口,1729 名代课教师无工资来源,6000 名学生因缺教师无学可上。民族地区也有些人流动到珠三角、长三角去打工。例如江苏海安县原来仅有 12 个民族,现在少数民族数量已达 53 个。很多发达地区的公办学校不接收农民工子女入学,也使民族地区外出务工人员的子女教育遇到了问题。例如广东东莞长安镇,公办学校只接收本地人的子女,外来务工人员虽然在这个镇有十几万人,但其子女入学只能进民办学校。类似这些问题不解决,不仅会造成今天的社会不和谐,还会造成下一代人的低素质,产生的危害更为久远。因此,在构建和谐社会、促进民族地区发展的过程中,要把教育摆在重要位置,搞好义务教育和就业培训,不断解放和发展人力资源,从而为民族地区的发展与和谐社会的构建作出建设性的新贡献。

(原载《中国民族》2005 年第 11 期)

八　解决"三农"问题的三大战略和十大突破

重农固本是安民之基、治国之要。"三农"问题不仅是一个经济问题，更是政治问题和社会问题，直接关系到国家的长治久安，关系到社会的和谐发展。做好"三农"工作是确保经济持续健康发展和社会大局稳定的重要条件。任玉岭情系人民，体恤民情，长期关注"三农"问题，通过深入调研，敢提真言，是当之无愧的研究"三农"问题的专家。以下为任玉岭提出的有关"三农"问题的三大战略和十大突破，为推进我国农业现代化、提高农民收入、构建美丽乡村以及实现农村的可持续发展贡献了真知灼见。

21世纪，对中国来说，是蕴藏着巨大希望和美好前景的世纪。但是，因为"三农"问题比较突出，所以21世纪也是具有潜在风险和巨变因素的世纪。"三农"问题解决得好，就可以有效打开中国蓬勃发展的大门，不仅可以消除风险，而且可以使美好的前景更加辉煌灿烂。

几十年来，我国为了积累资本、壮大国力，加速工业化进程，一直走的是农业支援工业的道路。特别是改革开放以来，我们对农村更是取多、予少，农村对城市的发展作出巨大贡献。今天，当一些大城市的面貌和消费水平几乎可以同发达国家相媲美的时候，我们的大部分农村还处在发展滞后的困境中，我们的大部分农民还处在增收困难的困境中。

胡锦涛总书记曾就"三农"问题发出重要指示：把解决好农业、

农村和农民问题作为全党工作的重中之重。相信有中央的高度重视，"三农"问题一定会得到逐步解决，中国农村的美好前景一定会展现在我们面前。

但是，历史的惯性给解决"三农"问题带来了较多的阻力和障碍，如果不能冲破妨碍"三农"发展的思想观念、做法规定和体制弊端，"三农"问题的解决还会停留在口号上。倘若仍然不能确定农业的首要地位，不能在一些战略性问题和众多具体做法上有重大突破，时间拖得越久，需要付出的代价就越大。当前，我们应特别关注以下三大战略性问题，取得十个方向的突破。

（一）三大战略性问题

1. 分流农业人口，推进城市化

中国"三农"问题的核心是农村人口问题。农村人口过多，农民比例过大，是"三农"发展困难的根本原因。因此，"三农"问题的解决，不能就"三农"议"三农"，需要跳出"三农"看"三农"。解决农村问题，必须分流和减少农民，必须向城市转移农民。因此，推进城市化进程，既是解决中国"三农"问题第一位的战略问题，也是关系中国实现全面现代化的根本问题。

我国城市化水平已经严重滞后，按世界银行的推算，我国在1998年城市化率就应该达到50%，而实际落后了将近20个百分点。

从城市化速度看，我国的城市化速度仍然是比较缓慢的。按2002年《中国城市发展报告》，全国560个城市的市区非农人口总共只有1.74亿，非农人口超50万的城市仅有98个，大城市的数量远不能适应中国的发展，城市的规模效益远跟不上劳动力转移的需求。

我国服务业在国民经济中的比重严重偏低，不是工业化水平不到位造成的，主要是因为城市化水平过低和大城市比例太小。创造就业岗位对中国来说是非常重要的，如果不重视城市化的快速推进和更多大城市的建设，就业问题将成为"老大难"问题。

因此，实施分流农村人口的城市化战略，首先要转变与城市化相关的两个观念：一是要认识到限制城市化进程，就是限制经济增长进程；二是要认识到限制大城市发展，就是限制就业岗位的增加。为了解决中国"三农"问题，应认真解决户籍问题造成的对城市化进程的抑制，使中国人民能在全国范围内自由流动和迁徙；认真制定中国城市化的顶层规划，在农业人口集中的地区，要发展大城市、建设都市圈；国家要设立城市化推进基金，对拟发展的大城市要加大基础设施投资力度；要按照解决"三农"问题、发展城市的需要，认真调整产业布局，使产业安排向新兴城市倾斜；要制定政策，鼓励外商和民营企业向新兴城市投资。

2.努力提高人力素质

我国大部分农村，长期以来处在"资本缺乏—过度贫困—素质低下"的恶性循环中。根据第五次人口普查，我国文盲半文盲有1.8亿人，绝大多数在农村。人力素质的低下，已成为"三农"发展的严重阻碍和沉重负担。

政府关于普及九年义务教育的决策不仅是深得民心的，而且对解决"三农"问题是具有战略意义的。当前面临的问题，一是对"普九"的效果不能过高估计。最近有人抽样调查六个县，初中辍学率最低3.66%，最高达54.05%。因此，仅辍学率一项，就无法保证"普九"教育成果的延续和巩固。二是九年义务教育的投入问题。根据我们调查，公用经费紧缺、"普九"欠债严重、学校危房无钱修缮、教师工资不能保证发放等因素，严重影响和制约着义务教育的顺利进行和发展。三是教师质量问题。由于缺乏经费，一些地方为了少花钱，宁愿用民办教师（月工资不足200元），不愿招收大专师范人才。四是砍校问题。为减少经费开支，一些地方大幅度地减校、并校，很多学生要跑十几里、几十里去上学；十来岁的小学生虽然可以住校，但由于家里穷，还得一星期跑两三次，回家取干粮。五是学杂费问题。虽然中小学学杂费已降得很低，但陕西、河南、湖北的费用并不比北京低，农民虽然愿倾尽所有让孩子读书，但仍嫌负担过重。六是因为房屋紧张，很多学校一间房内要住二十几个学生，有的学校七八名教师挤在一间房内办公，无法保证师生身体健康。七是城市中的学校收费过高，这不仅使民工子女入学特别是入好学校成为不可能，而且也造成市民的极大不满。

为了解决好"三农"问题，更好推进义务教育的发展，有必要加大中央财政对义务教育的支持力度，最低限度要改变国家财政预算内教育经费只投高校、高中，不投或极少投义务教育的现状。据调查，上述的几个问题基本上都是经费问题，表现突出的是人均GDP低于全国平均水平的省份，这些省份的广大农业地区，县财政赤字较大，吃饭财政，捉襟见肘，无法担负起以县为主体的义务教育使命。全国有18个省份，人均GDP低于全国平均水平，其人口占全国的58%，GDP总量仅占全国的29%。建议国家财政重点支持这18个省份的义务教育开支，通过经费的解决，改善义务教育的条件和环境。

另外，为了解决"三农"问题，还需要在农村增设高中，使农民的孩子能在成长中享受国民待遇，进行公平竞争。对考不上高中的初中生，要千方百计对他们进行技术培训，使他们掌握一技之长。

3. 加大财政、金融投入力度

所有生产要素中，资本是最重要的推动力，中国多数地区"三农"发展的步履维艰，其主要原因就是缺乏资本。要改变中国"三农"的面貌，使中国农村走向富裕，必须加大对农村的投入。要把财政、金融的推动力上升到战略高度，作为战略性举措，提上议事日程，给予重视和保证。

"三农"发展的资金来源，固然可以考虑以下四个方面：个人投入、金融机构贷款、政府财政援助、国际和国内的资本流动，但由于资本缺乏已经在农村形成恶性循环，农民的个人投入十分有限。另一方面，由于多数农产品生产效率很低，加上农村条件较差，所以对第四种资本流动，现阶段不能抱大的希望。因此，农村要克服资本短缺，就必须依靠金融机构的信贷和政府财政的援助。

政府和金融对农村投入的状况是：政府财政投入已经由"五五"计划时占财政投入的13.1%，下降到"九五"计划时的8.6%，就"九五"计划的五年而言，政府财政对农业的投入已从1996年的8.82%，下降到2000年的7.75%。相反，政府对农业的征税已由1978年的28.4亿元，上升到1999年的423.5亿元，增长13.9倍，累计年增13%。金融投入情况是，改革开放初期，为推动农业发展，专门建立了农业银行，其分支机构遍布城乡。时隔20年后，农业银行申请撤出农村，很多商业银行也撤离了一些县城。国家金融机构不仅不向农民贷款，而且还只存不贷，连同邮政储蓄，将大批农村存款转入了城市。资金的"农转非"更使"三农"问题雪上加霜。

为解决"三农"问题，除了要实实在在地加大政府对农村的投入外，还要下大决心放开金融对农村的限制，扩大对农村的贷款。金融部门要坚决改变贷城不贷乡、贷工不贷农、贷大不贷小、贷富不贷穷的习惯做法，只有这样"三农"才能找到新的出路，求得更大发展。

解决"三农"问题，要具有战略性的眼光，同时还要针对具体关键问题采取具体措施，争取有所突破。

（二）十大方向的突破

1. 认识上的突破

应该看到，解决"三农"问题的难度不断加大的根本原因，在于各级政府和各个部门对"三农"问题认识不足，重视不够。要解决"三农"问题，首先必须突破认识问题，要以"三个代表"重要思想为指导，确立解决"三农"问题的使命感和责任感。在制定政策、落实项目、吸引投资、划拨资金的时候，要坚决转变重城市轻农村、重工业轻农业、重富轻穷、重锦上添花轻雪中送炭的思想。要将"三农"问题摆到"重中之重"的首要位置，为"三农"问题的解决贡献更大力量。

2. 地域上的突破

我国"三农"问题涉及人口之多、地域之广，在世界上找不到先例。为了使"三农"问题能重点突破，有必要选择中部的豫、皖、鄂、湘、赣五个农业大省作为突破口。这五省总人口占全国人口的26%，农民数量占全国农民总量的33%，粮食产量占全国的28%，棉花产量占33.4%，油料产量占40%，工业产值仅占全国的12.1%，进出口贸易仅占全国的2.5%，是典型的农业省。解决了这五个省的"三农"问题，就解决了全国三分之一的"三农"问题。这五个省基本上位于长江和淮河两岸，自然条件较好，雨水比较充足，尤其是这五省被沿海省份所包围，从经济学的梯度扩散理论考虑，它们是东部发达省份经济势能的首选扩散地。选择中部五省进行突破，促进中部崛起，相比较而言成本要低，并且有利于东部省份释放能量，比较容易尽快取得成果。

3. 基础设施建设的突破

财政对农业基础设施投入的逐年减少，造成不少地方农业基础设施还不如 20 世纪 70 年代。水利工程老化、年久失修，效率大减，全国 8.2 万座水库有 40% 带病作业。农业灌溉面积仅"九五"期间就减少 5100 万亩，自然成灾面积也有增无减。农村道路和电力供应虽有改善，但也存在不少问题，对"三农"发展的抑制仍然不可低估。为解决"三农"问题，必须加大财政和国债对基础设施的支持力度，力争农村基础设施建设有一个大的突破。

4. 农业科技的突破

经过几十年努力建设起来的农村科技网，在断了"皇粮"之后，出现了"人走、线断、网烂"的新情况，不少农业主产区，严重缺乏科技的推广和普及。中国 2400 多所大学中，农业院校仅有 57 所，在校生占全国在校生总数的 6.3%。农业科技人员本就不多，还有不少毕业生转向了其他行业。农村科技人员工资没有保证和工资过低，已成为农业科技人才下乡的严重阻碍。为了实施科技兴农战略，有必要加强对农业科技的领导，农业科技投入要专立财政户头，加大对农业科技的补贴和投入。有条件的地方，可选派一些科技特派员，下到农村负责技术服务、开拓市场和经营管理等方面的工作。

5. 土地所有权的突破

土地是农业最基本的生产资料，也是农民安身立命的生存资料。土地的承包曾经改变了"一大二公"，调动了农民的积极性。时至今日，承包责任制的政策威力已经得到充分释放，承包土地的办法已远不能适应市场经济的发展形势。农民没有土地所有权，就不能用土地抵押贷款。农民用多年积蓄建造的房屋是他们最大的资产，但因为都建在没有产权的土地上，所以房屋也不能转让或抵押。总之，农民无法将其资产化作资本，用于扩大再生产。

因为没有土地所有权，所以部分农民对土地的投入是吝惜的，对土地的抛荒也不那么在意。也因为农民没有土地所有权，所以土地被随意低价征用的事经常发生。如果我们能突破土地使用权转让，增大农民对承包土地的支配权，农村就容易改变资本缺乏的局面，从而使"三农"工作走向良性循环。

6.龙头企业建设的突破

龙头企业是联系农业生产与消费的中间环节，龙头企业的建设对农业产业的发展和支柱产业的建设起着明显的带动和支撑作用。

为了带动"三农"更好发展，必须在龙头企业建设上进行突破。首先要突破龙头企业的数量，要扩大农业龙头企业基金和金融扶持范围，大力扶持农民集体创业，更多支持中小龙头企业的建设和发展，尤其要支持农民入股的公司制龙头企业。

7.农业合作组织的突破

新中国成立后，我们推行了互助组、初级合作社，这曾经对发展农业生产起了很好的作用。只是由于后来不切实际地快速向"一大二公"过渡，严重挫伤了农民的积极性。我们应引以为戒。至今20多年过去了，我们仍不敢推进农业合作组织的组建和发展。根据国外发展农业的经验，农业合作组织对于组织农业生产、发展农村经济是十分有益的，也是十分必要的。事实上我国有一些地方一直保留着合作经营的模式，并为共同致富闯出了一条新路。

根据对国外的考察，我们认为应该大力发展农村合作组织，为防止"一大二公"，可以实行双层经营，即农民土地仍包产到户，但是，可以根据共同经营的主体产业，建立合作服务组织，让农民成为股东，由董事会、监事会等进行运作和经营。合作组织除了对农民进行产前、产中、产后服务之外，重点是对外开拓市场，并大力发展农产品加工业和服务业，从而不断增加农民的收入和财富。在建立农业合作组织方面，我们不能"一朝被蛇咬，十年怕井绳"，需要从过去的合作化中吸取经验和教训，解放思想，打破禁区，与时俱进，推进农村合作化进程。

8. 税收的突破

自从 1994 年实行税制改革后，县财政普遍转难，一年多的时间，全国县财政赤字猛增 20 倍，由此引起的农村乱收费明显增加了农民负担。同时，农村借债也因此而大量产生。

为了解决"三农"问题，就要跨出免农业税这一步，在农业税收上有大的突破。农业税收在财政总收入中的比重很低，以 2001 年计，仅占国家财政总收入的 3.14%，总额为 481 亿元。国家财政近几年每年都以 20% 以上的速度递增，仅递增部分就超过 2000 亿元，国家已具有免农业税的承受力。农业税免除后，人均 GDP 超过全国平均水平的 13 个省份，其县财政缺额经费可以由省财政转移支付，低于全国 GDP 水平的 18 个省份（占全国 GDP 总量的 29%），可由中央财政转移支付。

9. 粮食流通体制与种粮补贴的突破

现在我国总体上已经建立了社会主义市场经济体制，可是对农民特别是对粮食产区的农民来讲，尚未凸显出他们在社会主义市场经济中的主体地位。对粮产区来讲，种什么、种多少，粮食产出后，卖给谁、卖什么价，受到宏观调控的影响。这些年，农业生产资料，包括电力、化肥、农药和各种机械，普遍涨价，造成投入增加。农民在种粮效益微薄的情况下，还要大面积种粮食，这样既不能调动农民积极性，也不能使农民走向富裕路。

为了致富农民，必须突破粮食流通体制与对粮食价格的约束，要朝着使农民有利可图的方向进行改革，并可以通过各种途径的种粮补贴，保护农民种粮的积极性。

10. 农民进城务工环境的突破

近几年农民收入的增长情况，很大程度上取决于农民进城务工的收入水平。据统计，农民务工收入占到农民增收部分的 41% 以上。现在农村有 1.8 亿剩余劳动力需要分流，迫切需要创造良好的务工环境。此前对农民工的歧视，造成农民工工资过低；因无廉租房可租，农民工居住环境恶劣；老板克扣工资，欠发工资现象严重；劳务政策得不到落实，劳动保护得不到保证；恶劣的生产条件使一些人致病、致残甚至致死都得不到赔偿。因而我们需要努力打造农民务工的保障机制，创造农民进城务工的良好环境。

（曾收入任兴磊主编：《任玉岭谈经济》，世界知识出版社 2013 年版）

九　加速中部崛起是破解"三农"问题的重要战略

任玉岭情系民生，关注"三农"，率先提出中部崛起对破解"三农"问题的重要意义。中部地区既是我国"三农"问题的集中地，又是承东启西、南北互动的关键区域，其发展可以惠及整个中国。因此，加快中部地区发展，既是落实科学发展观，推进区域协调发展的重要方面，也是构建和谐社会、破解"三农"问题的必要条件。以下为任玉岭关于加速中部崛起、破解"三农"难题的详细论述。

众所周知，"三农"问题是中国一切问题中的大问题，为了解决好农民、农村和农业问题，中央把解决"三农"问题作为全党一切工作的"重中之重"，得到了全国人民的拥护和赞成。中部6省有农民2.5亿人以上，占全国农民总量的33%。中部粮食产量占全国的28%、棉花产量占全国的34%、油料产量占全国的40%，而工业产值不到全国的15%，是典型的农业省区，也是人口压力巨大、农民比较贫困、生态快速恶化的地区。加速中部崛起，等于抓住了"三农"问题的要害，中部崛起了"三农"问题就解决了三分之一。因此，促进中部崛起对破解"三农"问题具有重要的战略意义。

（一）推进中部崛起是邓小平理论的延续和发展

邓小平提出让一部分人和一部分地区先富起来，是为了带动和实现共同富裕。前者只是手段，后者才是目的。现在一部分人和一部分地区先富起来的目标已经实现，而作为最终目的的共同富裕还为期遥远。

1978年，中部同东部相比，人均GDP实际相差仅154元。到1995年，其差额扩大到3148元，增加了19.4倍。1997年召开的党的十五大提出了缩小高收入与低收入差距的问题，但近几年差距不仅没有缩小，反而明显扩大。至2003年，中部的人均GDP同东部相比，其差额已达到8534元，与1978年相比，中部同东部之间的人均GDP之差额，已经增加54.4倍。

2000年，中央实施西部大开发战略后，西部地区发展明显提速。相比之下，中部地区发展不仅落在了东部之后，而且也被西部甩到了后面。2000年到2003年，东、中、西部地区GDP增长速度分别为13.29%、10.53%、11.89%，中部成了发展最慢的地区。从东、中、西部占全国GDP的比重看，1999年东、中、西部地区各占55.6%、25.8%、17.5%；2003年，东、中、西部地区各占58.4%、24.7%、18.9%。由此看出，西部大开发以来，中部地区不仅相对发展速度更慢，而且在GDP中所占的比重也明显下降。事实证明，中部正在"塌陷"，中部正在成为"经济洼地"。

邓小平指出，社会主义最大的优越性就是共同富裕，这是社会主义本质的东西。为了改变经济越发展区域和城乡差距越拉大的现状，党的十六届三中全会提出了统筹区域发展的发展战略。去年初政协常委会上我提出的从鄂豫皖湘赣五省进行地域性突破、推进中部崛起的建议，已引起有关方面的高度关注。中部崛起是中央继西部大开发和振兴东北老工业基地之后提出的又一统筹区域发展的重要战略。这既是中央全面建成小康社会和构建和谐社会的重要内容，也是邓小平理论的延续和发展。

（二）中部崛起的环境优势

1. 中部崛起的外部环境

首先，改革开放以来，我国坚持以经济建设为中心，全面扩大对外开放。经过 20 多年的努力，我们已经在总体上实现了经济总量翻两番，人均 GDP 超过了 1000 美元，国家实力大为增强，国际地位明显提高。特别是我国加入 WTO 和经济全球化的浪潮，已经使我国成为全世界投资者最为关注的地方。很多外国企业，特别是世界500 强企业，高度看中中国消费市场和中国廉价的劳动力资源，在中国的投资力度不断加大，投资领域不断拓宽。而且随着跨国企业的到来，我国企业的管理水平明显提高，中国的对外贸易有了很大发展。中部崛起在这个时间起步，无疑会得到世界的关注。这不仅有利于中部加强同国外的交流与合作，也有利于中部在"引进来"和"走出去"方面大展宏图。

其次，我国 20 多年来的改革开放，促进了民营企业的快速发展。至 2000 年，民营经济中已有个体工商户 2377 万户，私营企业243 万家，民营经济所占 GDP 比重达 48.5％。截至 2002 年底，个体和私营企业资本已达 2.85 万亿元，仅 2002 年个体与私营企业注册资本就高达 6900 亿元，比当年实际利用外资高出 2600 亿元，民间投资超过当年外商投资额的 50％。民营企业机制活，能量大，发展势头猛。鉴于中部有区位优势、交通优势和资源优势，中部崛起一定会成为民营企业的关注热点，特别是伴随民营经济的地位不断提高，国家对民营经济发展政策不断放宽，民营经济一定会对中部崛起作出大贡献。

第三，沿海经济的高速发展，为中部崛起创造了条件。从经济学的势能理论和梯度扩散理论来看，东部的高速发展增强了中部四周的经济势能。由广东至天津、北京的沿海各省份，生产要素高度密集，在成本不断提高、劳动力和土地不断提价的情况下，各种生产要素必然要由经济"高地"向"洼地"流动，造成资本、技术、企业和人才向其紧邻的欠发达地区扩散和转移。作为粤、闽、浙、沪、苏、鲁、津、京、冀包围中的中部地区，已经显示出它的区位优势，后发的风帆正在扬起。

2. 中部崛起的内部环境

（1）资源优势。中部地区，除山西外，基本位于长江、淮河两岸，自然条件较好。中部有山、有水、有平原，无霜期长，雨量充足，矿产资源和水资源比较丰富。例如河南省，粮油产量均居全国第一，棉产量居全国第二。作为国民经济基础的农业，在中部的发展条件可谓得天独厚。改革开放以来，中部地区各方面取得了长足发展，为中部崛起奠定了基础。

（2）文化优势。中部地区作为中华民族最早开发的腹地，文化厚重，历史悠久。河洛文化是中国文化之源，三晋文化、荆楚文化、徽文化、湖湘文化等内涵深厚，它们必将对经济发展产生重要的推动作用。近几年在郑州连续召开的客家人寻根恳亲会和河洛文化交流会的隆重场面，足以使人们相信，中部的文化优势一定会对中部的快速崛起发挥作用。

（3）区位交通优势。中部地区无论是从扩大对外开放考虑，还是从为东部地区服务出发，其区位优势都优于西部地区。中部地区紧靠经济发达的广东、福建、浙江、江苏、山东、天津、北京等地，特别是有京广铁路、京九铁路、京珠高速公路纵贯南北，有陇海铁路和长江横穿东西，其同发达地区之间交通便捷，合作方便，有利于其紧抓东部经济向外扩散和转移的机遇，走出困境，实现快速崛起。

（4）旅游资源和劳动力资源优势。中部有极其丰富的旅游资源，不仅景色旖旎，而且文化内涵丰富。特别值得重视的是红色旅游资源，在中部地区分布广泛。另外，中部地区农民比重大，剩余劳动力多，外出务工人数占全国40％以上。人口多是中部的一大优势，如能搞好培训，认真组织，注意将人力资源转化为人力资本，中部不仅可以成为沿海发达地区的劳动力基地，而且可以通过农民外出务工，使更多的打工者转化为中部经济的开拓能手。

（三）中部崛起需要的支撑性政策和突破性行动

1.支撑性政策

（1）贯彻落实科学发展观。中部崛起一定要坚持把发展作为第一要务，各级政府要做到权为民所用、情为民所系、利为民所谋。各级官员要提高思想认识，转变工作作风，堵塞权钱交易和寻租行为；要杜绝虚报、浮夸，扭转资金投放中的嫌贫爱富和重锦上添花轻雪中送炭的行为；要走资源节约型发展道路，大力发展循环经济。

（2）促进中部各省互动和中部与东、西部的互动发展。在推进中部崛起的过程中，要调动各省的积极性，促进其比、学、赶、帮，互相竞争。各省都要发挥自己的比较优势，突出自己的发展特色，做到"八仙过海，各显其能"。但是，各省一定要重视总体崛起对自身崛起的重要性，不能各自为政，画地为牢，相互封锁。要通盘考虑中部各省的交通发展、资源配置和产业分工，统一安排中部的旅游发展和旅游路线等，促进中部的一体化，加强各省的交流和互动。除了扩大各省之间的开放和互动之外，还要加强中部与东部、中部与西部的合作和互动，做到最有效地发挥优势，最合理地配置资源，最高效地使用资本，最快速地促进发展。

（3）为中部土地使用松绑，推出区域地租级差。中部崛起，一是要推进城镇化，分流农民；二是要推动工业化，发展工业，无论城镇化还是工业化都需要占用土地。中部是农业产区，历史上划定的农田保护区甚多，而且因经济落后，城镇原占地面积甚小。因此，中部崛起需要国家为中部的土地使用松绑。土地是国有的，发达地区已经占用了大量的土地，其发展是以牺牲粮棉油生产为代价的。今后应该限制发达地区的土地使用，遏制发达地区的低地价和零地价，放宽中部对土地的使用数量，尽可能降低中部的土地售价，形成有较大差别的级差地租，以此来促进区域统筹，促进均衡发展，促进需要土地的工业项目向中部转移。

（4）核定区域间的工人工资，使在中部兴业更有利。发达地区的工资升值是促进企业向欠发达地区转移的主要动力，但因中国的特殊国情，农民数量极大，数以亿计的劳动力涌向沿海，造成发达地区的工人工资不升反降，阻碍了企业向内地转移。为了促进中部崛起，应该由国家依照各地经济水平，敲定最低工资，核定工资标准，把发达地区的工人工资尽可能高地升上去，使之与欠发达地区形成较大级差，以有利于一些企业向中部转移。

（5）拉开区域间税收档次，促进工业向中部转移。宏观调控方面，一定要重视区域间税收政策的调控，要利用税收杠杆，促进中部地区崛起。对发达地区所办工业，国家应该多收税，对在欠发达地区办的工业，国家应该少收税，不应该在税收上一刀切。最近一些发达地区把个人所得税起征点向上提，使欠发达地区的劳动者拿着低工资还得多交税，极不利于欠发达地区留住人才，打击了欠发达地区的发展积极性。笔者认为应该把这种做法倒过来，做到在欠发达地区投资的企业税收是最低的，在欠发达地区工作的人纳税也是最少的，只有这样，欠发达地区才能发展，中部崛起才有希望。

2. 突破性行动

（1）加强淮河治理。淮河治理是中部崛起的大事之一。曾经有"走千走万不如淮河两岸"的民谣，但是后来黄河改道，淮河成了安徽、河南的一大隐患。新中国成立后百业待兴之时，毛泽东主席就发出了一定要把淮河修好的号召。但是由于种种原因，淮河的危害至今未能根除。因此，要促进中部崛起，就要减少淮河灾害的发生，这就需要集中一部分国家财力，治理好淮河。

（2）加大公路、航空和乡村道路的建设力度。中部尚有很多地市之间还没有直达公路，或是道路坎坷不平。另外，中部的航空运输也很滞后，有些城市乘飞机还要跑几个小时的车程。特别是中部乡村，路况更差，下了雨泥泞不堪，进不去、出不来的村庄普遍存在。因此，要促进中部崛起，就要先从修路做起。国家应通过积极财政政策，加大中部公路、机场和乡村道路的建设力度，提高中部各地的通达度。

（3）重视农田水利建设。中部各省均是农业大省，有较多的水利设施。但是，由于投入不足，中部地区的水利设施大多年久失修。实现中部地区崛起，必须重视农田水利建设，使农民旱涝保收。

（4）加快城市建设。中部要发展，就要高度重视城市建设。在城市建设方面，中部地区要重视大城市的建设和发展，这不仅是招商引资、留住人才以及促进生产要素向这些地方流动的需要，也是创造就业岗位、扩大工业品需求和促进工业发展的需要。中部既要重视武汉、郑州两大首领城市的建设，也要重视武汉、长沙、郑州、合肥、太原等周围的城市群建设。

（5）加快发展民营经济。实践证明，哪里的民营经济活跃，哪里的社会经济就发展得快。在工业领域，国有经济同非国有经济的比例在经济最发达的浙江、广东、江苏三省分别为20∶80、25∶75、29∶71，城镇就业人口的70%也是民营企业吸纳的。同发达省份相比，中部民营经济是滞后的。因此，无论从发展地方经济考虑，还是从促进就业考虑，中部都需要发展民营经济。为促进中部崛起，应该解放思想，放宽准入条件，支持民营企业特别是农民企业的创业和发展。

（6）加大旅游资源开发，实现旅游业的大发展。中部旅游资源十分丰富，而且离发达地区较近，最易成为发达地区居民节假日的旅游地，所以中部要高度重视旅游资源开发。据世界旅游组织测算，旅游业投资 1 元，相关行业可增收 4.3 元；旅游业直接就业 1 人，社会就业就会增加 5 人。正因如此，旅游业虽然历经了半个世纪的发展，依然是个朝阳产业。因此为了推动中部崛起，一定要实现旅游业的大发展，并通过旅游业的发展促进中部的对外开放、招商引资和贸易往来。

（2005 年 4 月 28 日在促进中部崛起高层论坛上的发言）

十　生态农业是农业发展的目标和重点

生态农业是促进农业增效、农民增收和保证食品安全的重要途径，大力发展生态农业，既是最大限度地满足人们对农产品日益增长的需要，也是提高生态系统的稳定性和持续性，增强农业发展后劲的必由之路。然而，生态农业的发展该如何结合国情民情因地制宜地推进？任玉岭作为生物科学领域的专家，在第三届中国绿色农业发展论坛上，讲述了生态农业的发展目标和重点，其见解和观点值得重视。

（一）何谓生态农业及其发展的总目标

既然这个会是讨论生态农业的，那就首先需要搞清楚什么是生态农业。我看到的文章对生态农业说法不一：有的说生态农业是以物质循环为特点；有的说生态农业就是要保持系统内的动态平衡；有的说生态农业就是遵循生态学、生态经济学规律，运用系统工程、现代化科学技术集约经营发展农业的新模式。

更多的人则把有机食品的生产模式定义为生态农业。在这种模式中，完全依靠生物的有机质支持农作物的生长，而不使用化肥和农药。这种模式在法国叫生物学农业（agriculture biologique）。如果这样发展生态农业，农作物一定会大量减产，生态发展的目标会适得其反。为了提高农业的产量，确保把饭碗端在自己手中，就必须使生态农业的推进能够为国家的粮食安全、环境安全和人民健康作出大贡献。为此，就一定要端正我们对发展生态农业的认知，扶正生态农业的概念。

我是学生物科学的，比较早的时候就受到了生态学理念的熏陶。所谓生态学，是研究自然界生物与生物、生物与非生物相互依存、相互制约关系的科学。而所谓生态文明，则是要保证人类活动与自然相和谐，保证人类生存环境的安全和美丽，从而保证子孙后代的持续生存和发展。

为此，我认为生态农业，必须与生态文明相适应，在农业的发展上，要用辩证唯物主义的矛盾论、实践论处理好以下三对关系：一是要处理好消费欲望无穷、生产无限扩张与自然承载能力有限的关系；二是要处理好农业对自然界无限征服同自然界反征服对人类进行报复的关系；三是要处理好追求农业无限增收、创造政绩的工程同以人民利益为中心这一基本要求的关系。为此，发展生态农业必须从中国实际出发，立足农业发展的总体和全局，创新思维和认识，做到农业发展与自然万物、与"五位一体"的发展总布局相和谐，确保农业生产的更进步、农村环境的更美好和粮油菜果的更安全。

中华人民共和国 70 年来的建设与发展实践，充分证明了农业在我国发展中的基础性战略地位。基础不牢地动山摇，中国要想强，农村必须强；中国要想美，农村必须美；中国要想富，农民必须富。为此，发展生态农业，一定要遵循党的十九大提出的乡村振兴战略。为了把农业变成能够致富的产业、把农村变成美丽宜居的地方，我们必须不忘初心，坚守为人民谋幸福、为民族谋复兴的宗旨，推动生态农业健康发展，创造生态农业的辉煌。

（二）国外生态农业发展概况及其可借鉴之处

国外的生态农业在 20 世纪 60 年代就已起步。1962 年，美国女作家卡尔逊通过《寂静的春天》一书，开始质疑化肥和除草剂的使用。这如同黑暗中的一声呐喊，唤醒了这个世界。1968年，有来自10个国家的几十位科学家、教育家、经济学家、人类学家、实业家和政府官员相聚一起，提出人类将面临"增长极限"的问题，指出人口增长、粮食生产、工业发展、资源消耗、环境污染等将使地球的承载力达到极限，以至最终无法承受。

于此之后，人们虽有不同意见之间的争论，但还是把可持续发展与生态文明建设提上了议事日程。在土地使用和农业发展方面，开始减用农药、化肥，并砍掉了剧毒农药的生产，确保环境安全、食品安全，并控制开发强度，调整产业结构，让山更青、水更秀、天更蓝成为人们的普遍追求。

从20世纪80年代初至前些年，我考察了不少国家，看到他们的农业建设早已开始注意到生态化的方向。例如，日本大分县的"一村一品"运动，就十分注意对资源的合理开发和食品安全。他们应用塑料大棚种植配餐西红柿，极大地提高了土地的利用率，并且注意在西红柿挂果后就停止喷洒农药。他们在山区林木下阳光弱化而被闲置的空间摆放木块，种植花菇和木耳。他们十分重视空港农业与海港农业的发展，确保农产品的无公害，利用空港和海港将农产品运向外地或外国。日本北海道的东胜，气候寒冷，有些土地不能种植庄稼，他们从中国长白山的一面坡酒厂引进了葡萄酒酿造技术，在当地种植葡萄、酿造美酒，实现了效益的提高。他们还在车间、酒窖修观光走道，推进观光旅游的发展。

另外，在靠近札幌的地方，农民为了搞好生态农业，成立了由600户人家组成的农业合作社。这个地方土地只能种土豆，人们的收入很低，兴办了土豆加工产业后才得以快速发展。他们用赚到的钱引进人才，建起了生物技术研究所，引进了用于土豆保鲜的钴-60辐照装置，并搞起了水培西红柿、水培网纹瓜，进一步保证了食品的标准化和无污染。他们的农产品受到市场的热捧，村民收入有了很大提高。

我们的近邻韩国的生态农业也发展得很好。我走访过韩国的一些农村，看过他们的蔬菜大棚、蔬菜种子培育基地、农民的住宅和家庭、农村的文化展览馆和职业培训中心，以及首尔的农产品销售市场等。韩国的一大特点，就是在20世纪60年代大力发展工业的同时，狠抓新农村建设，基本不存在城乡差距和先污染后治理的问题。他们农村的道路、环境、厕所建设得好，农村民主程度高，注重对农村管理人才的培训和激励。再加上经常有专家、名人、企业家参加对农民的培训，甚至其总统也曾到学习班听课，这就使得韩国的农村发展水平高、环境好，各方面的管理有序而高效，农民收入同市民相比较为接近。韩国农产品的销售得到市场的大力支持，各种产品全国统一定价，很多产品的包装箱上都印有"身土不二"的标语，车站、机场、地铁都有"身土不二"的广告。韩国人生在韩国，吃韩国的、用韩国的，韩国市场支持了韩国农业的发展。所有这些都为韩国农业的发展创造了良好的环境。他们的农业发展也没遇到农药、化肥使用失控的危机，食品安全较有保证。

英国曾经因发展工业形成的雾都伦敦和污染严重的泰晤士河，在我20世纪80年代初去那里考察时就已是云白、天蓝、水清、鱼游了。他们十分重视以生物防治取代农药和用根瘤菌降低化肥使用的研究，我们在英国的瑞丁大学和诺维特研究所看到了他们在苏云金杆菌和根瘤菌研究方面取得的显著成绩。

美国的生态农业，一个重要的方面是严格控制了化肥和农药的使用。资料显示，2002年到2014年的13年间，美国每年每公顷农田使用化肥的数量大约为120公斤，这十几年中化肥使用量基本稳定，形成了化肥消费的零增长。在农药的使用方面，近10年来农药使用量明显下降，已经从每年每公顷5公斤下降到2公斤左右。美国在养殖方面的生态化也做得很好。我所看到的养猪场,是自动供料、自动取食的。通过对猪的训练,猪粪、猪尿是分开排泄的,猪粪排在平地上,猪尿排在深陷的坑道内;猪粪经过单独收集、过筛后可以用作肥料。

加拿大在养猪方面,对猪粪、猪尿的管理和美国基本是一致的。还有一点相同的是,他们的专业服务系统十分发达,有专供猪料、专门收猪、专门防疫、专门供幼猪和专门处理猪粪便的服务机构。养殖场的工作人员虽然很少,但他们养猪的头数都十分惊人。再就是美国和加拿大对垃圾的处理,或焚烧或填埋,都十分有序而高效。焚烧场都装有二恶英过滤器,填埋场都有大量管道,它们会将发酵生成的甲烷收集起来用于发电。这对他们的农业生态化和食品安全都起到了重要作用。

在新西兰、澳大利亚、奥地利考察奶牛养殖时,我发现他们都有放牧和圈养两种类型。农民奶牛养殖有自己的合作组织,也有像美国、加拿大那样的诸多专业服务机构,确保了专职养殖机构的规模生产和效率。奥地利的"公司+农户"做得最好,不仅为奶牛养殖户提供了诸多方便,促成了集约化生产,而且还拓宽了养殖户的致富渠道。

在以色列,他们的农业多以农庄的模式进行经营,不仅把种养业搞得很好,而且农民的居住地都是绿树成荫,到处都有盛开的鲜花,环境之美令人流连忘返。以色列是缺水国家,他们通过管道调水和全方位的滴灌,保证了农业的丰收。其种植的蔬菜、水果,甚至还能大量出口。为了搞好节水,他们有专门的滴灌研究机构,保证了滴灌技术的不断创新。

土耳其的生态农业也搞得很好,其农业部部长带我们看了他们的农村和多种种植场地。当我向其问到他们如何对待有机食品、绿色食品的开发时,他回答说他们的人均收入才只有1万美元,还没有到搞有机、绿色等农产品的开发阶段。他们的生态农业考虑的是全体人民，现阶段坚持的是无污染的全部标准化。

再就是法国、德国、瑞典、芬兰、印度、巴西、阿根廷等，这些国家我虽然大部分都跑过几次，但没有对其农业进行过考察。仅从资料上看到，这些国家都十分注重控制对化肥、农药的使用，现在的化肥消费量多降低到高峰时期的50%，近年来化肥的使用量基本上都处于零增长。很多国家都将农药和化肥的使用量分别控制在每年每公顷3公斤左右和每公顷150公斤以下。

（三）中国先污染后治理和追求利润最大化的发展模式造成发展生态农业的任务极为繁重

我国是传统的农业大国，新中国成立初期，全国各地几乎都沿袭着2000年来老祖宗传下的农耕技术。农业生产无化肥和农药可用，所用肥料是牛马厩肥，或是由植物秸秆、草木废料沤制而成。20世纪50年代，为了推进农业发展，毛主席提出了水、土、肥、种、密、保、工、管的农业"八字宪法"，尤其关注到了肥料和植保的重要性。我的母校南开大学校长杨石先教授带着一个团队专攻农药的研制，1958年有机磷杀虫剂敌百虫的研制成功时，毛主席还在8月份专门到南开化学系视察，给大家鼓劲。五六十年代，农业生产不用农药和化肥，虽然环境很干净、食品很安全，但农业的产量非常之低，造成粮食不得不统购统销和推行粮票制度，对每人食用粮油进行限量。因此，那个时代的生态农业、有机食品生产模式并不适合中国国情，不能成为我们追求的方向。

在"文化大革命"后期，1975年前后，我国开始引进大的化肥厂，并建起了自己的农药厂。使用化肥、农药后，农业产量不断攀升。在各方面共同追求粮食夺高产和利润最大化的影响下，化肥、农药用量日益增长，除草剂、生长剂、膨大剂乃至小麦的增筋剂等，使用面越来越广，使用量越来越大。在环保政策不严、腐败干扰、食品安全管理缺失的情况下，农村土地污染、水质污染严重，有些鸟类、昆虫因此而减员乃至灭种，农村农业的生态发展遇到了不曾有过的大问题。

迄今，中国化肥的年使用量已达5984万吨，化肥产量占世界总产量的31%，用量占世界总用量的30%。中国仅有世界7%的土地，用着世界30%的化肥量，这虽然推动着我国粮食年产达到7.8亿吨、蔬菜年产达到8亿吨以上，保证了14亿人民的粮菜需求，但不得不看到，我们的化肥用量已经达到世界平均值的4倍，达到法国的9倍。中国每公顷农田使用化肥量高达500公斤，比一些国家每公顷年用化肥120公斤左右高出约400公斤。中国每公顷农田年使用农药14公斤，比一些国家每公顷年使用农药2～4公斤，高出10公斤以上，是多数国家的6倍以上。我国使用化学防治的土地有3亿公顷，其中2180万公顷大量使用农药。值得注意的是，我国的很多高毒农药是联合国呼吁禁止使用的。化肥、农药的超规格、超量使用，造成土地板结、肥力下降和重金属污染越来越严重。化肥利用率仅有30%，农药利用率仅有35%，也使得农业生产浪费严重，成本提升。

我们的蔬菜安全率，据有关报道已经达到97%以上，但是农药的检出率却高达54%。也就是说，这54%的蔬菜，虽然达到了食用要求，但毕竟还是有农药残留。据权威检测人士讲，越是常吃的菜农药残存越严重，如黄瓜、西红柿等。有的农药是会在人体内累积的，过多食用或长期食用这些蔬菜，也可能会给人们的健康带来新的问题。作为农业工作者，不能不注意和重视这个问题。更值得注意的是，我们的食品安全检测标准和安检规则，也需要尽早补上短板，加以完善。

（四）如何有效推进生态农业发展

我们应当怎样应对目前存在的问题，搞好生态农业的发展？这需要更大的智慧和高瞻远瞩的思维。

1. 要从全局和战略高度，确立发展生态农业的宏观目标

发展生态农业，必须从为少数人服务的仅以少量有机食品和绿色食品生产为目标的误区中跳出来。我们应借鉴前面讲到的土耳其农业部部长的讲话，为中国的生态农业确定一个正确的发展目标。我们要从我国人均收入尚未达到 1 万美元，而且大多数人月收入才只有两三千元的实际出发，使中国的生态农业发展瞄准农产品安全的无污染和全面标准化这一目标，在努力推进化肥和农药减量使用、确保全民的生命健康上狠下功夫。

2. 发展生态农业，要从中国国情出发，用辩证唯物主义认识论，明确使命和任务

中国与很多发达国家不同，我国的最大特点是人多地少，我们农业的劳动生产率很低，农民的收入还需加快速度提高。中国农民的劳动生产率仅相当于韩国的 34%、日本的 29%、欧盟的 20%、澳大利亚的 7%、智利的 2%，在推进生态农业发展时绝不能忘掉这一事实。我们搞生态农业，不能像国外那样大面积休田轮作，不能不用化肥，也不能不用农药，但要为了百姓收入增长和生命健康，减少化肥、农药用量，取缔剧毒农药生产，限制使用抗生素、激素育肥和激素膨大，减少与遏制食品添加剂的大量使用，增强保护农产品安全的紧迫感，处理好发展与保护的关系，为人民生命健康做好服务。

3. 要坚持用创新的思维，通过管理和技术的创新赢得生态农业的大突破

结合中国发展的特殊情况、特殊任务，我们必须把创新作为发

展生态农业的灵魂和抓手。一要创新土壤的修复技术。为解决几十年来大量使用化肥造成的土壤板结和毒害，要下功夫研发土壤修复剂和修复技术，以便生态农业建设能有好的起步。二要大力开发有机肥的制造技术，既要增产，又要减少化肥使用。不在有机肥上下功夫，就很难处理好在农作物增产的同时降低化肥使用量这一难题。我国每年有 8 亿吨秸秆和排量巨大的城市垃圾，以及 14 亿人的粪便，搞好这些废物向肥料的转化，必然需要加大人力与物力的投入，这是搞好生态农业的重中之重。三要高度重视根瘤菌、叶面肥、生物防治以及农业病虫害的生物技术、基因药物的研究与开发。四要加强制种技术的研究，尽早改变很多蔬菜、水果和粮食作物的制种技术掌握在外国人手中的现状。五要推进农业生产与经营的数字化，加强对种养殖的监管和追踪。

4. 大力推进农业经营改革，提升经营管理效率

我国农业经营的过于分散，是生态农业难以作为的重要瓶颈。中国农业经营主体过多、户均面积过低，很难实现农业的科学化、集约化和生态化的管理与推进。现在我国户均土地 8.3 亩，不到日本的三分之一，不到韩国的四分之一，再加上广大农村的经营者多是"九九""六一""三八"部队，如此分散的种植和低水平的经营，任何生态农业举措都很难实施。因此，为了搞好生态农业建设，需要结合城市化的进一步推进，加大农村的改革力度，建立更多农民入股的公司制合作组织，扩大经营规模，培养种田大户。特别是要重视对农村人才的专门培养，动员更多懂农业、爱农村的人才走进农村发展第一线。

5. 要使绿色、有机产品生产向高端化发展，并对高价产品加税

如前所述，中国面上的生态农业应立足全民的健康需要，大力降低农药、化肥的使用，做到无污染的标准化。但近十几年来，我

们有不少部门和超大企业都已建设了自己的绿色与有机食品特供基地，有些企业接受国外订单，推出了一些高价的绿色、有机食品，其售价高出一般产品好几倍。为了满足市场的多元需求，可以保留合格的绿色、有机食品的生产和供应，但是要促进其生产走向高端化，走上高技术、高投入、高效益、思维新、模式新、体制新的"三高三新"轨道。例如，可以加大水培的规模，使其朝着园区化、产业化、园林化的方向发展。对于品质高、专门为高收入人群服务的产品，一方面要加强认证支持方面的反腐败力度，另一方面应对其加税，以防止其扭曲和干扰生态农业发展的大方向，保证社会发展的正义与公平。

（2020 年 9 月 20 日在第三届绿色农业发展论坛暨 2020 中国·贵阳生态绿色农业峰会上的发言）

十一　乡村振兴需要重点关注的几个问题

根据党的十九大关于新时代社会主义现代化建设的总体部署，基于我国农业农村发展实际，乡村振兴战略被确立为全面建设社会主义现代化国家的全局性历史任务。2020 年 9 月，第二届何家冲乡村振兴论坛在信阳市罗山县何家冲村举办，任玉岭作为资深"三农"问题专家，围绕乡村振兴战略实施过程中的关键问题发表了主旨演讲，为破解城乡二元结构、推动农业农村高质量发展提供了具有可操作性的方案。

乡村振兴战略是党的十九大提出的重大决策和部署，是决胜全面小康、建设现代化国家的历史任务。为什么要实行乡村振兴、怎样才能搞好乡村振兴是担当乡村振兴使命的各级领导必须清楚的。

（一）为什么要实施乡村振兴战略

党的十九大提出了七大发展战略，乡村振兴战略是同区域协调发展战略和可持续发展战略平起平坐的，并且排列在区域协调发展战略与可持续发展战略之前。

大家知道，我们国家经过 70 年的打拼，现在的经济总量已经成为世界第二，人均 GDP 已接近 1 万美元，如同习近平总书记所讲，中国人比以往任何时候都更接近实现中华民族伟大复兴中国梦的时刻。但是，由于改革开放后没有使农村发展与工业化同步推进，再加上户籍制度改革没有跟上，城乡壁垒严重存在，广大农民工只能进城打工而不能在城市落户，造成城市化的严重滞后，农业所占GDP 的比重已降到 10% 以下，而农村人口实际上却占总人口的一半以上。

迄今为止，我国农村因人多地少，投入紧缺，导致生产方式、生产规模、生产能力严重滞后，最终表现在劳动生产效率上，中国农民的劳动生产率是韩国的 34%、日本的 29%、欧盟的 20%、澳大利亚的 7%、阿根廷的 2%。

由此看出，中国农村的发展已经成了中国发展的最大短板。从政治角度讲，我们是社会主义国家，坚持社会主义道路，就必须坚持共同富裕；坚持公平正义，就必须提升农民的生活水准。从经济上讲，占半数人口的中国农村经济上不来，现代化跟不上，就谈不上国家全面现代化。为此，习近平总书记明确指出，中国要想强，农业必须强；中国要想美，农村必须美；中国要想富，农民必须富。这三个"必须"，既是乡村振兴的目的和目标，也是乡村振兴的使命和责任。

（二）怎样推进乡村振兴战略的实施

1. 乡村振兴离不开地县经济的崛起

关于乡村振兴的推进有很多报道，中国那么大，乡村那么多，抓一些典型那是招手即来、唾手可得的事情。但是，要真正做到广大乡村的振兴，特别是要使那些真正需要振兴的乡村得到振兴，我认为还要坚持实事求是的这个原则，决不能人云亦云，盲目跟风。

我是在河南农村长大的，也是从咱们信阳走出河南的。我经历了抗日战争至新中国成立 70 年以来的全过程，既知道一些农村的历史，也了解不少农村的变化。离开河南的 63 年，我曾先后学习和工作于天津、北京、上海、北海、昆明、成都、广州、深圳等地。我还走访过 32 个国家，有些国家去过 10 次以上。在国内我跑了 1000

多个市县，有些城市我甚至去过 100 次以上。尤其是在全国政协常委和国务院参事岗位上所做的大量调查研究、建言咨询以及在 20 多年中参加全国两会，包括列席党的十六大、十七大的开幕和闭幕，既使我了解了全国各地的发展实际，也使我更加熟悉国家机关上层管理的一些状况。

早在 2001 年我就提出农民问题是中国一切问题中的大问题，并在 2003 年提出解决中国"三农"问题的三大战略和十大突破。我不仅较早地提出农村义务教育要真正免费和免除农业税，并且把"一村一品"和"公司 + 农户"模式引到国内。我大力倡导的农民入股的公司合作组织现在已经出现在不少地方。最近经济出版社出版的《任玉岭论"三农"》，收集了我针对中国"三农"问题的 55 篇建言。

正是因为有了对信阳的了解以及后来的观察、阅历和研究，我才在这里提出乡村振兴离不开地县经济的崛起。事实上，凡是地县经济发展好的地方，都是农村农民较富、环境较美的地方。因为跑了中国 1000 多个县，到了农村我还有个"三必看"，即必看农户、必看学校、必看医院。那些先进富裕的国家和地市，他们的农村都呈现出云白、天蓝、草绿、花红、街区整洁、道路硬化、灯光明亮、河塘水清、老幼康宁、文化繁荣的景象。与之相反，凡是经济欠发达的国家和地市，其所辖地区的农村，多是房屋破旧低矮、街区混乱、塘水污染、涧溪干涸、路不平、灯不明、老病、幼残、生活贫困，让人揪心。

为了我们信阳和罗山的乡村振兴，一定要大力推进信阳与罗山经济的崛起。只有信阳和罗山崛起了、有钱了，我们才能以城带乡、以工补农，农村的发展才能有支撑、有保障。我在 20 世纪 50 年代就知道"走千走万不如淮河两岸"，信阳、罗山濒临淮河南岸，浉河蜿蜒流过，位于京广、京九和西沪铁路的交会处，处于中国南北方的过渡地带，雨水丰沛，阳光充足；距北京、广州、上海、成都都是 1000 公里左右，有机场和高铁；有着鄂豫皖老区革命传统的传承和影响，人民群众爱党爱国，能吃苦耐劳、艰苦奋斗，只要进一步解放思想，扩大开放力度，用好这些优势，搞好招商引资和招才引智，做到信阳、罗山的万商云集和人文交汇，我们的乡村振兴就能在市县崛起的牵引下，取得意想不到的成绩。

2. 推动乡村振兴必须打破既得利益的藩篱，改变人财物投入的路径惯性

美国经济史学家戴维·兰德斯在其所著的《国富国穷》一书中，通过研究穷国为何如此贫穷、富国为何如此富足这一问题，揭示出一条最基本的道理——有钱才能赚钱。马克思在《资本论》中也指出了资本对发展的重要作用。

我们很多城市为什么曾被人赞为像欧美？为什么那么多农村被人贬为像非洲？其根本原因就是改革开放以来大量的人、财、物投向了城市，而农村不仅极少投入，反而还有相当多的人、财、物流进了城市。

长期以来，我们国家的人、财、物投向，包括一些省市的人、财、物投向，都因受到重效率、轻公平的观念和既得利益藩篱的干扰，形成了重城轻乡、重大轻小、重国企轻民企、重富轻贫、重亲轻疏、重跑部委轻无门路、重锦上添花轻雪中送炭的路径惯性。支持农村发展的"中央一号文件"虽然发了 20 多个，"重中之重"虽然喊了十七八年，但对农村的支持和投入除了精准扶贫外，多是雷声大雨点小。就像习近平总书记所讲，在实际工作中"三农"工作说起来重要，干起来次要，忙起来不要。而乡村振兴能否加快推进，关键在金融、财政政策及人、财、物的投入能否打破既得利益的藩篱，改变长期以来形成的路径惯性。只有加大对欠发达地区和农村的人、财、物投入，特别是在建设全面小康和乡村全面振兴上下功夫，我们才能缩小位居世界前列的城乡差距，乡村振兴才能有更光明的前程。

3. 乡村振兴必须推出的改革举措

一是必须在"20字目标"上狠下功夫。乡村振兴有一个基本目标，就是"产业兴旺、生态宜居、乡风文明、治理有效、生活富裕"。在推进乡村振兴过程中，一定要拿这20个字做镜子，对照一下我们所在乡村的实际，找出短板和不足，并需要突出重点，为之奋斗。而首先要解决好的是缺水少电、缺医少药、生态恶化、文明败落等问题，对这样关系广大农民生计的问题，要尽快提上日程，加大投入，予以解决。

二是要建立农民入股的公司制合作组织，改变小农经营，促进农民致富。国外很多农村的产业化是不允许非农公司进入农村进行承接的。因为农业产品的更多利润存在于运输和营销环节，外来企业进农村，往往占有了农产品潜在的巨大利润。我曾在山东调研，外来公司让农民为其种葡萄，给农民的收购价是每斤6角钱，他们的卖出价却是每斤10元钱。这家企业进农村不久就大发其财，并建起了高楼，而农民年收入仍然只有3000元左右。

因此，乡村振兴不能把希望寄托在外来企业的开发上。我们可以学习国外很多农村的做法，组织起农民以土地入股的公司制合作组织，推选出牵头人，进行大面积种植和经营；可以公司法人的资格，以土地作抵押向银行贷款，大力开拓市场，开展多种经营，搞好运输和营销。多余的劳动力在土地入股后可以到外地打工，家中可以靠土地分红。如此，既开辟了农民增收的渠道，也为乡村振兴找到了新出路。

三是要解决好发展农村农业的带头人问题。一个村选一个既有能力又能全心全意为人民服务的好书记，是十分必要的。但仅凭此还不足以推动乡村的振兴。为了搞好农民入股的公司制合作组织，必须选拔、培养和招聘乡村振兴的带头人。除了向农村派出一些懂农业、爱农村、爱农民的公务人员外，更重要的是需要改革我们大学的招生制度，应该按照哪儿来哪儿去、为农村服务的目标，像培养全科医生那样，在学校里设置一些专门培养发展农村的全科干部学院，为大批农民入股的公司定向培养更多爱农村、懂农业、懂经营、会管理的全科人才，千方百计地把更多的农民入股的公司办成乡村振兴的顶梁柱。

（三）要办好丰收节，为乡村振兴营造提振精气神的文化氛围

乡村振兴是改变中国农村面貌的一场重大的革命行动，这个行动，既需要造革命的舆论，更需要提振广大农民的精气神。我们的丰收节就是这场革命的啦啦队，搞好丰收节一定能为乡村振兴增添生机与活力。

中央从 2018 年起就把二十四节气之一的秋分日定为中国农民的丰收节，这不仅提升了农村和农民的地位，体现了以习近平同志为核心的党中央对广大农民的重视与关爱，而且丰富了农民的文化生活，增强了亿万农民的荣誉感、幸福感与获得感。

文化是民族的血脉，是人民的精神家园。为了激励广大农民参与乡村振兴的积极性，需要重视农村文化事业的建设和发展。经过数千年的积淀，中国的农耕文化是十分丰厚的，但由于社会的变迁和缺乏节日的载体，农耕文化已经逐渐被淡化和遗忘，更谈不上传承和发展。农民丰收节这一平台的搭建，有利于人们以节为媒释放情感，传承和创新乡村文化，使农耕文化在乡村活起来，为乡村振兴营造浓厚的文化氛围。

为此，我们需要把农民丰收节同乡村振兴战略绑在一起，要使

丰收节在不断增强仪式感的前提下，围绕乡村振兴这一广阔天地，让农民当好节日的主角，形成"八仙过海，各显神通"的文化联动的正能量，并可通过采摘旅游、促销展览、观花赏景，把丰收节打造得更红火、更热烈，让广大农民在共享节日的欢乐中，加强合作与交流，提升乡村振兴的动力和活力。

（2020 年 9 月 22 日在第二届何家冲乡村振兴论坛上的发言）

十二 内循环是推进我国"双循环"高质量发展的重要着力点

当今世界正经历百年未有之大变局，世界进入动荡变革期。面对国内外发展环境的变化以及国家发展战略的调整，中央提出了内循环发展和外循环发展相结合的新要求。任玉岭洞悉今时中国经济之发展格局，针对"双循环"高质量发展，提出了将内循环作为着力点和主体进行建设的必要性和新思路。

很高兴出席今天的"双循环"论坛，根据会议要求，我就搞好国内大循环发展谈三个观点。

（一）"双循环"是在复杂的国际形势与变化了的国内形势下提出的

交流互鉴是促进创新和推动发展的动力和源泉，经济发展需要扩大开放，促进交流与互鉴。我们国家正是通过改革开放的大突破，才赢得了40年的大发展。事实上，改革开放后，我们实行的沿海开放战略以及所采取的一系列开放政策，就是典型的外循环发展。

在以开放促进发展方面，我曾有深刻感受。1983年至1984年，我走访了16个国家的约60个城市，让我印象最深刻的，是纽约、巴黎、东京和伦敦这四大城市的高度繁荣与其高度的人文交汇紧紧联系在一起。这四个城市，都聚集了不同人种和说不同语言的世界各国人群，多种文化、多种风俗、多种习惯、多种认知同时在这里聚集。

由此我得出一种观点，即一个国家、一个地方乃至一个企业要发展，就要通过开放推进人文交汇，把五湖四海的人聚到你这个国家、你这个城市、你这个企业来。人流是资金流、技术流、信息流，也是风俗、习惯、文化的载体。不同地方的人流进入，必然会促进不同技术与不同文化的交流和碰撞，从而产生新的思想火花，创造出更多的新思维、新事物和新技术。

有鉴于此，我在20世纪80年代末到北海担任副市长时，便把这种理念作为推进北海市发展的重要手段。我刚一到任不久，《北海日报》就登出了我的观点，即大力引进三种人：戴眼镜的（知识分子）、说普通话的（外地人）、讲外国语的（华侨和外国人）。我负责招商引资工作，当我发现中国的31个省份中只有河南和新疆两地还没人到北海投资时，我就给河南省常务副省长和新疆生产建设兵团政委打电话。结果31个省份一地不落地都有人走进了北海，原来相对封闭的北海骤然热闹起来，北海的发展进程大大加快了。

我们国家1978年之后的大发展，正是得益于对内对外开放的重要举措。我们所设立的4个特区、14个沿海开放城市，当时都对外来投资实行"免二减三"的税收政策，并可以提供70年租期的廉价土地和十分充裕的廉价劳动力，大大提高了港澳台地区和外国企业家走进中国、投资中国的积极性。正是这样的外循环发展，拓展了经济发展的两种资源、两种市场。随着中国加入世贸组织和互联网走进中国，中国经济的外循环进一步发展，从而创造了GDP总量从3600多亿发展到100万亿的经济奇迹，实现了约250倍的增长。

那么，为什么今天要提出以内循环为主的"双循环"？这是因为国际复杂形势的出现和国内的基本状况同过去相比发生了改变。特别是新冠病毒的流行，经济上逆全球化抬头，世界进入动荡变革期，发展速度放缓，国际外贸和国外投资出现下降趋势。世界经济出现了"三低两高"，即低增长、低利率、低通胀与政府的高债务、分配的高失衡。还有一点就是，经济的"东升西降"引起了西方的抵制、竞争和斗争。就中美关系而言，我们的经济总量赶上了美国的70%，由此激化了美国对中国的斗争和对中国贸易的遏制，原先的合作发展趋势在明显减弱。

就国内形势而言，经过40年以外循环为重点的发展，我们的经济总量达到102万亿，人均GDP已过1万美元大关，GDP占世界总量由1978年的1.7%提高到17%。我国第一产业占GDP比重降到7.7%，第二产业占到37.8%，第三产业上升到54.5%。我们的社会主要矛盾转变为人民日益增长的美好生活需要和不平衡不充分的发展之间的矛盾，而且最大的不平衡不充分正是在广大农村，公平、正义、共同富裕成了人们关心的热点。再加上出生率下降、老龄化加重以及实现碳达峰、碳中和任务繁重等，导致我国经济增长率呈下降趋势。这种情况使我们不得不在继续推进外循环的同时，重视国内的发展，重视国内为主体的循环。

正是因为这样的原因，去年党的十九届五中全会，以习近平新时代中国特色社会主义思想为指导，观大势、谋全局，面对复杂和多变的国际和国内形势，提出要构建以国内大循环为主体、国内国际双循环相互促进的新发展格局。

（二）内循环是推进"双循环"高质量发展的重要着力点

在外循环方面，我国已经走过一段很长的道路，并积累了丰富的经验，所以在"双循环"发展战略中，实际上突出的是以内循环为主体，重点是把内循环作为"双循环"的着力点。

之所以要以内循环为主体，把内循环作为重要的着力点，一是因为存在着这方面的必要性，二是为了用好当今搞内循环的有利条件和环境。作为必要性有两个方面：一是为了拓展国内的大市场，助推我国经济进一步高质量发展；二是为了更好落实新发展理念，促进共富目标的逐步实现。

市场是经济发展的主要推动力，在逆全球化抬头、总体外贸萎缩、国外投资下降的情况下，要推动我们的经济发展，实现民族复兴，我们必须把国内市场做大。中国有 14 亿人，人的需求是产业发展的根本要素。现在世界第一大市场是美国，实际上美国人口只有中国的四分之一。如果中国人均需求达到美国的一半，中国的市场规模就会超过美国的一倍，这样就一定能使中国经济规模再翻一番。

内循环的必要性的第二方面，是推进共同富裕。要做大国内市场，更好启动内需，既要做大经济总量，把蛋糕做大，又必须切好蛋糕，搞好财富的分配。中国现在市场不够大的根本原因，一是蛋糕还不够大，中国人均收入仍排在全世界第 70 位左右，二是分配方面的严重不均。根据国家统计局统计，中国尚有近 6 亿人月收入在 1000 元以下，其中有 2 亿人月收入在 500 元以下，人均月收入在万元以上的仅有 7500 万人。从银行存款看，有 10% 的家庭拥有中国总存款的 75%，还有 35% 的家庭占据总存款的 25%，而 55% 的家庭在银行没有存款。中国 500 强企业家，因拥有强大的资本，去年一年的财富就增长 70%，相当于苏州、北京、重庆、成都、武汉等十个城市总人口的财富增长量。这种不合理的分配和收入差距既严重制约了中国内需和市场的增大，也不符合社会主义的本质。共同富裕是全体人民的需要，是社会和谐的基石，也是推动市场发展、民族复兴的基本保证，也应当成为内循环发展的着力点。

我国经过 70 年的建设和 40 年的改革开放，在推进国内经济发展上，从多方面进行了努力，创造了国内循环发展的环境和条件。只要重视和用好以下这些环境和条件，我们就有信心搞好以国内大循环为主体的大发展。

经济总量大。迄今，我们已是世界第二大经济体、第二大市场、第一制造业大国、第一大外贸出口国、第一大外汇储备国。我国的工业增加值是日本的3倍、美国的1.5倍，是美日德三国的总和。中国有220种产品产量位居世界第一。如此庞大的经济总量，不仅增强了我们的竞争力，而且增强了我们抵抗风险、战胜风险的能力。

企业和市场主体多。企业是中国经济体的细胞和单元，也是支撑内循环发展的主体和栋梁。中国除了有着强大的国有企业外，还有民营企业4000万家、外资企业100万家、市场主体1.44亿户、世界500强企业143家。这些企业和市场主体都有着奋发向上的精神，是我国内循环的重要基础。

产业链十分齐全。中国制造业门类之多、产业之全，是我们发展的最大底气。联合国公布的产业共有41个大类、207个中类、666个小类，我国一个都不少；500种主要工业产品中，中国有220种产品产量位居世界第一，100%的产业产量位居世界前5名。世界上60%的水泥、50%的钢铁、60%的玻璃，都产在中国。我国生产了世界上90%的电脑、88%的手机、86%的微波炉、78%的空调机、62%的彩电、72%的光伏电池。我们是170多个国家最大的贸易伙伴。

交通发展良好。"要想富，先修路"，中国政府坚持这个理念，70年来修了公路520万公里、高速公路16.1万公里、铁路14.6万公里、高铁3.8万公里，实现了"八横八纵"；内河航运开通12.7万公里，港口泊位达30803个，机场修建241座，公路隧道开通2.1万多条，公路桥梁修建91.28万座。交通条件的改善推动了物流业的发展，2021年上半年物流总额达到150.9万亿元，快递覆盖了广大城乡，中欧班列年开行超万列。

人才与科技实力增强。我国现有各级各类学校52万所，大学毕业生每年达1000万以上，硕士、博士接近百万，海外留学生每年有接近40万人回国。我们的科技人才、研发人才数量均居世界第一，科研投入占到GDP的2.2%，位居世界第二。这些都是搞好内循环发展的重要条件。

文化底蕴深厚。中国是世界四大文明古国之一，又是唯一延续下来的没有出现文化断代和国土分裂的文明古国。中国文化丰富多彩，诸子百家、红色文化留下了优秀的思想理念和有力的精神支撑。儒家文化的丰富内涵，培育了中华民族的聪明才智和自强不息的精神，不仅维系了中华民族几千年的发展，而且一定会对今天中华民族的复兴和人类命运共同体的构建产生不可估量的推动作用。

在推动以内循环为主体的"双循环"发展过程中，我们一定能够搞好内循环同外循环的更好结合，一定能为中华民族伟大复兴作出贡献。

（三）推动以内循环为主体的"双循环"发展，需要把握好五个方面，做好科技创新

最近中央经济工作会议提出，新的一年国内发展一定要稳字当头、稳中求进。新的一年是新百年的开局之年，为了沉着应对百年变局，推动高质量发展，贯彻好新发展理念，做好"六稳""六保"，必须把握好以下六个方面。

1. 正确把握共富目标与实践

共同富裕是社会主义的本质要求，也是共产党执政的初心，要坚定不移地推进。但一定要看到实现共同富裕是一个长期过程，不能打攻坚战、速决战。共同富裕要以高质量发展为前提，通过发展把蛋糕做大，同时要完善分配机制，把蛋糕切好。

2. 正确把握资本特性及其成长规律

我们不是不要资本，而是需要坚持"两个毫不动摇"，推动国有和民营经济更好发展。但同时一定要抑制资本的消极作用，防止资本野蛮生长，要设置资本增长的红绿灯。

3. 把握好初级产品的供给和保障

很多初级产品不仅是人民生活的必需品，也是工业发展的基本素材和原料。我们要加快推进油气的国内开采，要关注粮食等的生产，要强化种业创新，保证饭碗端在自己手中，同时也要用好两种资源、两个市场。

4. 把握好风险的防范化解，做到警钟长鸣

要有效地应对国际斗争风险、金融风险和新冠病毒的流行。要增强忧患意识，压实金融监管。对新冠病毒要加强防范，既要严防传播扩散，又要做到合理管控，维系正常的社会活动和经济发展。

5. 把握好碳达峰碳中和的稳步推进

对碳达峰、碳中和目标我们要坚定不移，但不能搞"双碳"冲锋和运动式减碳。要先立后破，还要从以煤为主的国情出发，对煤的开采和使用做好双控，用好约束与激励机制。

6. 做好科技创新

为了搞好以内循环为主的"双循环"，我们还要下功夫做好科技创新。正如习近平总书记所讲，在激烈的国际竞争中，唯创新者进，唯创新者强，唯创新者胜。历史的经验证明，要高质量发展，要提高劳动生产率，要把握发展的主动权，必须坚持搞好管理、科技、业态、模式等的创新。在当今数字技术快速发展的形势下，一是要把数字经济视为增长的抓手、发展的焦点、竞争的核心，牢牢地把握好，把互联网、云计算、大数据、人工智能、区块链技术作为推动经济发展和国内循环的新动能。二是要重视实体经济和高质量发展，要把创新和人才作为高质量发展的动力和资源，并促进企业发展与数字经济相融合。三是要大力推进乡村振兴，既要防止农业被资本绑架，又必须加大对农业的投入，用新品种、新装备、新技术

武装农业、发展农村。

历史已经证明，中国最能够集中力量办大事。只要我们坚持党的领导，就一定能团结带领 14 亿人民做到无往而不胜，一定能在以内循环为主体的"双循环"发展中实现中华民族伟大复兴。

（2021 年 12 月 29 日在践行内循环·促进大交易论坛上的发言）

第四章

社会治理的民生逻辑

党的十九大报告明确指出，要提高保障和改善民生水平，加强和创新社会治理。新时代推进社会治理不断实现新的飞跃，必须树立正确的民生福祉观，抓好各领域民生建设，持续改善人民生活质量，为人民群众带来更多获得感、幸福感、安全感。本章整理的是任玉岭针对教育、医疗、住房、生态等民生福祉问题所提出的建言，他强调当前应从制度层面回应好、处理好群众的多样化诉求，加快形成制度优势，并转变为社会治理效能，使广大群众享受更加幸福和谐的生活，不断促进规则公平、机会公平、程序公平，推动文化教育、劳动就业、医疗卫生、住房和社会保障等民生事业在公平正义的阳光下踏步前进。

一　教育是强国富民的坚实根基

"强起来的长征路，需要教育改革做支撑。"教育乃国之根本，是民族振兴、社会进步的重要基石，有良好的教育才会有更美好的未来。2019年11月，在"公益，让教育更美好"2019环球网教育盛典上，任玉岭与业内知名人士相聚一堂，共同探讨在终身教育和大教育视野下的教育公益新路径，并提出了推进教育改革的六条建议。

（一）少年智则国智，少年强则国强

今年新中国成立70周年的阅兵典礼，充分展现了我们国防建设的伟大成就，展示了我们钢铁长城的坚不可摧。这不仅坚定了全国人民的信心，鼓舞了人民的斗志，也给一切蓄谋犯我之敌以强大震慑，让他们胆战心惊。

我作为一个过来人，抚今思昔，感慨万千。我出生在1938年，在从我出生到共和国建立的11年间，历经了日本帝国主义侵略下的深重灾难和国民党统治时期的"水旱蝗汤"，那种经常跑反逃难、提心吊胆、民不聊生、啼饥号寒的经历和感受，至今记忆犹新，历历在目。而我们的国家之所以能走到今天，历经了"站起来"到"富起来"，又跨上了"强起来"的伟大征程，此中每一个阶段都有着教育的牵引和推动，特别是青年一代的教育，对强国富民起到了关键性的作用。

清朝末年贪腐成风，教育放任自流，偌大一个中国在敌人的坚船利炮面前不堪一击，面临被帝国主义瓜分的险境。水深火热中的中国人民，由于教育的缺乏，呈现为逆来顺受、麻木不仁的一盘散沙。

1900年因戊戌变法失败而逃亡日本的梁启超，虽然年仅27岁，但他已经看到教育对中国存续下去的重要性。他写下的《少年中国说》，明确指出"少年智则国智，少年富则国富，少年强则国强，少年胜于欧洲，则国胜于欧洲，少年雄于地球，则国雄于地球"。

正是由于20世纪初一大批有志青年或走进国内学府，或出国学习深造，共同寻求救国之路、兴国之途，这才有了1911年武昌起义打响辛亥革命的第一枪、1919年的五四运动、1921年中国共产党的成立，也才有了1912年的封建帝制在中国的结束，才有了1945年抗日战争的胜利，才有了1949年中华人民共和国的诞生和中国人民的站起来。

鲁迅在回忆他为什么在日本留学期间由学医而改为学文时，讲过这样的话："因为在幻灯片上看到许多中国人围在那里欣赏自己的同胞被人杀头的情景，这才终止学医的"，"从那一回以后，我便觉得医学并非一件紧要事，凡是愚弱的国民，即使体格如何健全，如何茁壮，也只能做毫无意义的示众的材料和看客，病死多少是不必以为不幸的。所以我们的第一要著，是在改变他们的精神，而善于改变精神的是，我那时候以为当然要推文艺，于是想提倡文艺运动了"。我们从鲁迅治学的转折上可以看出，老一辈革命家就是抱着改变中国、振兴中国的决心而选择自己受教育、学知识的路途的。孙中山的"顶天立地奇男子，要把乾坤扭转来"、毛泽东的"孩儿立志出乡关，学不成名誓不还"、周恩来的"大江歌罢掉头东，邃密群科济世穷"等诗句，都表明了那个时代的年轻人为振兴国家而受教、求学的强烈欲望和决心。这些重视教育、为国而学的伟人，通过艰苦卓绝的斗争，把中国带出了灾难深重的泥潭，走向并迎来了光明和自强。他们使我们真正看到了教育对中华民族的图存和兴国起到的巨大推动作用，教育是强国的基石，教育是真正的立国之本。

（二）七十年的辉煌，教育事业是保障

毛泽东、周恩来等国家领导人是高度重视教育事业的，是一以贯之地把青年人学习和成长放在各项工作首位的。远在 20 世纪 20 年代，毛泽东同志就在广东、武汉等地办起了农民运动讲习所，永垂史册的抗日英雄杨靖宇就是由农民讲习所走出来的。到延安之后，毛泽东又在那里办起了抗日大学、鲁艺学院等，为革命事业培养了大批杰出人才。中华人民共和国建立之后，虽然经济上还十分困难，但毛泽东等国家领导人还是从一开始就狠抓扫盲教育和学校的发展。我在 1954 年上高中的时候，我老家河南信阳地区 20 个县只有一所信阳第一高级中学，而到"文化大革命"前夕的 1965 年，信阳基本上做到了村村有小学、乡镇有初中、县县有高中。北京有个学院路，那里有航天、矿业、地质、钢铁、农机、邮电、医学等八大学院，实际上那都是 1956 年以前同时建成的。

毛主席等老一辈国家领导人对教育事业的发展、青年人的教育与培养的关心体现在多个方面。1957 年，毛主席在苏联访问，日理万机之余还不忘去莫斯科大学看望中国留学生。他对到场的数千名留学生讲道："世界是你们的，也是我们的，但归根结底是你们的。你们青年人朝气蓬勃，正在兴旺时期，好像早晨八、九点钟的太阳。希望寄托在你们身上。"1958 年，毛主席到南开大学视察，数以万计的同学围在他身边。后来我们又跟随毛主席的汽车来到天津大学，主席在高台上招手向同学们问好。周总理是从南开大学走出来的，他任总理期间曾三次回到南开。1959 年到南开视察时，他不仅看了我们系的学生宿舍，还看了我们正在读书的图书馆，最后还专门把师生集合起来，给师生们讲解当时的形势，鼓励大家既要向书本学

习，也要向实践学习、向周围的同志学习。就在这次视察中，学校给总理准备了专门的午餐，但他却走进了厨房，吃下窝窝头和棒面粥，拒绝了宴请。总理的言就是师，总理的行就是范。领导的视察不仅给了我们巨大的鼓舞和力量，也给了我们前进的定海神针和方向。我这一生，不管走到什么地方，不管做什么工作，特别是出任全国政协常委、国务院参事和国家教育咨询委员会委员时，每决定一件事情、每提出一个建议，我都会想到当年毛主席和周总理对我们的要求和教诲。

从共和国成立到"文化大革命"开始的17年，中国的教育为国家的建设和发展作出巨大贡献。可以说，没有这17年教育，就不会有我们各项事业的大发展。这17年期间乃至改革开放后，我们的各个部委、各个部门、各市、各地担当要职者几乎都是在这17年中培养的。我小的时候，用的灯是洋灯，用的油是洋油，香烟是洋烟，自行车是洋车，用的火柴也都是洋火，买不到洋火时，还要用火镰撞击火石取火做饭。就在这样一穷二白的基础上，中国发展起来了第一台拖拉机、第一台汽车、第一台电视机、第一台万吨轮、第一架飞机，发现了第一个大油田，建起了中国第一个水电站，筑起了长江第一座大桥，修通了雅安到西藏的公路，开通了成都到昆明的火车，第一颗原子弹、第一颗导弹、第一颗卫星也一一研制成功。

我1956年在信阳参加了"向科学进军"的誓师大会，1964年牵头承担了国家"十二年科技规划"的研发项目。经过日夜不息地连续奋战，1965年完成项目，后向全国无偿提供约16万字的技术资料9000份，10年不到的时间全国建起210个味精厂。我们作为主要研究人员，没有向国家要一分钱的报酬，15年来工资级别和数额一直没有变。这就是党和国家培养的我们这一代人的经历、精神和风范。可以说，新中国成立初期的17年是中国生机蓬勃的17年，也是激情燃烧的17年，中国大部分孩子都能入学，绝大部分青少年都经受过中国教育的洗礼。广大工人、农民和干部，尽管受教育的时间长短不同，毕业的学校不同，但他们都得到了新中国教育阳光的普照和教育甘霖的滋养，都充满了爱国热情和敬业精神，为了社会主义建设任劳任怨，艰苦奋斗，不仅创下了新中国发展的众多奇迹，也为后30年的改革开放奠定了各条战线的坚实根基。

我们的教育虽然在"文化大革命"中历经了一段曲折的道路，但知识青年的上山下乡，工农兵学员的特殊培养，特别是1977年的高考恢复和函授、电大、夜大的兴起，以及一大批青年留学国外，又使我们以全新的方式培养出数以百万计的杰出人才和精英，他们也都成了改革开放的生力军，他们的家国情怀、奋斗精神及其所做贡献得到了党和人民的赞许。

迄今我们有51.7万所学校，在校生2.71亿人，学前教育入学率81.8%，义务教育入学率99.2%，高中入学率87.5%，高等学校入学率接近60%，劳动人口受教育平均年限10.3年。教育与经济是相辅相成的，伴随着经济发展，教育事业又迎来了生机勃勃的春天。义务教育的普及，职业学校的举办，特别是大学生的扩招，使我们的教育和人才供给出现了前所未有的新局面。每年有800万大学毕业生和数以百万计的硕士研究生、博士研究生及40万名海归走向社会，他们不仅是我们高质量发展的重要资源，也是我们建设科技强国的重要支撑。特别是在新经济的发展方面，这些"80后"和"90后"的年轻人为国家作出重要贡献。华为有20万员工，平均年龄30.1岁，百度员工平均29.2岁，腾讯员工平均28.9岁，正是这些受教育时间较长的年轻人撑起了中国数字经济快速发展的一片蓝天，并正在创造新的辉煌。

（三）强起来的长征，需要教育改革作支撑

如同梁启超、毛泽东对青年寄予厚望一样，习近平总书记也高度重视青年的教育和成长。2013年习近平总书记在给北京大学学生回信时勉励广大青年,"希望你们珍惜韶华、奋发有为,勇做走在时代前列的奋进者、开拓者、奉献者,努力使自己成为祖国建设的有用之才、栋梁之材,为实现中国梦奉献智慧和力量"。

我们国家现在已经步入强起来的新时代,要实现强起来,还有很长的路要走。特别是我们的制造业尽管增加值已达到美国的1.5倍,相当于美日德的总和,但我们的工艺技术和产品还多位于世界的第三梯队。中国产品质量低与我们生产第一线操作人员受教育年限和质量不及国外有直接关系。为改变这种情况,既需要广大青年的奉献和担当,也需要广大青年的智慧和力量。为此,必须搞好教育改革,更好提升广大青年的能力和信仰。

1. 坚持以人为中心,搞好教育资源配置

有教无类是中国的文化传统,联合国出台的教育法规也弘扬了孔夫子这一思想。联合国规定,学生既不能因家庭贫困使其教育受到影响,也不能因地区贫困使其教育受到影响。世界上很多国家义务教育是国家拨款支持的。我们在推进教育均衡发展方面虽然已先后拿出1万亿元资助了7.7亿在校的困难学生,但是义务教育基本上是由地方、县乡支持的,在各地财政收入和家庭收入呈几十倍甚至上百倍之差的情况下,这就必然严重拉大了孩子们在受教育方面的差距。再就是大学的配置和国家教育经费的拨款,更需要改变锦上添花、花上垒花的习惯做法,需搞好高等教育以人为中心的资源配置。教育均衡问题得不到解决,贫富差距就会越来越大。我们要重视教育资源配置的改革,搞好教育统筹,以使教育真正做到均衡发展,有教无类得以更好实现。

2. 坚持强化师资队伍,去掉官本位的陋俗

我们的西南联大能够在国难当头的环境中培育出大批人才,是

值得我们思考和仿效的。其没有"官本位"造成的浮躁和干扰，是我们今天的教育无法比拟的。今天很多学校大搞行政级别的设置和竞争，很不利于打造教师培养和教学科研所需的氛围和环境。我们学校的"官本位"有两大问题：一是学校的行政岗位成了各级政府安排官员晋级、养老的平台。如某地方高校的五位领导全为政府升不上去的官员。二是学校的官位成了广大教师努力与竞争的导向。如某校一个处级岗位，竟有200位教师报名竞争。我们的学校中的职位有部级、副部级、局级、副局级、处级、副处级等，这些官位的竞争直接干扰了教学秩序，导致浮躁与腐败的滋生。

3. 立足搞好教育环境，改革好社会治理

中国很多学校学生素质教育遇到的最大问题是一切为了钱，追名逐利成了一些学生和教师学习和工作的唯一动力。我们所提倡的社会主义核心价值观的教育搞不好的重要原因不在校内，而在校外，校外的问题不解决，学校即使用尽九牛二虎之力也难以达到目的。学校是社会的一部分，绝非处在真空中，社会的一些风气，包括各方面存在的森严等级、特权思想、特权现象、嫌贫爱富、阿谀奉承、虚假面子、互相攀比、优亲厚友、拉关系、走后门，以及分配的严重不公和畸形等，是导致学生追逐名利、一切向钱看的重要原因。这不仅直接影响到教育思想、教育效果，更使很多正面教育显得苍白无力。为了学校教育的升级和完善，必须把校外的社会环境作为教育系统工程的一部分，搞好改革与治理。特别是要改革极不合理的分配制度，解决好最难解决的特权思想和特权现象在社会方方面面的渗透和滋长。

4. 立足科教强国，改革好教材与课程的设置

教育为生产建设服务，这是需要永远坚持不变的方针。在大力推进科技强国战略，向科学进军的新形势下，怎样使教学内容、教

材配置与此相适应，应该成为教育改革的一个重点。这一轮教材改革中，语文内容的过度增加，必将把学生引入重文轻理的道路。根据朱妙宽教授的研究，新教材中，小学6个年级古诗词篇数高达128篇，相比旧版增加87%，并且把小学生的最低阅读量提高到300万字。按6个年级学生的最低阅读量进行测算，小学生6年平均每天要阅读2小时。这不仅不利于小学生减轻负担，而且会影响学生的全面发展。教育家陶行知指出，"千教万教教人求真，千学万学学做真人"。我们的教育的责任是要因材施教，教会学生人生之道。我们的教育一定要从当今数字科技快速发展的实际出发，以辩证唯物主义为指导，搞好教材与课程设置改革，使教育能跟上科技强国战略发展形势的需要。

5. 立足治国齐家，更加重视改变家庭教育

家是最小国，国是最大家。家庭教育对一个人的品德塑造如此重要，家庭教育都搞不好的人，是不可能有治国本领的。

正因如此，中国从古至今都很重视家庭教育。孟子的母亲为了孟子的成长，三迁其宅，最后把孟子培养成继孔子之后的儒家圣贤。山西运城有一姓裴的人家，连续培育出72位宰相，这是与其家风和家庭教育不可分割的。今天我们很多家庭都视孩子为宝贝，不愿让他们吃苦和受磨炼，只想把他们培养为"小贵族"和"小皇帝"。1983年我去英国考察时，一位工业部部长给我讲，英国人为了民族的自强，男孩长到18岁，就会被赶出家门，回家住还要交房租，上大学要半工半读。我们应从中得到启发，要使我们的家庭教育理念得到创新和转变。

6. 立足丰富教育资源，做好对民办教育的激励和约束

世界上很多国家都有一些知名的私立大学和中学。我的母校南开大学及其下属的南开中学也曾经是私立的，至南开中学成立100

周年时，已培养出两位总理、一位副总理，还有六位全国政协副主席、四位人大常委会副委员长。南开大学作为周恩来总理的母校曾在当年创造了中国大学的"八个第一"，抗战期间又与清华和北大合并组建西南联合大学，培养出诺贝尔奖获得者杨振宁、李政道等。正是这个原因，我曾积极主张大力支持民办大学和高中更好发展。但是经过深入了解后，我发现我们的民办学校，很多都不是大老板捐资的，多是小本投入为了赚钱而生的。也正因为这样，中国的民办学校，除了少数几个高中的老板实力较大，用高投入创造好环境，用高工资吸引高水平的名师任教，办出了高水平的名校外，大多数都是先天不足，教学条件相对较差，学生来源多为二流，因此它们无法与公办学校竞争，更难成为一流名校。

基于此，我主张，为了使我们的教育资源更加丰富，应从中国民企"巨无霸"大量出现的实际出发，由国家出台一些激励政策，鼓励企业家投资建设非营利民办大学或优质高中，并允许非营利民办学校与我们的公办学校平起平坐，激励其向名牌学校冲击，让一些人实现兴办"东方哈佛"的梦想。而对于那些为赚钱而办的学校，要严加管理，特别是对那些有可能把孩子们培养成脱离群众、脱离社会的"小贵族""小皇帝"的极豪华的幼儿园，以及同教师相勾结为牟取暴利而兴办的教学机构，要严加管控，限制其发展，打击其不轨行为，从而使民办学校走上健康的发展道路。

（2019 年 11 月 14 日在"公益，让教育更美好"2019 环球网教育盛典上的发言）

二　教育公平是构建和谐社会的伟大工具

习近平总书记在关于教育工作的一系列重要论述中，多次谈到教育公平问题，强调不断促进教育发展成果更多更公平惠及全体人民，以教育公平促进社会公平正义。党的十九大报告也指出，要推进教育公平，努力让每个孩子都能享有公平而有质量的教育。教育公平是社会公平的基石。促进教育公平，基础是解决好发展不平衡不充分问题，关键是公平合理地配置教育资源，尤其是优质资源。作为国家教育咨询委员会委员，任玉岭常年关注教育问题，早在 2004 年，他通过多地走访调研，发掘问题真相，为教育公平提供了数条建言，至今仍然发人深思。

我国的教育是一项公益事业，我国教育法规定，公民享有的平等受教育机会，不应受财产状况的限制，当然更不应因地区发展不平衡，而使"平等的受教育机会"被剥夺。靠什么？就是靠国家教育资源配置的支撑，靠国家财政的保证。

但是，由于我国财政使用和教育资源的严重不均衡，已经使教育的不公平愈演愈烈，长期以来存在着"四重四轻"的思维惯性：一是重高等教育，轻基础教育；二是重城市教育，轻农村教育；三是重发达地区，轻欠发达地区；四是重少数重点学校，轻多数普通学校。中央财政对教育的投入绝大部分投向了高等教育，在 20 世纪 90 年代，这一部分的占比始终高达 90％以上，而包括高中在内的中小学所占比例始终很低，并且有限的金额又大都投到了发达地区、投到了城市和重点学校上。2001 年以后，中央三令五申加大对中西部地区教育的投入，但比例仍十分有限。

教育经费投入的不公平，造成各地教育资源配置的悬殊。例如北京，作为一个拥有 1200 万人口的城市，拥有高等学校 100 多所，而有些地区级的城市，总人口已达到 1000 万人左右，至今仍没有一所本科院校。又以学生人均公用经费为例，根据清华大学调查，2002 年全国初中生年均教育经费排名最高省份为 4047 元，最低省份为 603.73 元，相差 5.7 倍。在某欠发达城市的一个市区范围内，最高乡镇为 1169 元，最低乡镇为 188.7 元，相差 5.2 倍。

根据本人调查，一些被国家支持的重点学校，不仅校舍宽敞，楼宇考究，环境优美，而且教学设施一流，各种先进设备应有尽有，不仅有现代语言室、电脑室、实验室，而且有着十分豪华的钢琴室、绘画室、雕塑室、游泳馆、艺术馆、图书馆，以及万人下沉式广场、师生休闲晨读公园等。与此形成对照的是，不少欠发达地区的学校，场地狭窄，房屋破旧，有的教室门窗上竟连一块玻璃都没有。有的学校虽然可以让学生寄宿，但 23 个人挤在一间不到 20 平方米的房间里，睡在一个通铺上。有的学校虽然有食堂，但仅能为学生热热饭，年纪幼小的学生每星期要跑十几里路两次回家拿干粮，学生吃的饼又干又硬。还有些学校连住宿和开伙的条件都没有，学生只能在所在的城镇投亲靠友，或跟家人到城镇里租房住。更有一些学校因经费困难，无钱购买计算机，无法让学生进行操作演练；该进行的外语教学，因缺乏外语老师，不能对学生开课。

教育资源配置的不公平，还表现在高中的设置上。现在已有不少大城市和经济发达地区普及了高中教育，而尚有相当多的省区，初中升高中的比例只有 40%，农村地区学生初中升高中的比例只有 l8.6%，有 81.4% 的农村学生在 15 岁便被剥夺了上大学的机会和权利。

为了实现教育公平，建议当前从教育体制的改革和管理入手，重点解决好以下五个问题。

（一）关于乱收费的屡禁不止问题

教育的高收费、乱收费，不仅引起了群众的不满，而且严重地干扰了教育公平。特别是重点学校的乱收费，把更多的低收入阶层推到了优质学校之外。本来，很多重点学校是国家拿钱建起来的，是国家政策扶持的，理应面向本地区或全社会招生，让生源通过考试进行竞争，择优录取。但是，我们没有这样做，反而是把重点学校变成了权力阶层和富豪阶层培养子女的大摇篮。重点学校还变成了少数人的摇钱树，通过高收费、乱收费，为少数阶层和少数个人谋利益。像这样的问题本来是早就应该解决的，但有些主管部门同这些学校形成了利益共同体，对所收费用进行提成，所以不仅对乱收费未进行有效禁止，而且又美其名曰"择校费"，使其合法化。为尽快改变这种状况，建议下决心禁止任何公办学校乱收费，更要取消"择校费"，使重点学校面向社会公开招考，择优录取。

（二）关于重点学校办分校问题

近一段时期以来，重点学校办分校之风越刮越猛。很多地方的重点学校，利用重点学校的名声，向国家索要土地、向政府争取投资，建设高收费的分校区；有些老师在原学校领取工资，到分校去任教，为学校创收，为个人谋利。更有一些学校的分校实行股份制，有的是学校领导入股，有的是教师入股，分校成了某些人发家致富的聚宝盆。鉴于很多分校的性质已经改变，既不利于广大百姓享受教育公平，又容易造成国有资产流失和腐败的滋生。我建议对于重点学校所办的民营分校、股份制分校应坚决废止，以保证重点学校的教育质量和示范带动作用。

（三）关于高、初中就近入学问题

不少地方的教育主管部门都对当地学校和生源作出就近入学的规定，应该说这对学校和生源的管理是十分必要的。但是我们的教育事业长期以来奉行一条锦上添花式的发展路线，使得很多学校之间教育条件和教学质量悬殊。在这种情况下实行高、初中就近入学，就会造成严重的不公平，会使很多优秀人才被埋没。因此我建议，除了认真保证小学实行就近就读外，对初中及以上的就读，应彻底放开。基于初中是学生最重要的发展时期，城市初中不应拒绝接收农村学生，建议可以县为单位进行统招统考，以保证教育公平。对高中更应如此，必要时，可以地级市为单位，实行高中入学的统招统考，依志愿和成绩进行录取。

（四）关于大学的设置和招生问题

为了推进教育公平，我们的大学设置需尽快进行调整，对人口众多、大学较少的省份，应由国家投资多建一些大学，特别要重视一些地区级城市的高等教育的发展。现有大学过于集中的城市，可以有计划地进行适度搬迁，向欠发达地区分散。如此，可做到以人口为背景，使高等教育资源的配置逐步走向合理化。

高校的招生问题，也是关乎教育公平的大问题。不公平的高校设置加上不公平的招生配额，造成各地考生被大学录取的比例和分数线的悬殊。在北京能上清华大学的考分，在一些地方连重点大学都进不了；在北京能上其他重点学校的考分，在一些省则无学可上，自然落榜。

高校招生的不公平，还表现在城乡和各阶层的子女在高校就读人数的差异上。以北大、清华为例，1999 年，两校共招收 5080 名本科生，其中农村学生仅有 902 人，占总数的 17.8%，这与同年农村人口占全国总人口的 70% 形成了鲜明对比。在清华大学

1990～1992 年招收的三届本科学生中，来自农村的分别为 433 人、385 人和 381 人，而来自北京市的分别达到 437 人、410 人和 481 人。由此看出，八九亿农民的孩子进清华的人数赶不上一个北京市。可以断言，这不是因为农民的孩子笨，而只能说明我们对高校招生的管理存在问题。因此，建议高校招生，应尽快打破这种不公平，应该不分地方、不分学校，像新中国成立初期那样，实行统招统考，各学校均应在全国范围内进行公平竞争，按志愿和分数进行取舍。为了让穷人的孩子能上起大学，应坚决遏制大学的高收费、乱收费现象，并应用国家财政为穷孩子设置助学金，或成立助学基金会。在中国的现实情况下，少一点奖学金、多一点助学金是符合实际需要的。

（五）关于农民工子女入学问题

全国农民工有 1.4 亿，他们年纪相对较轻，子女大多处于学龄阶段，其数量高达千万人之多。农民工子女入学问题，已经成为一大社会问题。一种情况是农民工子女留在农村上学，形成了一个终年不见双亲、孤独无依的学生群体，他们的学习和身体无人照顾，他们的精神和性格变得孤僻。另一种情况是子女随父母进城，因当地学校不收留或学费过高，他们不得不进入民工子弟学校。虽然有的民工子弟学校办了 10 年之久，但教育部门一直不予认可，学校跑来搬去，也造成农民工子女学习没有保障。最近我在珠江三角洲某镇考察时，发现这个镇民工人口比本地人口多出七八倍，他们虽然为这里的发展作出巨大贡献，但本地的公办学校却并不接收其子女入学，孩子们必须花高价学费到当地的民办学校就读。本人未能深入调查，只听当地朋友说，这些私立学校是少数人参股的，不让民工子女进公办学校读书，也是为了保证私立学校的生源和收入。总之，利益驱使，在教育战线随处可见。各种阻碍教育公平的现象，都与

利益集团和利益保护有关。因此，要构建和谐社会，要推进教育均
衡发展和实现教育公平，必须对教育管理进行改革，铲除腐败的温
床，斩断寻租的黑手。只有这样，中国教育的各种问题才能解决，
教育的公平才有希望真正实现。

法国著名思想家卢梭曾经讲过，教育是实现社会公平的伟大工
具。教育公平了，社会才能公平，和谐社会的构建才有保障。

（原载《中国政协》2004 年第 12 期）

三　实施六大工程，落实教育均衡

　　义务教育均衡发展是全面建成小康社会对教育工作提出的战略要求，是实现社会公平的重要基础，也是促进共同发展、实现教育现代化的重要保证。任玉岭曾提出落实教育均衡需实施的六大工程，其对于当前的义务教育实际，尤其是我国偏远欠发达地区的义务教育状况而言，仍具有极高的指导价值。

　　义务教育的均衡发展，是教育公平的重要目标，也是社会公共服务均等化的重要内容。

　　正因如此，联合国教科文组织曾多次发表报告，提出人人享有平等的受教育机会。很多国家也都对义务教育实行了统一的国家管理标准，其财政对义务教育的投入原则是：既不让孩子因为家庭贫困而使教育受到制约，更不能因地区贫困而使孩子教育受到影响。

　　我国义务教育应以县为管辖范围。我国县与县之间财政收入相差几倍、几十倍甚至上百倍，欠发达地区县级财政收入过低，义务教育面临很多应该解决而解决不了的难题。为此，很有必要在义务教育的均衡发展方面，参考国外的做法，借助国家对教育的统一投入，确保义务教育所需的一些重要硬件。

　　根据近几年广泛而大量的考察、调研，我认为当前为使义务教育均衡进入"初级阶段"，十分需要实施以下六大工程。

（一）计算机配备保障工程

　　伴随信息化时代的到来，进入新世纪，教育部作出决定，从小学三年级开始设置计算机信息课。但是，很多欠发达地区由于财政困难，不少农村学校没有购置计算机的能力，致使很多学生在小学毕业时还没见过计算机，更不会使用计算机。

我们总在讲不要让孩子输在起跑线上，在这样一个信息化时代，几乎所有工作都离不开计算机的情况下，欠发达地区的孩子，特别是农村孩子，仅在小学阶段就缺少了四年的计算机课，这不是输在起跑线上是什么？现在一些名牌大学的农村生源占比从过去的80%降到10%左右，还不能说明问题的严重吗？

可能有人会说，名牌大学农民子女减少是城市化加速造成的，其实不对。去年教育改革大会公布的资料指出，至今义务教育阶段农民的孩子还占80%。一边是80%的现实存在，一边是仅10%左右的入学占比，这不正说明很多农村孩子在起跑线上输了吗？

为解决这个问题，我建议以国家财政作保证，在所有至今还买不起计算机、开不起信息课的学校配备计算机。我1991年去美国考察时，他们所有的小学都有计算机中心。在进入21世纪10年后的今天，我们也应当保证所有中小学都能设立计算机中心。

（二）旱厕所改造工程

《中国妇女儿童发展纲要》早就提出，为确保妇女儿童的健康，农家的厕所都应由旱厕所改造为水冲厕所。几年前我受命带队到各省市进行本纲要实施情况的督导，先后走过南北五个省份，所看到的农家旱厕改造工程已基本完成。想不到的是，农村的孩子们在家中已经不在旱厕如厕了，而到了学校却又要进旱厕大小便。义务教育的标准化，没有把厕所改造列进去，致使中西部尚有很多中小学还在使用旱厕所，有的县旱厕所占90%还要多。为了保护中小学生的身体健康，提高学生的文明与卫生水平，建议对中小学的旱厕所尽早进行改造。据调查，凡是至今仍保留旱厕所的学校，都是当地财政极困难的学校。为此，建议将学校旱厕改造纳入国家计划，可以不要求地方匹配资金。要先确定好水冲厕所的基本标准，凡是使用旱厕的学校，均按学生和教师数量给予旱厕改造拨款，力争早日完成改造。

（三）教师周转房建设工程

现在的住房改革，忽略了农村学校的教师住房问题。过去很多农村学校是靠代课教师和民办教师支撑的，他们多来自当地，住在离学校不远的农村，所以很多农村学校是没有教师住宅的。现在的情况不同了，大多数乡镇撤并掉了很多学校，学校规模扩大了，乡镇对教师的要求提升了，要吸引大专毕业生到农村去任教，没有住房是留不住他们的。据了解，现在很多年轻教师因为在农村中小学没有住处，所以缺乏在那里长期工作的打算。依据多方面的反映和要求，也为了留住农村学校教师，提高农村的教学质量，建议在广大农村中小学建设一批教师周转住房，可廉价出租、永远居住，以稳定农村教师队伍，保证教师安居乐业。周转房建设可纳入国家公租房或廉租房建设计划，在其资金拨付计划中切出一块，支持教师周转房建设；也可在新增教育经费中，切出适当份额，力争用三年左右的时间妥善解决这一问题。

（四）农民工子女同城待遇落实工程

据调查，中国很多城市都在积极解决农民工子女教育问题，实行了同城待遇。公办学校较多的城市，农民工子女已经和当地市民的子女一样，在公办学校享受到免费教育了。也有公办学校较少的城市，采取了购买服务的办法，让部分农民工子女进民办学校，但应交的学费，按公办学校标准由政府全额支付。但是，至今仍有一些城市，特别是珠江三角洲的一些城市，以农民工数量大、财政难以承受为理由，尚未解决好农民工子女教育的同城待遇问题。很多外来农民工子女，接受义务教育依然要交费，小学要交 1600 ～ 1800 元，初中要交 2000 ～ 2200 元，这对农民工来说仍然是一个较重的负担。同在共和国的蓝天下，很多富人的孩子的义务教育都免费了，而这些收入最低的人，孩子的义务教育还不能免费，显然十分不合理。据调查，这些说无能力承受农民工子女义务教育费用的城市，往往都是财政收入极高的城市。既然农民工为这些城市作出重要贡献，这些城市就应该解决他们的问题。因此，建议国家能够给出一个"实行同城待遇"的肯定说法，或下达相关文件，尽早地解决农民工子女义务教育免费问题。

（五）远距离学生寄宿工程

这几年，或因为农村学生减少，或为了降低行政开支，很多地方撤并了一大批乡村学校。学校撤并前，农村的孩子是可以就近读书的。但在学校撤并后，很多学校覆盖面达到了 5 公里以上，有的达到了 10 公里，甚至还要更远。这就造成了很多小学生要跑五六公里甚至 10 公里去上学，给孩子们的安全带来了风险。很多家长为了孩子的安全，还要风雨无阻地天天接送，这也给一部分家庭带来困难和不便。国家对寄宿问题已经提出了一些要求，并向西部地区转移较多资金，盖了较多房屋，解决了当地的寄宿问题。但是，我们现在发现，中部地区因财政困难，绝大多数学校无房可以寄宿。为此，建议国家认真研究和解决中小学生寄宿问题的新情况，对需要寄宿而没有住房的学校，要实施寄宿工程，并视各地的具体财政情况，国家给予必要的支持和补贴。

（六）农村生师比调整工程

中国农村学校和城市不同，农村由于村落分散、学校分散，往往会出现班级开班人数过少问题。对于老师讲课来说，人多要讲，人少也要讲。正因为农村学校很多班级人数过少，按讲课的频率而言，相对少的学生反而需要更多的教师。也就是说，按生师比定教师编制的话，农村的教师需求应该高出城市。但是，事实上我们现行的教师定编恰恰与这一实际需要相反。现行的城市中小学是按生师比 19∶1 定的编，而农村则是按生师比 23∶1 定的编。这就造成农村中小学教师严重缺编，尤其是农村各乡镇撤校并校之后，班额明显减少，原先农村实际保有教师名额，因为没有编制而无法安排。如此超编的情况，是当下一大难题。根据各方面的反映，我们建议应实施农村生师比调整工程。一个办法是，把农村的生师比提高，至少不低于城市标准，也按生师比 19∶1 进行核定。另一个办法是，在农村按班师比来核定教师名额，以实有的班数配备教师，从而缓解农村学校教师编制过少的困难。

（原载《基础教育论坛》2012 年第 4 期）

四 大力推进教育改革，认真搞好素质教育

党的十九大报告提出：要全面贯彻党的教育方针，落实立德树人根本任务，发展素质教育，推进教育公平，培养德智体美全面发展的社会主义建设者和接班人。作为党和国家的大政方针，素质教育不但要实施、要坚持，而且要发展。有发展才会有活力，有发展才会有作为，有发展才会有成效。任玉岭作为国家教育咨询委员会委员，在长期的教育实践调研中融入了对我国教育事业的真切情感，他关于素质教育内涵的解读和发展素质教育的方略，有助于构建全面发展素质教育的新格局。

我就素质教育的内涵、地位和怎样搞好素质教育谈三个观点。

（一）素质教育是教育的核心与根本

习近平总书记曾指出，素质教育是教育的核心。那么，什么是素质教育？至今并没有一个特别确切的定义。也正因这样，社会上对素质教育出现了"仁者见仁，智者见智"的不同观点，这也正是素质教育喊了20多年而并未能显著奏效的原因所在。我作为一个过来人，曾经在南方北方、东部西部、军队地方、机关学校、工厂农村、研究院所、考察团队、人大政协、学会协会以及各种公司工作过、学习过、生活过，还参观学习过30多个国家的很多大学、企业和研发机构。根据我的亲身感受，我认为人的素质应是一个含义十分深刻的概念，人的素质应该包括人的生存能力、劳动技能、知识

结构、思维模式、处事水平、道德情操、健康体魄、家国情怀、心理秉性、礼仪规范、爱好习惯等。而素质教育，就应该是以此为培养目标的教育，也就是学校对"学生该怎样做人"的教育。这个教育过程实际是使学生由懂事少到懂事多、由能力低到能力高、由想做人到会做人、由思维弱到思维强的成长过程，也是学生世界观、人生观、价值观乃至文化观、历史观、国家观、民族观的养成过程。

素质教育最早是针对教育战线过分重视分数、过分重视升学，出现了"为分数而教""为应试而教"的现象提出的。但这并不等于素质教育就不要分数和应试，为分数和应试而教的各种书本知识同素质教育不是对立的，它们应是素质教育中很重要的一部分。过分注重分数教育、应试教育，忽视综合素质教育，是极不利于我们的人才培养的。做任何事情都有一个度，深有深度、高有高度、强有强度，凡是超过弹性限度的事物就会走向反面。正是因为我们的教育在分数教育与应试教育上过于重视了，越过了"度"的许可范围，于是其便背离了教育的大方向，忽略和淡化了对人的综合素质的培养。我们现在很多青年都大学毕业了，东西南北还不能辨认，四体不勤五谷不分，这足以说明我们的教育是跟不上时代要求的。

我们的教育事业本来就足够重视素质教育，而且是重视德智体美劳的全面发展。远至抗日战争时期的西南联大，仅8年的校史就能在国家危亡、十分艰难的条件下培养出2个诺贝尔奖获得者和170名院士。近至新中国成立后的前一个30年，由各类学校按照学习好、工作好、身体好的要求培养的数以万计的优秀人才，为新中国成立后70年来的发展特别是改革开放后的建设挑起了大梁，作出巨大贡献。只是由于经历了"文化大革命"以及改革开放后"苍蝇蚊子"的侵入，各种不正之风严重影响了教育的本来属性，扭曲了教育方向，异化了教育秩序，导致我国的教育同素质教育背道而驰，应试教育、分数教育占领了整个教育阵地。因此，教育改革的任务，就是要立足于素质的培养，既要摆好德智体美劳教育的位置，又要使素质教育渗透于知识教育的各个环节和方面。

（二）搞好素质教育，是实现民族伟大复兴的客观需要

人才决定今天，人才更决定未来。正如梁启超《少年中国说》所讲，"少年强则国强……少年胜于欧洲则国胜于欧洲，少年雄于地球则国雄于地球"。在中国历史上，清朝后期对教育的放任自流和国人素质的下降，造成官府的贪腐成风和百姓的逆来顺受，使得偌大一个中国在敌人坚船利炮前不堪一击，走向了积贫积弱，陷入了被帝国主义瓜分的险境。而后来我们中华民族之所以能够走上站起来、富起来到强起来的发展大道，则是因为20世纪初有了像毛泽东、周恩来等一大批有志青年，或走进国内学府，或出国学习深造，国人素质得到提高，这才有了1919年的五四运动和1921年中国共产党的成立，才有了1945年抗日战争的胜利和1949年中华人民共和国的诞生，才有了中国人民的站起来，并为中国富起来奠定了根基。

中华人民共和国建立70年来，特别是通过40年的改革开放，我们已经创造了无数个"第一"，迄今我们已是世界第二大经济体，并成为位居世界第一的制造业大国和消费大国。这靠的是什么？归根结底是教育，特别是前30年的教育提升了国民的素质，并培育了一大批能够支撑方方面面发展的高素质人才和工匠。近些年来媒体上报道了不少老一辈科学家和时代楷模如何艰苦奋斗、如何不计名利、如何奉献一生，其实这很大程度上都反映出前30年素质教育的伟大成功。前30年，包括改革开放初期，为什么社会发展蓬蓬勃勃和富有生机，为什么大家都能一切行动听指挥，不计名不计利，党指哪里奔哪里，甚至娃娃在马路上捡到两分钱也要交到警察叔叔手里面，这都是因为那时的教育是以综合素质的培养为目的。

作为共和国第一批从进小学到大学毕业这一过程的亲历者，党

的教育与生产劳动相结合，为国家建设和民族强盛而学习的教育方针，深深地融入了我们的血液。我记得很清楚，1964 年由我牵头领导 13 位大学生、18 位工人承担国家"十二年科技规划"攻关任务，其间曾有 76 天没有回宿舍睡过觉，困了或睡在乒乓球台上，或躺在车间的地板上。还有，因为"文化大革命"的特殊原因，我们在1962 年到 1976 年的 15 年中，工资一次没有调整过，但我从来没有听到有人发过牢骚，更没有人因此而怠工。我这一生换过多次工作，从来是党安排哪里就去哪里，绝不会挑肥拣瘦。记得当时我们研发的技术成果依政府要求散发了 9000 份资料，建起了 210 个工厂，但我们没收取一分钱。由我牵头翻译并由科学出版社出版的两套 4 本科技专著，不仅全都不能个人署名，而且一分翻译费都没有。这就是那个时代素质教育留给我们的烙印。因此，我认为我们前 30 年特别是前 17 年的教育是以综合素质教育为核心的，是为国家建设和发展作出重要贡献的，是可圈可点值得总结的。

世界上的万物都要新陈代谢，我们的事业巩固、发展和传递也要一代一代更迭。为了保证中国革命事业的后续发展，并使共和国的红色不发生改变，且青出于蓝而胜于蓝，我们就必须狠抓素质教育，要在进一步明确素质教育内涵的前提下，搞好教育改革，真正使教育成功提升国民综合素质，成为实现中华民族伟大复兴的原动力。

（三）推进素质教育，一定要强化问题意识和明确目标导向

找问题，是为了搞好改革，而不是否定成绩。党的十八大以来社会治理方面曝出的问题，就表明我们的社会管理出了毛病、培养人的教育有了问题。再加上青少年近视率高达 80% 以上，学生亚健康和心理疾病比较严重，更说明教育偏离了综合素质培养的核心使命和育人的正确方向。

育人方向的被扭曲和素质教育的被偏离，其原因是多方面的，

有的来自学校，有的来自教育管理，有的来自社会环境。来自学校的有课程设置不妥问题、教材编制过繁问题、学生作业过重问题、对学生的奖惩导向问题、教学的资源与条件问题、师资水平与配备问题等。来自教学管理的有教育资源配置不正义不公平问题、评定考核的方向偏离核心问题、学校领导的选拔与安置问题、对教师的教育与要求问题、升学考试的藩篱和政策问题。来自社会的有用人导向问题、山头关系问题、腐败滋生问题、宣传舆论问题、特权现象影响较为普遍问题等。

因此，作为教育核心的素质教育的推进是一项重大的系统工程，既需要由国家作出顶层设计，更需要学校、教育主管部门和各级政府共同努力。社会上流传的"学好数理化，不如有个好爸爸"这句话看似简单，但其对学生素质的养成，一定会起到深刻而广泛的反作用。又如社会上曾经流行的关于干部选拔的谚语"说你行，你就行，不行也行；说你不行，你就不行，行也不行"，如此的选人用人，不仅造成了广大干部群众的不满，也直接影响了千千万万青年学生学习的积极性。为了一个"行"字就要投机钻营、逢迎拍马，拉关系、走后门，这必将对素质教育带来破坏性的冲击。这些问题如不解决，我们的素质教育就会功亏一篑。如果我们的各级官员退了休还不能在工资、住房、医疗、养老等方面与百姓同轨运行，还要做双轨运作，那就必然会加深社会的裂痕和群众对特权的嫉恨，从而影响到素质教育的开展与推进。社会的气正风清同学校的素质教育相互影响、相辅相成，要搞好素质教育，必须有社会大环境的同步改善，必须有政策和舆论重推气正风清。

当然，作为学校还是要先行一步，对素质教育还是要千方百计、尽力而为。一是需要大力提升对素质教育的认知，真正做到使素质教育成为我们教育的核心。二是需要在课程设置上强化有关提升综合素质的课程分量和内容。三是要对一些教材进行删繁就简，减轻学生学习和作业负担。四是要加强各科老师对素质教育的担当，使素质教育渗透到所有学科的教学与课堂。五是要增加学生的社会实践，在扩大学生知识半径的同时，努力扩大学生的社会实践半径。

习近平总书记讲，我们要多读有字之书，也要多读无字之书。无字之书对于提高人的素质具有十分重要的作用。我们这一代人在学生时代有机会参与大量的社会实践，这不仅使我们得到了众多知识和技能，而且更加强了对社会的了解和认识，也因此更加懂得了真善美和假丑恶，更加熟悉人民群众和热爱人民群众。

今天，时代变了，各种社会实践与过去不同了，但生产实践联系着社会、联系着人民没有变，我们的青年学生要提升素质就要接触实践和人民。一个高素质的学生首先要对人民爱得真挚和全面。为此，我们的教育一定要强化社会实践的教育，除了必要的演算、背诵、抄写外，要让学生充分体验假日旅游、农村劳动、工厂实践、野外考察、文艺展览、采风摄影、书法绘画、弹拉演唱、设计制作、会议恳谈等实践，让学生在实践中得到更多的锻炼，锤炼出更优异的品德、情操、能力与才干。为了搞好素质教育，还需要重视爱国爱党、理想信念、健康体质、志存高远、珍惜时光、自立自强、诚信为人、使命担当等方面的教育，特别是要把社会主义核心价值观的教育渗透到学校教育的各方面和学校教育的全过程，只有这样，我们才算担当起了教育的真正使命和责任，才能真正使综合素质教育成为教育的核心与根本，并得到弘扬和保障。

（2020 年 2 月 5 日在南京素质教育高峰论坛上的发言）

五 医疗改革需要重视"五个转变"

当前我国的医疗改革需要坚持以人为本，把维护人民健康权益放在第一位；坚持立足国情，建立中国特色医疗卫生体制；坚持公平效率统一，实行政府主导与发挥市场机制作用相结合；坚持统筹兼顾，把完善制度与解决突出问题结合起来。其根本在于要实现医疗资源的合理配置，确保包括弱势群体在内的所有人都能享受医疗服务。任玉岭常年深入一线调研我国的医疗问题，深知百姓看病贵、看病难。为改善民生，服务群众，他提出了医疗改革需要重视的"五个转变"。

医疗问题作为人民群众最关心、最直接、最现实的利益问题，受到了党和国家的高度重视。《中共中央关于构建社会主义和谐社会若干重大问题的决定》中，对加强医疗卫生服务、提高人民健康水平进行了专门论述，为医疗改革指明了前进方向，对医疗改革提出了具体要求。

根据本人学习六中全会精神的体会和对我国医疗现状的深入而广泛的调研，深感医疗改革只有正视矛盾、切中时弊，做好认识、服务、投入、经营和管理五个方面的转变，才能做到党中央要求的，把实现好、维护好、发展好最广大人民的根本利益作为我们医疗改革的出发点和落脚点，才能使医疗改革取得成绩，作出贡献。

（一）认识上要由不承认失误向承认失误转变

要想把医疗改革推向前进，必须看到先前医疗改革中存在的严重问题。有差距、有问题并不可怕，我们的改革就是为缩小差距、解决问题服务的。怕的是有问题不能被发现，更怕死要面子，讳疾忌医，千方百计掩盖问题。

2005 年，国务院发展研究中心在《中国医疗卫生体制改革的评价与建议》中指出，"从总体上讲（医疗）改革是不成功的"。这一说法引起了社会的共鸣，道出了百姓的心声。但是，卫生部门的发言人却站出来以反对的口吻说"不能说医疗改革是不成功的"，甚至有业内人士说"这是对改革的否定"。一些研究医疗改革的学者也怕被戴上"否定改革"的帽子，将这一问题视为禁区，采取了避而不谈的态度。

事实上这样对待问题和文过饰非的做法，在一些人的头脑中是根深蒂固的，是不利于医改的推进。中国的医疗改革是在一个拥有 13 亿人口且还不富裕的大国进行的，是在"摸着石头过河"的改革过程中前进的。这种情况下，我们的医疗出现一些这样或那样的问题是难免的，即使是有失误，也是正常的、可以理解的，是没有必要掩饰的。

只有站在广大人民群众的立场上，承认医疗改革方面出现的新问题、新矛盾，再通过改革去解决这些问题和矛盾，才能把医疗改革推向前进。应该看到，广大百姓看病贵、看病难确实是一个普遍存在的问题，我们应该从这一实际问题出发，实事求是地分析和寻找问题产生的真正原因和背景，这样才能抓住问题的关键，增强医疗改革的准确度，加快医疗改革的进程。

（二）服务上要由服务高端向服务广大百姓转变

20 世纪 60 年代，毛泽东主席把卫生部叫作"老爷卫生部"，实际上这是对当时卫生部只重视对高端服务、对城市服务而轻视对广大百姓服务、对农村服务的严厉批评。此后的一个时期，国家组织医疗卫生队下地方、下农村，并在农村建立了"赤脚医生"队伍，使这种情况有了很大改变。然而，时至今日，40 年过去了，我们的卫生工作，不仅没有从偏重高端服务中走出来，而且更加轻视对广大百姓的服务，这是我们的医疗改革首先要关注的大问题。

我国从 1978 年至 2003 年，城乡共增加 3.8 亿人，而医疗机构的总数量不仅没有增加，反而减少了 1341 个，减少的主要是农村卫生院和社区医院。这样造成的多少亿人无医院可去，怎能不使看病贵和看病难？社会上流行很多顺口溜，如"脱贫四五年，一病回从前"，"得了阑尾炎，白种一年田"，"救护车一响，一头猪白养"，"小病抗，大病拖，重病等着见阎王"，说明我们的医疗改革的确有不成功的地方，广大百姓在医疗方面承受的痛苦和压力，很值得我们负责医疗改革的同志深入地想一想！

我接触到的一些业内人士，有的对"看病贵、看病难"持否定态度，他们认为过去"大锅饭"时期对医疗管得太多了，"看病贵、看病难"是新旧对比情况下形成的。甚至还有人认为，中国同美国相比，看病一点都不贵，看病贵是正常的。其实，有些同志太缺乏对国情的了解，也太崇洋媚外。如果不摒弃这种脱离实际的观点和论调，我们的医疗改革就会被这些人左右，就难以开拓新局面。

（三）投入上要由锦上添花向雪中送炭转变

国家对医疗卫生的投入，不像有些人所说的那样一直在下降。实际上国家对医疗卫生的总投入一直随着财政收入的增长而增长。政府对医疗卫生的投入，1978 年为 35 亿元，至 2002 年达到 864.6 亿元，大约增长 23.7 倍，比同期财政增长 20 倍高 3.7 倍，比同期职工收入增长 22 倍高 1.7 倍。

现在的问题是，政府对医疗卫生的投入，过分注重锦上添花，而较少进行雪中送炭。从医院建设投入看，80%的医院集中于大城市；从医疗设备和医疗资源看，80%集中于大医院。国家财政对医疗的投入用于农村的不到15%。国家对高档的三甲医院的补助费是对低档的一级医院的补助费的100倍以上。我国的少数大医院有时得到的国家支持可高达几十亿元，而以上与百姓医疗密切相关的社区医院和农村卫生院却长期得不到一分钱。这不仅是医疗卫生人才大量涌向大城市、大医院的根本原因，也是全国各地很多病人涌向大城市、大医院，造成一些大医院人满为患的根源。有经济学家说这是市场规律导致的，是人们收入提高的表现，这样的一派胡言真是令人啼笑皆非，令人深感遗憾！

一般来说，大城市、大医院都有较强的话语权，在政府投入缺少法律约束并受到人情、关系和贿赂的诱导等情况下，关系多、路子广并能向有关部门、有关人员提供更好服务的大城市、大医院便成了国家资金投向的首选。这种非正常的投资风若不刹住，社区医院和农村医院仍将难以改善，"看病难"将会继续存在和加剧。因此，医疗改革一定要在投入上下决心由锦上添花向雪中送炭转变，只有这样，才能使医疗资源的配置走向以人为本，才能使国家的投入更多地用于解决"看病贵"和"看病难"的问题。

（四）经营上要由追求利润最大化向合理创收转变

医院是需要经营的。在很多国家，医院并不是靠国家拨款生存的，而是在为病人服务中进行合理创收。现在有一种观点认为，医院之所以拿回扣、高收费，是因为国家拨款太少，不能满足医生等的工资需求造成的。其实这种观点是不对的。从长远看，国家对医疗卫生的拨款是应该增加的，但增加的财政投入，并不一定都给医院。以德国为例，政府对医疗的投入比重虽然很大，但政府投入的

87.4%是用于广大百姓的医疗保险，而不是投给医院作为工资的经费来源。

客观地讲，很多医院拥有大批国家培养的医生和专家、国家无偿提供的土地、建筑、医疗设备以及其品牌、名声，完全可以靠自身的经营很好地生存。三年前，仅深圳市就有上万家"黑诊所"和"黑医院"，这些医院、诊所在国家不给一分钱一分地、不给任何建筑物和医疗装备的情况下，还能够偷偷摸摸地存活和发展。相比之下，国有医院拥有那么多国有资产和国家扶持，没有理由不能依靠正常经营取得生存和发展。那种把高收费、拿回扣都归咎于国家对医院投入过少以致其不得已而为之的说法，是站不住脚的。

改革开放以来，我国医疗的总消费从 1998 年的 110.2 亿元，提高到 2003 年的 6623.3 亿元，增长了 59.1 倍，同期 GDP 仅增长 30倍，职工收入仅增长 21.8 倍，这是极不正常的。这绝不是因为政府对医院投入过少，医院要吃饭糊口导致的，实际上是医院在无穷欲望的驱使下，谋求利润的最大化造成的。

因此，医疗改革，不能把医院的正常收入寄希望于政府的投入上，而是应该坚决推进其由谋求利润最大化向合理创收转变。只要能从中国广大百姓收入还不高、"财帛还有限"的实际出发，控制好药品流通企业和医院的赚钱欲望，实行合理创收，医院是能够生存的，百姓也是可以认同的。

（五）管理上要由混乱、腐败向有序、廉洁转变

说到底，医疗改革中出现的所有问题，都是由管理上的混乱、腐败造成的，也是有关管理部门不作为或欠作为导致的。所以，要推进医疗改革，必须改变管理方面的混乱、腐败局面，促进其向有序、廉洁转变。

管理的混乱和腐败，一是表现在政出多门、监管乏力上。据我

们调查，医疗相关的行业和单位分属于八个部委进行管理，这就造成医疗改革的措施难以落实和医疗管理的十分无力。例如国家发改委从1999年起曾先后发布药品降价指令20余次，但总是"摁下葫芦浮起瓢"，每发布一次药品降价指令，就会造成新一轮的药价上升。二是表现在商业贿赂及由此引发的高回扣、大处方，以及一药多名和抗生素的滥用上。医卫系统是商业贿赂的重灾区，商业贿赂的愈演愈烈，造成医疗费用不断高升和广大百姓不敢求医看病。

医院是一个既特殊又垄断的大市场，药品是医生掌握的病人被动消费的特殊商品，一旦失去管理和监督，有些人就会在商业贿赂的驱使下，为所欲为，严重损害本应是造福人民的医疗大环境。

2005年6月28日，审计署审计长李金华向全国人大报告说，仅北京10家部属医院，就收取药品和医疗器械回扣费3亿元，而最后这些都由患者来负担。2006年初的一个很短的时间内，四川省就查出20多家医院的院长有严重的受贿行为。陕南山区一所小小的县医院，其院长仅做了四年，就开始"包二奶"，他的妻子趁其出差，撬开了他的办公室，在其抽屉内发现200万元存折和3套住房的房产证。业内人士说，为了向医院推销药品，除了给各个头头送红包、赠回扣外，还要经常请吃饭、送礼品、赠"科研经费"、组织员工出游，还要根据领导意见送员工出国深造，有的还要陪赌博、送古玩字画乃至汽车和别墅等。

管理腐败还表现在医药审批上。美国一年仅批新药几十个，而我国每年新批药品则高达上万种，很多新药是旧药新名，最多的一个药可以有40个名称。一个原价1.8元的环丙沙星，改名为"特美力"后，价格升到144.9元；改名叫"西普乐"的，价格则为150.65元，它们分别比原价高出79.5倍和82.7倍。

正是这样的混乱和腐败，造成我国医疗消费的快速膨胀。在我国人均收入还排在世界第120位的情况下，我们的医疗消费占GDP

的比例已经超过世界上 83 个中等发达国家平均 5% 的水平，我国是 5.6%，比 83 个中等发达国家的平均水平高出 0.6 个百分点。这种消费水平的提高，完全是人为的，是由一些既得利益者的无穷欲望推动的。如此的管理，如此的腐败，如此的欲望无穷，怎能不使医疗脱离群众走向混乱？怎能不使广大百姓"看病贵"和"看病难"？

正因为这样，医疗改革必须把管理作为重点，要对腐败出重拳。只有努力促进医疗管理的有序和清廉，才有可能解除百姓"看病贵"和"看病难"的枷锁。

医疗事业是一项受人尊敬的神圣事业，它自古就和一般的经济活动有所区别。病人处在有求于医生的弱势地位，最需要医生的仁爱之心和关怀。为此，医疗改革还要不忘推动广大医务工作者树立和践行社会主义荣辱观，学习白求恩精神，使救死扶伤的人道主义、圣洁医德，在医疗战线得到普及和弘扬。

（原载《中国卫生产业》2009 年第 6 期）

六 关于健康现代化的五点建议

健康既是每个公民的基本权利，也是保障国民生活质量的重要基石，更是推进国家现代化建设的核心要素与基础支撑。中国健康现代化这一系统工程，主要涵盖健康生活现代化、健康服务现代化、健康环境现代化、健康治理现代化四大维度。然而从现实发展进程来看，我国健康现代化建设仍处于初步探索阶段，面临着公共卫生体系韧性不足、全民健康素养有待提升等多重挑战。2017年9月，在《中国现代化报告2017：健康现代化研究》发布会上，任玉岭围绕推进健康中国建设有针对性地提出了五点建议。

习近平总书记在全国卫生与健康工作大会上指出，"没有全民健康，就没有全面小康"。这句话不仅道出了人民健康与全面小康的关系，实际上也道出了全国人民的健康与实现中华民族伟大复兴中国梦的关系。

健康，既是人民群众幸福的标志之一，也是人民群众更好学习和用劳动创造财富的重要条件。因此健康既是生产力的重要保障，也是国富民强的动力之源。狠抓人民健康和推进健康现代化，也是不忘初心，把人民对美好生活的向往作为奋斗目标的具体体现。

健康现代化，从宏观上，必须坚持"五位一体"总体布局，坚持"四个全面"的发展战略，实施"五种发展理念"，用协调发展、绿色发展、共享发展，实施好预防为主的方针，搞好医疗改革和全民的体育锻炼。这既是健康现代化的基础，也是确保全民健康的基本条件。

但是，更现实、更实际、更重要的是还须增强问题意识，从当今实际出发找出健康工作存在的问题。只有找出问题、研究问题、解决问题，才能克服健康工作存在的盲目性，扭转健康工作推进缓慢的局面。近20年来，我每年都要走访20多个省、自治区、直辖市，根据接触到的情况，作为一名学习生理生化专业微生物专门化的学者，现就五个方面的健康问题，提出如下建议。

（一）重视食品结构的调整及其宣传、提倡与管理

在我小时候，中国人被称为"东亚病夫"。新中国成立后，在党中央高度重视和关怀下，全国人民的健康水平空前提高。但是，不得不看到，随着经济发展，人民生活改善，中国人的健康又走向另外一个极端。大数据显示，我国现有高血压患者1.6亿～1.7亿人，高血脂患者1亿人，脂肪肝患者1.2亿人，糖尿病患者1.1亿人，体重超重者和肥胖病患者分别有2亿人和7000万人。造成此健康状况的深层次原因，是我们的食品结构不当。一是现在的食用油用量同20世纪90年代初相比高出3倍有余，特别是饭馆、餐厅用油量极大，对人们健康产生了严重威胁。二是食品中植物蛋白占比明显下降，动物蛋白过量增加。1938年，中国大豆产量占世界90%以上，按孙中山的说法，中国只要有个三家村，就会有一座豆腐坊。当时人们以食用植物蛋白为主，而较少食用动物蛋白。改革开放初的1982年，中国人动物蛋白即肉蛋奶占食用蛋白总量不到17%。而今虽然在农村、在贫困的地方人们仍较少食用肉蛋奶，但占人口总数56%的人，在蛋白质的食用上几乎以肉食为主。在世界上很多国家大力提倡豆腐制品时，我们的豆腐制品已经较少见到了。

为此，我们要推进健康现代化，就要重视食品结构调整，适当

减少油的消费、肉食的摄入，动物蛋白可以高些，但要增加牛奶和蛋的比例，尤其要提升植物蛋白的消费比重。要大力宣传、提倡，搞好这方面的管理，从机制和产业上改善动物蛋白与植物蛋白的搭配不合理状况，同时也需要出台限制餐馆食用油用量的相关文件，以保障人民健康。

（二）严格控制食品添加剂的推出，加强使用上的管理

党和政府高度重视食品安全，在环境、土壤、供水、农药等的管理方面下了很大功夫，这无疑是十分必要的，对防范"病从口入"起到了一定作用。但是，食品添加剂的问世与使用，因涉及科技创新，在国家保护和支持科技创新的情况下，对其的管理就成了一个漏洞。

我们现在癌症发病率，比世界平均水平高 40%，癌症死亡率比世界平均水平高 50%。我国每 3 秒钟就有 1 个新的癌症病人出现；我国的不孕率已从 3% 上升到 12.5%，每 8 对夫妻就有 1 对不能生育。这固然与环境、食品及其他诸多因素有关，但食品添加剂使用不当，也是重要原因。

我们过去食品添加剂数量很少，当前研究和开发食品添加剂有其必要性，但是食品添加剂推出得过多、过滥、管理过松、把关不严的问题也是值得关注的。几年前发生的"三聚氰胺事件"中，几十万儿童遭到毒害。我们抓了涉案人员，三鹿公司倒闭，这都是必要的，但是始终没有去触及把三聚氰胺作为提升牛奶蛋白含量的添加剂的研发者，实际上他们才是造成牛奶产业数年间一蹶不振的祸首。

我们的食品添加剂门类繁多，如增白剂、增稠剂、增香剂、增黏剂、发泡剂、防腐剂、增筋剂、膨大剂等，五花八门。我前年到一个面粉厂去调研，他们就是加增筋剂的。增筋剂的学名叫偶氮甲

酰胺，它在水解后会生成致癌物质氨基脲。增筋剂不仅面粉厂在用，有的食品加工部门也在用，一些馒头筋道得都咬不动了，说明其中的增筋剂是严重超标的。增筋剂在欧盟、澳大利亚、日本、新西兰、新加坡、南非都已严格禁用。类似这样的问题应引起我们对健康工作的高度关注。我们必须严格控制食品添加剂的推出，加强对其使用的限制与管控。

（三）鼓励支持中医药相关技术的应用和人才培养

经验证明，人们要健康长寿，需要中医的保护。神农、黄帝、华佗、孙思邈、张仲景、李时珍等无数名医，在中国民间和历史上享有崇高威望，这表明中医药学是对中国人民的健康作出过巨大贡献的。当年在欧洲曾有数以百万计的人因患黑死病（霍乱类）死去，而中国因中医药的存在，没发生过如此的恶性事件。

抗生素的问世，使西医地位迅速提升，也使中医药走向了下坡路。1929 年英国医生弗莱明发现青霉素，并于 1940 年投入生产，之后链霉素、红霉素、四环素相继问世。现今已发现 5000 种抗生素，临床能用的有 350 种。而今能用于临床的新抗生素已是极难筛选了。抗生素因用量过大、抗药性严重等，实际已经使西医大为逊色。

这时候，尤其是从预防和保健的角度考虑，中医药又引起了人们的重视。中医药除了拥有 12807 种药材外，还有相关技术，针灸、艾灸、拔罐、刮痧、推拿、按摩等已日渐显示出其优越性。现在中医药技术已走向 183 个国家，中国已同 86 个国家订立了合作协议，随着中国经济的发展、"一带一路"建设的推进，中医药一定会更好地走向世界并得到新的发展。

中医药发展面临的最大问题是政策不到位和后继乏人。现在数以十万计的家传中医因无证无照，且同非法行医难以区别，被以"非法行医"之名取缔。而真正的中医学院，又很难传承一些绝门技术。因分科关系，知识过于专一，搞针灸的不拔罐，搞拔罐的不按摩，一些技术也难以发挥作用。我夫人腰不好，在北京几大医院治疗三个月都无效果，后来到了天津一个小医院，用综合技术治疗后就康复了。

为了中国的健康事业更好发展，必须更加重视中医药技术的发展这句话不应停在口头上，而应体现在行动中。打击非法行医不要"一刀切"，要重视人才保护、人才培养。传统中医药学也要吸收各种各样的现代科学知识和新技术，要更好结合西医使用的体检技术与中医的诊断治疗；对前人的药方要做成分分析，科学吸收其有效成分；不搞门户之见，不僵化、不封闭，多学习、多创新。

（四）要建立生命支持系统新的使用机制，使政府医疗普惠民众

政府为了百姓健康投入了大量经费，支持健康事业发展。但是这笔经费的使用，需要按照党的十八届三中全会要求的，必须坚持公平正义，必须坚持共同富裕的原则，而且需要反对特权。

生命支持系统的过度使用，也会造成一些人对医疗费的大量耗费。生命支持系统的作用，实际上是支撑那些已经不省人事的严重病人的生命。钱三强夫人、大物理学家何泽慧去世时97岁，当时医院讲切开喉管用生命支持系统还可坚持3～5年。何先生在北大的次女民协征求在法国的长女祖弦的意见时，得到了否定的答案。祖弦告诉我，使用生命支持系统，既不利于她母亲安康，也会花费国家大量金钱。但是，我们却有很多人并不这样想。如某位医学专家院士所言，很多人看中的是病者的收入和待遇，而不顾老人的安康和国家经费的大量耗费。

为解决好这个问题，需要从建立机制的角度推进这方面的改革。对使用生命支持系统者可以尽力支持，但应该在其使用生命支持系统后，或由其子女负担使用该系统的半数花费，或由国家收回患者的工资和待遇，用此补偿使用生命支持系统后对医疗经费的高消耗。这样的机制一旦建立，相信就会有更多的人学习何泽慧家人的做法，就能够节省更多国家医疗费，从而普惠广大百姓。

（五）出台安乐死的法规政策，让安乐死造福广大百姓

安乐死，虽有争议，但已经在世界上一些国家正式实施。人的"幸福"概念中，应该包括死得泰然、死得平安。这已经成为很多老年人的愿望和追求。

客观现实是，很多人在临终前痛苦万分，在抢救中花费了巨额资金，结果却是抢救无果，子孙倾家荡产，背上大量债务。前些年，四川有一个母亲，为了减少临终的医疗花费和临终的痛苦，在床下准备了一瓶农药敌敌畏，打算最后时刻喝下去终止生命。她在临终前让儿子把敌敌畏递给自己。而这位母亲死后，她的儿子却被判了三年监禁。前年河南郑州有一病人，被疾病折磨得痛不欲生，便雇了一个人开枪把自己打死。病人死了，被雇的人也被判了重刑。这两个例子充分说明，客观上，社会是多么需要实施安乐死的技术，又是多么需要实施安乐死的政策。

当然，安乐死政策的出台，也会引发新的非法伤人行为。但是，只要法律和政策严密无懈，管理跟得上，我想问题是能够解决的。

为了人类的进步，为了更多人的幸福离去，我们应该把安乐死的改革提上日程。罗瑞卿大将的女儿罗点点多年来一直呼吁"尊严死"；国家科委武衡主任，作为革命老前辈，也同样告诫家人，要保证他们的"尊严死"。对罗点点同志多年的努力和呼吁，我认为应该重视，应该研究。要出台卫生政策、法规，对不能治愈、无法治愈

的病种、病情减少医疗干预，保证更多人走"尊严死"之路。

生老病死既是人生的四件大事，也是健康现代化的重要内容，我们要用新的思维、新的观点、新的理念处理好以上五个问题，确保中国健康现代化有更新、更快的突破性推进。

（2017 年 9 月 16 日在《中国现代化报告 2017：健康现代化研究》专家座谈会上的发言）

七　养老产业建设一定要立足为国分忧、为民解难

人口老龄化是我国当前及未来较长时期的基本国情之一。随着老年人口规模持续扩大、老龄化程度不断加深，加快推进养老产业供给侧结构性改革、完善多层次养老服务体系已成为当务之急。国家战略层面也出台了多项政策，加速培育银发经济新动能，推动形成养老事业与产业协同发展新格局。围绕破解从老有所养向老有颐养转变的时代命题，任玉岭在 2016 年中国金融养老创新模式发展论坛发表主旨演讲，提出要注重养老项目的"医养结合"、强化养老院建设的资金及人员支持等建议，为健全我国养老保障体系献计献策。

大家知道，养老产业已经成为党和政府高度关注并给予大力支持的产业领域。

至 20 世纪 90 年代末，中国就进入了老龄化社会。据报道，中国是世界唯一的老年人过亿的国家。

2014 年，中国 60 岁以上的老年人已超过 2 亿人，占总人口的 13% 以上。预计到 2020 年，中国老龄人口将达 2.48 亿人，老年人口比重上升到 17%，其中 80 岁以上老年人将超过 3000 万。根据民政部资料，我国现有失去自理能力的老年人 940 万，其中城市有 194 万，农村有 746 万；半失能的老人大约 1894 万人。

党中央、国务院高度重视老年社会的到来和养老事业的发展。为此，一方面出台了"二孩"政策，进一步缓解老龄化的加速；另

一方面加强了养老爱老工作，如《关于进一步加强老年人优待工作的意见》和《中华人民共和国老年人权益保障法》的出台，以及对退休人员养老收入的提高，使很多老年人感受到了党和国家的亲切关怀和温暖。

近两年来，国家又在谋划和推进养老机构建设，特别是在促进医养结合方面，采取了重要的推进政策，并给予有力的支持和辅助。

但是，不得不看到，有些善钻国家空子的人，把养老院的建设比同过去的房地产开发，将其作为牟取暴利的新机遇，大搞圈地运动，6000 亩、3000 亩、1000 亩、500 亩地圈地，大搞什么"候鸟式"高收费养老，赚取国家补贴。这样的做法越来越多，不仅浪费了大批土地资源，也造成养老床位大量闲置。这不仅不会在养老方面为党和国家分忧，更不会为广大需要进养老院的老人及其子女分忧解难。

为此，我们必须立足供给侧结构性改革，理顺和整治好养老产业，既要让养老产业的投资人有钱可赚，又要真正做到养老产业同我国广大老人的收入相适应，使更多需要养老的人，老有所养。

（一）投资养老产业者，应该立足于德行天下，以创新模式为国分忧、为民解难

国家拿出较好的土地并且以便宜的价格供给养老设施建设，甚至要给养老床位进行补贴，是因为数以千万计老人的养老问题迫在眉睫。为此，养老产业的投资者不能像过去看待房地产那样，把其作为牟取暴利的手段；相反需要立足于善行天下，要像儿女关爱父母一样，多动脑筋、多想办法。在养老模式上，可以探讨社区养老和专门养老院养老的齐头并进，尤其要用好"互联网＋住户"的模式，在老人住所安装可视对讲终端或报警设施等，为老人开拓更受欢迎、更方便的养老方式，为国家开辟更加为民着想、更加有效率

的解决途径。在经营上也要尽可能降低获利的期望值，使入门费能够与多数百姓收入相适应，切实为百姓解难，为国家分忧。对那些不想这样去做，而只想牟取暴利的人，就不能让其参与投资养老产业，至少不能让其享受养老用地的优惠政策和国家的相关补贴。各地政府也应该严格把关，对那些不愿为养老事业做奉献的，就不能让他圈地。地方官要把党和国家忧虑的养老问题和广大百姓的迫切需求装在心里，坚决反对一些投资商钻政策空子，更不能违规把养老院搞成旅游接待站。作为金融行业，绝不能允许投国家之机，用大量圈占土地套取国家贷款。

（二）所有以养老名义圈地的项目，要服务好不能自理老人和半自理老人，做好临终关怀，直至送终

我们认为，中国老龄化的压力和紧迫感主要来自老人晚年的不能自理和半自理，这既是广大老人及其子女的迫切需求，也是国务院重视养老的主要初衷。因此，凡是以养老名义圈地的项目，就必须有对不能自理和半自理老人以及临终关怀和直至送终的服务，没有这些服务的，就算不上是养老机构。不愿做这方面服务的投资者，就要坚决禁止以养老名义向其划拨土地。

不是说所有养老院，只吸收和服务不能自理老人和半自理老人。应该说很多老人在进养老院时多处于能自理的状态，他们年事已高、疾病增多，一个人居家往往给家人带来更多担心，这时老人就要住进养老院。所以在养老院内能自理的老人总是占据多数的，不能自理和半自理者是这些人的过渡和延伸。我们反对的是很多养老院，专门瞄准 60 多岁或不到 70 岁的健康人，以旅游休闲为目标，且还要以候鸟式养老为理由大量圈土地。我们在某地级市就看到了这样的企业，圈 6000 亩地，盖高档别墅，把入门费定为 60 万元，实际上在专门做旅游服务。而像这样大量圈地并套取银行贷款搞所谓养老的不在少数。

（三）对所有养老圈地并享受国家优惠的养老项目，都要搞医养结合

人老了总是要生病的，至少有很大一批老人会出现血压高、血脂高、血糖高、记忆力低、骨密度低、免疫力低等症状。癌症更是免疫力低的产物，大多数老人都有患癌症的风险。因此，养老院不能只提供生活服务，一定要有医疗服务。养老院需要设立具有较高水平的医务所、体检室，要配备足够的全科医生和专科医生，要依据情况对养老人员安排每天查房，且24小时有医生值班，有问题能及时处理，还要有足够的护士，能够提供全方位的医疗或生活服务。对一些病情加重的老人，养老院要有治疗和抢救能力，或设立住院区及时转房，或配备救护车对急性危重病人进行陪护和转诊。这样就可以使孤寡老人、空巢家庭的老人以及子女在外或子女工作过忙的老人，以养老院为家，在养老院颐养天年，为其子女解除后顾之忧。

如此的经营和安排，既可以减轻社会上医院人满为患的压力，又可以使老人安心、放心，更可以大大提高养老机构的入住率。北京第一养老院就是这样做的，十分受人欢迎。有人戏说，这样的养老院从出生那天申请到60岁退休后都进不去。这一方面说明此类养老院需求极大，同时也表明养老院实行医养结合、薄利多销，一定会有利于投资人更多创收，使入住老人与投资人互利双赢。

（四）要对实行医养结合的养老院提供更多政策和资金支持

医养结合遇到的问题，一是卫生管医学、民政管养老，互不跨行、互不合作；二是医养分离，医中不养、养中缺医，医、养政策相分离。为改变这种状况，一是要允许和支持养老院设置医疗机构，确保医养结合顺利推行。二是要解决好因养老机构由民政部门管理、医疗事业由卫生部门管理造成的医疗与养老资源互相阻隔，医养结合得不到有效保障的问题。相关部门需合作起来，解决好医养结合机构的卫生准入和纳入医保定点问题，而且要调整原先对住院时间的限制，避免危重病人进进出出的困难和麻烦。三是要把失能老人的养老服务纳入社保管理体系，缓解失能老人的经济负担。四是要加强养老院医养结合所需医护人才的培养，解决照护人才的紧缺问题，不能使人才短板成为医养结合养老院发展的拦路虎。五是要解决好金融贷款对养老院建设的支持问题，放宽贷款政策。

（五）需将医院中以养老为目的的病人向养老院分流

为支持医养结合养老院的建设，还应该把长期在国家医院占着床位，以医疗为名而实为养老的公务人员转入医养结合的养老院，解决好国家医院只负责治病不承担养老的问题，以使更多医疗投入向养老转移。还需要着手解决那些已经濒临死亡而靠生命支持系统维持生命者及植物人大量消耗国家医疗经费的问题。按秦伯益院士的观察，这是病人"家属为了保持高干待遇"以方便自己享受以及医院从中有利可图而导致的，是"不人道的"。为了解决好这样一个问题，并保证罗点点同志提倡的"尊严死"能够顺利实施，我们认为应从机制的改革入手，对靠生命支持系统维持生命者和植物人，可考虑将病人原先享受的工资待遇转入医院以用于医疗补给。这个机制建立了，靠生命支持系统维持生命的植物人就会大大减少，用于这方面的占比很大的公用医药费就会节省下来。这样就可以使政府更有能力支持养老院的建设，支持养老机构更好发展。

（2016 年 5 月 18 日在中国金融养老创新模式发展论坛上的发言）

八 关于解决好住有所居问题的四个观点

"房子是用来住的、不是用来炒的"。任玉岭长期体察民情，对普通百姓面临的高房价之苦深有感触。为解决好住有所居、宜居宜安的现实问题，他曾在全国政协常委和国务院参事岗位上，就房地产的发展提出 30 个左右的提案和建言。本文择选其关于解决住有所居问题的四个观点，以供参考。

远在 1988 年，在我出任中国星火总公司总工程师期间，国家科委领导就提出了把解决城市居民住房问题纳入国家星火计划给予研究和示范的要求。因此，国家科委与住建部合作的住房建设示范，很早就成了星火计划的重点工作。1989 年，我到广西北海出任副市长并继续兼任中国星火总公司总工程师期间，国家科委和住建部还专门在北海市建设了住宅示范区。

从那时起，我一直跟踪房地产行业的发展情况，特别是在 1992 年邓小平视察南方谈话之后，北海市曾一度出现了房地产建设高潮，全国的建筑设计院来北海的就有 123 家，全国有一半的房地产公司来北海投资。1994 年北海经济泡沫破裂后，来自全国 31 个省份和港澳台的上千家房地产公司离开北海，移师全国各地，启动新一轮的全国房地产发展大潮。由于这个原因，我一直没有间断对房地产行业的关注和调研，算起来，已有 23 年的时间。这 23 年的所见所闻，使我对房地产行业感受颇深。为解决好住有所居的问题，我除了走进国内上百个城市调研外，近年来还专门去日本、韩国、澳大利亚、新西兰、新加坡乃至沙特阿拉伯和阿联酋进行考察，先后提出的政协提案、参事建议和公开发表的文章有 20 篇以上。我也曾多次应邀在清华大学和广东、北京等地举行的专题论坛上发言。每一篇文章和每一次发言，都促使我对房地产行业进行深入的跟踪和调研。特别是，很多从事房地产行业的老相识、老朋友的切身经历和发家史也不时地传到我的案头和耳边，对我有不少的启发。因此，我认为我对房地产行业有一定的发言权。

结合今天房价高和广大工薪阶层买不起房，住有所居难以解决的实际问题，我想谈四个观点：第一是解决住有所居问题要从中国实际出发；第二是解决住有所居问题并不困难；第三是解决住有所居问题一定要有银行工作的配合；第四是坚决查处房地产开发中的商业贿赂、惩治腐败。

（一）解决住有所居问题要从中国实际出发

我们搞现代化，要学习外国的先进经验。但是，无论什么时候，都不要忘记从中国实际出发。中国共产党的早期革命实践中，曾有过不从中国实际出发而致的极其深刻的教训。

我们有些地方领导和经济学家，在报纸上高喊中国人不一定要有自己的住房，说外国人很多都不要自己的住房。我认为这种说法不完全符合国外实际，更大的问题是脱离了中国特点和中国国情，讲这些话的人没有设身处地，没有把自己放到群众之中。在河南南阳内乡古县衙里，有这么一副对联，上联是"得一官不荣，失一官不辱，勿说一官无用，地方全靠一官"，下联是"吃百姓的饭，穿百姓的衣，莫道百姓可欺，自己也是百姓"。我想我们的这些地方领导，如能把自己视为百姓的一分子，他们就不会讲这样的话。这些领导，如果也换位思考一下，如果没有房，自己会怎样想。常言说"己所不欲，勿施于人"，如果要把自己不愿去做的事，硬要强加给广大百姓，这样的领导是不合格的，至少是缺乏群众观念的。

中国就有两个成语：一个叫"安居乐业"，另一个叫"流离失所"。在中国没有房子，是最大的痛苦。远在1200年前，杜甫就写道："安得广厦千万间，大庇天下寒士俱欢颜。"毛泽东也曾经专门书写过这句话。

改革开放之初，国家新建一个科研机构或一所大学，都要想尽办法在周围建一些宿舍。例如中国科学院的很多研究所、北京学院路上的很多大学，就是这样。年轻人在那里工作，吃完晚饭就上实验室，有时晚上的工作时间比白天还长。而现在很多从事研究或教学的年轻人多住在遥远的睡城中，上下班路上要消耗很长时间，这样怎么能够安心工作？怎么能有更多的时间钻研问题呢？

要使大家居有恒，并不是说一定都要拥有房产权。我一直主张在尽可能修建保障性住房的同时，也要大量兴建廉租房，要多到只要有人需要就可以租给他。到这种程度，房地产自然会得到大发展，人民也可以安居乐业了。

所谓从实际出发，还包括从居民收入实际出发。盖房子是给人住的，因此你盖的住房就要符合百姓的购买能力。我国第一次开征个人所得税时，有一个报道，说达到1600元纳税标准的人的比例是21%，也就是说79%的人月收入达不到1600元。这是2005年的事。第二次，2007年，起征点变成2000元后，也有一个报道，说应该纳税的人达到20%，也就是说月收入低于2000元的还占80%。以此来看，80%的人是买不起住房的。

由于没有住所，很多农民工夫妻同在一个城市，却不能在一起生活。也因为没有房子，有很多农民工只能把妻子留在家乡。还有儿童，现在有两千多万儿童留在农村，不能和父母在一起，原因是什么？就是没有房子，没有便宜房子。这就不仅为我们的社会带来今天的问题，而且会带来明天的问题。最近有专门研究指出，新生代农民工之所以会犯罪，与缺乏双亲的照顾和教育直接相关。

因此，我们在解决住有所居问题方面，一定要从中国这些实际出发，只有这样，才能增强这方面的紧迫感和责任心。

（二）解决住有所居问题并不困难

现在房地产遇到的问题，并不是建安费成本过高问题。2006年我曾经到温州苍南县做过一项调查，有一个面积为28万平方米的小区，土地是政府提供的，住房售价每平方米才610～630元。由此看出，中国住房的建安成本是很低的。我去问建这个小区的老板，他说净得八九百万。可见只要土地价格控制住，建房的成本并不是太高。直到最近，我到中西部一些地方去调查，发现仍有一些房子价格为每平方米2000元左右，如果建安成本高的话，是不可能出现这样的价格的。有人说北京的建安成本每平方米高达1万元以上，我认为这是在欺骗和忽悠老百姓。

因此，我认为，要建房就应该请老百姓、人大代表、政协委员来核定建筑成本，然后按这个成本和应该给开发商的合理利润进行招标。现在老百姓心里没有数，开发商怎么说怎么是，少数的管理部门也和他们一个鼻孔出气，也讲建筑成本如何之高，却不愿意去核定这个成本，而在招标的时候也多是走路子，这就不可能真正把成本降下来。因此，解决住房问题并不是太难，现在的问题就是被一些既得利益者纠缠着，动不得、走不得、行不得。

我是看好中国房地产发展的，因为需求巨大。但是如果背离这个刚性需求，那么只能走向泡沫化。如果我们不能正视房地产行业现存的问题，一味地支持既得利益者，那么房地产行业的泡沫必然有一天会彻底破灭，给国家带来的危害将不堪设想。

我说降房价不难，还有一个原因，就是土地本来也不贵，只要解决了政府财政对土地的依赖，地价就会降下来。要解决好土地价格问题，必须解决好政府财政对土地的依赖问题。改革开放初期，我们政府没有靠土地来发展经济，而是靠创新思维、靠改革开放来推进经济发展。再过10年、20年之后，中国可能再也没有土地可以保政府的财政了，因此现在依靠土地来维持、促进财政增收的做法，是一种不可持续的做法。现在北京、上海财政的很大比例是靠土地提供的，这样怎么能够降低城市门槛？怎么能够解决广大城市居民没有住房的问题？土地从农民手中拿过来只有几万元一亩，是地方政府任由它被炒到几十万、几百万，还有一些土地价格上升是土地倒卖造成的。我们政府只要能正确看待居民住房问题的重要性，能果断地遏制地价，让老百姓在土地上受益，房价就会下降，解决住有所居问题就大有希望。

（三）解决住有所居问题一定要有银行工作的配合

我们现在房价高企，不能忽视银行在这方面所起的推动作用。房地产行业的发展，银行有很大功劳。但是，不能因为有功劳，就可以忽视银行在推高房地产价格方面的过错。

长期以来，银行只要看到房地产商有土地，就会十分大方地向房地产商发放贷款，较少关心这个土地是怎么得到的。我们有政策规定反对非法集资，而实际上，很多地产商是靠先卖房、后买地再建住房的，这同非法贷款没有两样。对此银行往往是睁一只眼闭一只眼，造成我们的房地产商自有资金的投入率十分低。在低投入高回报的情况下，必然造成大家争抢土地，因为有了土地就有了巨额财富，于是造成地价的一抬再抬、不断升高。

另外，在投机购房的管控方面，银行也没有起好作用。很多投机购房者，是靠银行的贷款达到炒房的目的。据报道，上海某房地产公司一位高管，曾从银行一次贷款1000万元，买下本单位开发的价格不高的住房几十套，然后将其以双倍的价格销售到社会上。我想，这种情况绝非仅有，实际上是银行贷款支持了投资购房和投机购房，使房价超出了刚性需求者的购买能力。

再就是宏观调控中，国家对产业振兴的支持主要是通过资金的供应进行的。这个振兴计划，本来不包括房地产，其目的就是降房价。但是，贷款行为在趋利动机的促使下，仍然是较早地、大量地把资金推向房地产，造成房价的不降反升。

因此要控制房价，实现住有所居，必须有银行工作的配合。银行应该大力支持棚户区改造、支持廉租房和保障性住房建设。银行作为国有资产，应该为国分忧、为民解难。在广大百姓都买不起房的今天，银行有义务也有责任研究和反思金融杠杆对经济发展的调控作用究竟出了什么问题。

（四）解决住有所居问题，一定要坚决打击房地产开发中的商业贿赂，惩治腐败

我认为房地产问题应该从解决腐败入手，这是一个要害。就像足球一样，中国的足球为什么上不去？从10年前的世界第41名滑落到现在的第97名，原因在哪？花钱少吗？人员少吗？为什么老在后退？最后知道了，是因为腐败。

今年1月10日，国务院出台了促进房地产平稳发展的通知，内容都切中要害，但这次国务院的通知能否很好发挥作用，关键在于政策的执行力能否确保。过去几年为抑制房价飙升，出台了不少通知和文件，但每出台一次文件都迎来一次房价升高。这和当年药品的情况类似，国家准备降一次药价，药价就迎来一次升高。

我们今天的房地产，就跟足球和当年药品的情况是一样的。房地产行业的腐败一天不除，中央的房地产政策就难以推动。

房地产方面的腐败应该说相当严重，甚至积重难返。我近18年来目睹的一些情况，也同样反映出这个领域的腐败大得不得了。一

般情况下，凡是高利润的领域都是最易出现腐败的地方。房地产行业正是如此。

20年前我在广西北海当副市长的时候，就已经感受到房地产领域因为有暴利，必然会出现高腐败。当年北海一个管土地的科长出了问题后，换了一个工作比较有经验的人来接替，结果他上任不到半年，床底下就被搜出300多万的现金。他被绳之以法的时候，这300多万还没有动，有的上面还夹着名片，他甚至都没有打开过。这是一个非常典型的例子。为什么才上任不到六个月就有这么多人给他送这么多钱？的确是因为这个领域的利益太多了。

我还知道曾有一个公司老总，他当时拿了一张图，说要建一个什么中心，就在北海拿到了20亩地，每亩地划拨价10万块钱，20亩地就是200万。可是外面的市场价是80万一亩，他倒卖出去的时候就卖了1600万。他扣除200万的成本之后还剩1400万。从这个老板手中买地的人少带了300万，给他写了个欠条。也就是说，他手里有1100万。除去打点各个方面的费用以后，他还有1000万，很快他就成了千万富翁。后来那个欠他300万的人因为买房子买亏了，在房地产泡沫破裂之后一下子就垮了，结果一无所有。这个老板就说算了吧，接着把300万元欠条当着欠款人的面给撕掉了。就这么简单，300万不要了。为什么？因为他的钱赚得太容易了。

我认识的朋友当中，有两个在1997年下海做房地产。一个人借了30万元起家，一个人借了500万元起家。后者在9年后的2006年已经进入了中国财富100强的前几名；而前者，在2005年的一个公开场合，讲他的净资产已经达到25个亿。所以有些人说房地产没有暴利，是不顾事实的。

一个房地产开发企业负责售房的人告诉我，某经济适用房小区有一栋位置最好的面临花园的大楼，总面积不少于2万平方米，整栋送给了某个主管单位，因此院内百姓都称这座楼为"腐败楼"。8

年多过去了，这栋楼还有很多户没人住。为此，应该把房地产行业内部的商业贿赂，作为纪检部门查处的重点。这将是解决广大百姓住房困难问题的关键之关键。

（曾收入熊小平主编:《任玉岭论民生》，中国中小商业企业协会创投会策划）

九　推进住房建设与管理的再改革

房地产行业欲走向良性循环和健康发展，既要处理好房地产行业和宏观经济增长、社会进步之间的统筹关系，也要处理好房地产行业和各级政府以及土地财政之间的共赢发展问题。为此，任玉岭 2011 年曾在住房理论与政策——中国经济社会发展智库第四届高层论坛上提出"大力推进房地产建设与管理的再改革"的观点。

（一）对住房产品属性再认识

住房是民生的必需品。国家、社会对居民住房的建设和供给，有其重要的政治性和公益性。

从古至今，从国内到国外，诸多有识之士和相关政府部门大都是十分关注居民的住房建设和保证供给的。我国唐朝诗人杜甫，就曾对百姓住房问题，留下过名言和诗句，其中"安得广厦千万间，大庇天下寒士俱欢颜"至今还广为流传。

中国共产党作为无产阶级的政党，实际上很早就把百姓的住房问题纳入了革命工作的关注范围。远在 1934 年毛泽东就曾指出，要"解决群众的穿衣问题，吃饭问题，住房问题，柴米油盐问题，疾病卫生问题，婚姻问题。总之，一切群众的实际生活问题，都是我们应当注意的问题"。毛泽东把住房问题与穿衣吃饭同等看待，可见住房问题的民生性、政治性是十分突出的。

正因如此，在新中国成立以后的半个多世纪里，党中央、国务院高度重视广大百姓的住房问题。在土地改革期间，在农村除了进行土地的改革和重新分配之外，也对住房进行了重新分配。在城市，凡建设新的工厂、新的学校、新的机关和事业单位，也都同时要建设职工住房。尽管当时财政十分困难，但还是保证了人人有房住。我曾经做过大学教师、企业技术人员和研究机构的研究人员，从1960年起，不管走到哪里，组织上总会在安排工作的同时安排住房，而且是让大家住的地方与工作的地方相邻近，尽量使年轻人有更多时间投入到工作和学习之中，不使其因居住过远，把时间浪费在通勤上。

改革开放后的1985年，开始推行把原有国家住房卖给个人，其初衷也是为了从中得到一些资金，并能用这些资金为百姓建更多住房，改善其住房条件。应该说，走的这条路是正确的，对于城市原有的广大市民来说，住房在总体上是得到了保证和较大改善的。

从国外看，无论欧美国家还是亚洲国家，各国政府也都十分重视住房的公益性质。各个国家为了保证人民住有所居，围绕住房的建设和供给推出了包括贷款利息优惠、税收减免、财政直接补贴和廉租房供应等在内的很多政策和措施。

英国作为一个老牌的发达国家，为做到"居者有其屋"出台了很多办法。为照顾一些买不起房的人，国家实行了半产权售房计划，居民可以买50%的房产权，其余50%由政府和银行分担。

我在澳大利亚、新西兰调查时，发现他们除了对居民购房通过国家和政府进行补贴外，还十分注重经济适用房的建设。由非营利建设单位借助国家贷款建设的低价房，较好解决了中低收入家庭的住房问题。韩国出台的"一户一房"政策等也有效地保证了住房的供应，做到了"居者有其屋"。新加坡政府为了解决好广大百姓的居住问题，建设了大量的被称为组屋的低价房。这些住房售价十分低廉，面积较为宽敞，环境幽雅而时尚，交通便捷，医疗、教育十分方便。又如沙特阿拉伯，过去由政府向居民提供补贴建房住，2007年我去调查时，发现他们因为国家有了钱，于是就把补贴改成了赠予，当年就已启动建设150万套住房，准备建好后赠给居民居住。

我们国家的住房问题是城市化推进过程中的新居民与新生代城市居民的双重需求引发的。有市民资格的新生代居民，以及尚无市民资格而已经成为城市发展不可缺少的新居民的住房问题，是我们当今住房问题的中心和主体。因此住房问题不仅涉及和谐社会的成功构建，也涉及城市化的快速推进。为此，我们应该把住房问题上升到执政为民的战略高度，将其作为以人为本的科学发展观的重要内容，抓好这项具有公益性、政治性的大事情。

（二）对住房建设的服务方向再思考

人们对住房建设的服务方向，有着激烈的争论。第一种观点是，住房建设要为保障人民住有所居服务；第二种观点是，住房建设要为有钱人服务。持前一种观点的人，主张把70%的土地供给保障性住房，把70%的房子建成90平方米以下的小户型。这种观点是符合我国国情的，2007年国务院出台的"24号文件"已经予以明确。但是，由于持第二种观点的人多是既得利益者和住房建设的掌权人，他们为了捍卫既得利益，在利益的驱使与官商勾结下，造成为住有所居服务的国家政策和相关规定与举措难以实行。根据我的调查，很多大城市的住房建设依然走着一条为富人服务的道路：为投资住房服务，为投机住房服务，为"热钱"购房服务，为购买第二套、第三套住房服务，为权贵阶层异地购房服务等情况十分突出。甚至中央三令五申不许建别墅的声音，都被当成了耳旁风，不少地方近两年仍然为别墅建设投入很多，兴建别墅之风一直没有止息！试想，国家要控制18亿亩耕地红线，我们的土地供应在住房建设方面仍然不能为住有所居服务，我们又怎样能推进城市化的进程，怎样能保证住有所居与和谐社会的实现！

中国有两个成语，一个叫"安居乐业"，一个叫"流离失所"。我们怎样使人们消除流离失所的痛苦？怎么保证广大百姓的安居乐业？首先必须从住房建设的服务方向上下功夫。

当今因为住房建设服务方向的严重偏斜，不仅造成城市低收入居民居住条件难以改善，新生代市民难以与父母分居、成家立业，而且使得数以亿计的农民工，一不能夫妻团聚，二不能赡养父母，三不能教育子女。我在家附近实地调查中发现：有3个在大院扫地的妇女，她们的丈夫与她们同在北京工作，但男方在工地住工棚，女方在中关村住集体宿舍。由于没有住房，他们均常年不能夫妻团聚。据有关方面调查，因没有住房，社会上婚外恋增多了，离婚率提高了。因此，要推进社会和谐，就一定要坚持以人为本的科学发展观，在住房建设方面就一定要为广大百姓的住有所居尽心尽力。

有人说，房价高涨主要是因为刚性需求的推动。但在我看来，房价高涨并不是刚性需求造成的。刚性需求确实是存在的，而且是巨大的。但这种需求在很多大城市都因房价过高而被淹没了，有购房需求的广大中低收入阶层在高房价面前是没有能力购房的。在国外，一个家庭购买一套住房的花费通常是其家庭年收入的3倍左右，而我国有些城市的住房价格对于中低收入家庭而言，常是其家庭年收入的十几倍、几十倍，甚至上百倍。因此，我们的住房建设，一定要从它的公益性、政治性考虑，要重视建设可负担住房，要把广大刚性需求作为住房建设的服务方向。

考虑到我国城市化的推进和数以亿计的农民转市民及每年数百万大学生入城市的实际，住房的刚性需求潜力是巨大的，只要把住房建设的政策制定好，把住房建设的服务方向把握好，这种刚性需求，不仅会推动房地产的大发展，也一定会为城市经济的发展提供助力。

（三）对住房建设与管理制度再改革

我们的住房建设与管理制度的改革已经取得了很大成绩。但是，面对广大中低收入者买不起房、住不上房和广大百姓对房价高涨怨声载道的实际情况，我们必须看到住房改革过程中出现的新问题，有必要进一步解放思想，进行住房建设与管理的再改革。

再改革，绝不是对此前改革的否定，再改革是新形势的需要，是实事求是的表现。如前所述，住房是有公益性质和重大政治意义的，它与民生的关系是十分直接的。面对很多大城市数以百万计的农民工无房可住；面对70%以上的工薪阶层买不起住房；面对城市中很多房东把一间房分成多间房出租；面对很多人或住地下室或合租一套房、合租一间房的实际；面对因住房问题难解决，数以万计的夫妻不能团聚；面对因住房问题难解决，2000万儿童留守农村；面对因没有便宜的房子可购买，很多人被婚姻遗弃，"剩男""剩女"人数越来越多；面对在城市买不起房，数以万计的人到农村去建房而又空置不用；面对因房价过高，很多家庭变成房奴，消费能力大为缩水，内需难以启动；面对因房屋问题而致亿万农民工必须春节返乡，火车票一票难求，出行困难……可以看出，住房建设和管理的改革已成为当务之急。有责任心、有正义感，情为民所系、利为民所谋的主管部门，一定会看到住房建设与管理再改革的必要性和紧迫性。

为了做好住房建设与管理的再改革，我认为必须着力解决好以下几个问题。

1. 要着力解决好农民工在城市的住房问题

农民工在城市就业的多达1.2亿～1.4亿人，占我国总人口的十分之一，这相当于15个瑞典或8个加拿大的人口。农民工不仅已经为城市发展作出重要贡献，而且成了城市中不可缺少的一部分。再者说，这数以亿计的人之中，有的甚至已经在城市生活长达30年。30年前，在我家工作的保姆还是一个小姑娘，而今孩子都20岁了，但她仍不得不随着城乡接合部的外移，住在新的城乡接合部，工作地点与居住地点相距几十里。我在广州、珠海调查时，也发现了同样的问题：很多农民工住在城郊，工作在城里，上下班花费时间过多，公交路费负担过重。一些清洁工人虽然中午有3个多小时的休息时间，但只能坐在马路牙上艰难地挨时间。

按有关规定，这些农民工都是被作为市民统计进了城市人口中的，而实际在房屋使用管理政策上，很多城市却对他们毫无关注。包括首都北京，虽曾有人大、政协多年呼吁，但至今廉租房都没有农民工的份儿。我调查过一些农民工住地，不仅环境脏、乱、差，而且有些路还是泥土路，住房狭小，很多人挤在一个单元里或是一间房子里，房子本身没厕所、没暖气。看看远处的豪华大厦，再看看这些农民工的生活，这同当年一些电影讽刺的"几家高楼饮美酒，几家流落在街头"的情景没有分别。

为此，城市住房建设管理的再改革，一定要把解决农民工住房问题作为重头戏，要高度重视，采取有力措施。不仅要向农民工提供廉价的公租房，而且要为全家两代人都已住进城市但并不准备回乡的农民工建设可负担住房，让他们走上安居之路。

2. 要着力扩大保障性住房建设

保障性住房，除了棚户区改造和廉租房供应之外，重点应是可负担住房。我不主张所有的年轻人大学一毕业都要买房住。但是，作为一个国家，一定要使大多数工薪阶层买得起房，这是我国的国情和历史传统所要求的。生活在中国，就要从中国实际出发。前几年调整个人所得税起征点时，人大刚刚公布每月2000元为个人纳税起点，就有一个报道讲到，具有纳税资格的人仅占工薪阶层的20%，这就是说当时中国工薪阶层中 80% 的人的年收入仍在 2.4 万元以下。按照世界上通行的家庭年收入与住房价格之比为 1:2 ～ 1:5 考虑，我们取上限，那就是不应该让房价高出居民家庭年收入的 5 倍，这才是合理的。80% 的人年收入在 2.4 万元以下的话，一套房的房价在 12 万元左右是比较合理的。当然这个总面积应当从中国实际出发，还要要求买房人住小户型（50 ～ 80 平方米较为适宜）。

为此我提出一个公式，即：

1）家庭年收入 ×5 > 当地现行平均每平方米房价 ×80 平方米的，应进入购买商品房的渠道。

2）家庭年收入 ×5 ≤ 当地现行每平方米房价 ×80 平方米的，应进入享受可负担住房序列。

3）家庭年收入 ×10 ≤ 当地现行每平方米房价 ×80 平方米的，应进入享受廉租房的范围，而且适于广大新老市民。

我认为，按照这个公式的第二条来设计中国的可负担住房，以保证广大中低收入家庭住有所居是合理的，也是能够做到的。这样既实现了同国际的接轨，又能真正解决广大中低收入家庭的安居乐业问题。

3. 要认真处理好保障性住房的土地供给问题

我国是人口大国，土地资源相对紧缺，在 18 亿亩农田红线必须确保的前提下，解决好保障性住房的土地供给问题，是住房建设与管理再改革的重要内容。近年来这方面发生的突出问题是，保障性住房的土地在各地被严重侵占。由于利益的驱使，至今我们的土地供给，都没能按 2007 年"24 号文件"去落实，各地用于保障性住房的土地都没有达到土地供给的 70%，而且连 50% 也达不到。土地使用上存在的突出问题，一是建别墅用地没有真正控制住；二是相当多的土地被房地产商囤积；三是很多土地被反复倒卖；四是有些土地招标不公开透明，猫腻甚多；五是土地价格方面，没有对保障性住房实行特事特办和特价处理。

不客气地讲，我们的住房问题发展到今天如此严重的程度，实际是与某些主管部门不作为和某些地方不认真对待或官僚主义之风盛行有关系。我们的土地，从农民手中取得时价格仅有几万元，最多十几万元，但政府将其作为商品房用地卖出时，价格大都达到几十万元，甚至几百万元。很多地方财政预算中，有近半数经费来自土地，这就足以说明解决保障性住房用地的可能性是巨大的。把土地从农民手中拿到政府手中转为保障性住房用地，只要不无限加价，而是将其作为公益性需要，政府财政对其少一些依赖，就可以保证土地对保障性住房的低价供给，就能为实现住有所居做出保证。

4.住房建设管理的再改革一定要有金融业的配合

我国的金融部门为房地产的发展作出了重要贡献。但是金融部门与房地产商的长期结合，也出现了很多不尽如人意的问题。例如有些金融部门同房地产高管勾结起来通过银行贷款炒房，炒高了房价。有些银行部门不认真审查房地产商资格，造成房地产商自有资金投入极少，而利润极高，也致使房地产界贿赂之风盛行。而对房价影响更大的是，当银行大量贷款流进房地产后，就把银行与房地产商捆在了一辆战车上，银行总怕房地产泡沫破裂，而一味地给房地产商发放贷款，造成政府对房价的调控政策难以落实。

为搞好住有所居，推进住房建设管理的再改革，一定要有金融部门的参与合作。金融部门要把支持保障性住房建设作为重要使命和应担负的重要责任。金融是经济发展的命脉，在房地产行业的发展过程中金融也起着主导作用。只要金融业明确了任务和方向，我们的保障性住房特别是可负担住房的建设，就一定能按照中央的部署，创造出更大的成绩。

5.住房建设一定要在设计的基础上先定价后招标

据我多方调查，住房的建安费用并不很高，住房的成本是有限的。现在住房的高价，一是土地的不合理供给推起的，二是腐败贿赂因素促成的，三是房地产商虚报造价导致的，四是对所谓的广告费、销售费过高估算形成的。全国各地建筑工人的费用和建筑材料成本基本是差不多的，很多中小城市至今房价还有每平方米2000元左右的，这就足以说明建筑安装费是有限的。

我曾于2007年在浙江苍南县看到一个28万平方米的小区，房子很漂亮，每平方米售价仅有630元（不含土地费）。他们的房价之所以这样低，就是因为采取了先设计、先估价后招标的建设办法，并且给建筑商留足了利润空间。我专门找到建筑公司老板了解情况，听他们讲每平方米有27元到28元利润，28万平方米建下来，也有较好的收入，公司运转很顺利。我认为浙江苍南这一经验很好，先设计先定价后招标一定可以使房价大大降下来，这一经验很值得向各地推广。住房建设的管理与改革，一定要坚持这样的道路和方向。

6.住房建设不要过分集中搞睡城

我在新加坡组屋区，看到那里有不少写字楼和国际性的大工厂，可以满足大部分居民就近就业，减轻了城市交通压力。而我们呢？不少城市设立了工业区、商贸区、住宅区，像北京回龙观、天通苑成了典型的睡城，而写字楼、商贸、医院、学校又多集中于二、三环之内。这样做既不方便群众生活，也造成城市交通拥堵。我在深圳看到一些写字楼落成时，同时要落成两三座宿舍楼，楼内多是小户型（27～35平方米）的公寓，方便未婚青年租住，2005年时首付仅10000元，2007年时首付30000元。这既解决了工薪阶层就近上班的问题，有利于其学习与工作，又有利于改善城市交通，避免交通拥堵。

所有这些好做法、好经验，都应成为住房建设与管理改革的推动力和借鉴对象，应该将其列为再改革的重要内容。

我认为，只要政府重视住房建设与管理的再改革，广纳群言，广集民智，中国的住房问题是能得到很好解决的，我们是可以走出高房价困扰的，实现住有所居也是能够为和谐社会的构建作出大贡献的。

（2011 年 3 月 2 日在住房理论与政策——中国经济社会发展智库第四届高层论坛上的发言）

十　坚持"三生共赢"，普惠广大民众

　　党的十七大报告中提出，要坚持生产发展、生活富裕、生态良好的文明发展道路。简而言之，就是要实现生活、生产与生态的"三生共赢"。任玉岭认为，良好的生态环境是提升居民生活品质，创造民生福祉的重要条件，也是确保人与自然和谐相处，推动社会永续发展的源泉。为此，他多次针对生态文明建设积极建言，以求能为广大人民幸福生活的创建作出贡献。

　　今天很高兴来福州出席海峡两岸生态文明研讨会。生态文明建设，就是要以资源环境承载能力为基础，建设好生产发展、生活富裕、生态良好的文明社会，也就是要做到生产、生活、生态的"三生共赢"，惠及广大民生。

　　党的十八大明确提出经济建设、政治建设、文化建设、社会建设、生态文明建设"五位一体"总体布局，并强调要把生态文明融入政治、经济、文化、社会建设的各方面和全过程，要"给自然留下更多修复空间，给农业留下更多良田，给子孙后代，留下天蓝、地绿、水净的美好家园"。所有这些，都是为了推进生产建设、人民生活与生态文明的共赢发展，都是为了使人民对美好生活的向往得到更好实现。

　　据我所知，台湾在21世纪初，同样提出了"三生"概念，其生产、生活与生态齐头并进、协调发展给台湾带来的云白天蓝和水清地绿，给我留下了深刻印象。由此可见海峡两岸的思想是互通的，

理念是相同的，在生态文明建设方面的目标是完全一致的。

总的来看，中华民族在"道法自然""天人合一"这样睿智而朴素的自然观影响下，一直以来都重视对生态环境的保护。也正因如此，占世界人口五分之一的中国人民能够顺利繁衍生息，中国作为东方大国巍然屹立于世界之林。最近我到内蒙古鄂尔多斯、宁夏银川、甘肃平凉和庆阳这样一些在前些年生态吃紧、干旱少雨、水土流失严重的地方去，明显地感受到进入 21 世纪后的退耕还林、封山育林等政策对这些地方的生态建设起到了明显推动作用。那里很多昔日光秃秃的山头和沙化土地，如今已经被林木覆盖，特别是包茂公路的陕西段，路两边的沙打旺、红柳、沙棘已是郁郁葱葱。我们看到了成绩、看到了希望，只要坚持做下去，我们就一定能够打造出更多的绿水青山，建设起更美好的家园。

但是，我们不能不正视，在我们经济快速发展的过程中，由于一些地方的无序开发，产生了耕地减少、水土流失、土地沙化、江河污染、空气污染、食品污染等问题，已经给环境带来了巨大的欠债。就以雾霾为例。据统计，2013 年我国平均雾霾天数创下了近 52 年之最，范围涉及 17 个省、自治区、直辖市，影响着四分之一的国土和 6 亿人口。2013 年我们开始监测空气中的 $PM_{2.5}$，结果是 74 个被监测的重点城市中，只有 3 个城市空气质量达标，京津冀地区空气不达标的时间均达半年以上。再就是土壤污染。中国仅有全球 9%的耕地，却用了占全球总量 30% 的化肥，每年用化肥 6500 万吨，另外还使用了 175 万吨的农药。土壤污染的相关调查表明，全国 600 多万平方公里点位超标率为 19.1%，18 亿亩耕地的点位超标率为 19.4%，无机污染物占比 82% 以上，镉、镍、砷、汞、铅等均超标明显。福建是雨水充足的亚热带雨林地区，森林覆盖率之高位居全国前列，但是也存在水土流失的问题，如龙岩 2013 年水土流失面积有 185.6 万亩。水土流失成为生态治理中最难啃的硬骨头。

为了推进生态系统的保护和修复，党中央、国务院已经按每年投入1万亿元的水准加大了对环境治理的投入力度。但是能否用好这1万亿元的投入，使其产生应有的效益，确实是应该关注的大问题。为了使这些投入能够用在刀刃上，防止其被一些"近水楼台"瓜分，建议生态建设工作一定要解决好以下几个问题。

（一）要努力改变投入的路径惯性

曾经，社会上浮躁之风盛行，政绩工程、形象工程泛滥，在此风气之影响下，环境建设的投入也出现了锦上添花、花上垒花的畸形现象。特别是在关系学无处不在的情况下，"跑部""钱进"成了国家投入的主要路径。不要说对实体的投入了，就连对软课题的投入也不例外，一个有关系会"跑部"的人，可以因一个软课题，从四个部委拿到近千万元资金。为了搞好生态建设，用好每年1万亿元的巨额投入，我们必须改变这种路径惯性，使投入更加合理、更加透明。

在路径惯性的作用下，很多专项投入的大部分资金会流向发达地区，而欠发达地区往往无人问津。但就我们调研和了解到的情况来看，恰恰是欠发达地区更需要关注、更需要投入。根据2010年的统计，东部20%的省份汇集了中国35%的高校、40%的科研机构、50%的科研人员、60%的研发经费、70%的高新技术企业。这种畸轻畸重的分布现状，造成经费投入只重东部、不重中西部，是缩小地区差距、推进全面小康的重要阻力。在生态建设与环保经费的使用上，必须清醒地认识这种形势，改变只重效率、轻视公平的老毛病。

（二）要认真改革环保管理体制

我们改革开放之初就健全了环保机构，从中央到地方，其机构不可谓不全，其人数不可谓不多。环保的政策、法律及管理办法，年年都有推出，而且每一个工业项目都要进行环评和通过环评审批，尤其是地方环保机构，时刻关注着企业的排污。按理说我们的环境保护应该是有板有眼、成绩突出的。但是没有想到，经过 30 多年的环保推进，却落得个七大河流、三大湖泊全部污染的境况，空气污染更是积重难返，而且到了不得不每年投入相当于农村 5.3 亿人低保总投入即 1 万亿元的巨款来对环境进行治理的时候！

如此严峻的环保形势，不能不使我们对环保管理机构的作为打个问号，不能不对环保管理的体制产生疑问。根据本人的调研，除了管理者的认识不到位、政策不完善、执法不得力之外，主要还是管理体制出了问题。曾经的环保机构运行经费自收自支或多收多支的做法，才是污染难以治理、反而不断加重的根源。本来成立环保执法机构，就是为了监管污染、消除污染的，但是环保部门运作经费的自收自支和多收多支的体制，使环保罚款成了环保部门不断扩编机构、安插关系人员、提高工资和奖金的重要依赖。在这种情况下，排污企业同环保机构的关系成了鼠和猫的关系。鼠越多，猫就会越高兴，如果鼠要绝迹了，猫就会无饭吃。在这种利益的驱使下，一些环保部门为了得到更多工资和奖金，安插更多关系户到环保部门来就业，当然希望污染企业越多越好。特别是在上级部门可对下级"创收"进行提成的情况下，放任企业排污、争取更多罚款的现象就会更严重。当然，也有一些执法人员，企业不惜花小钱进行贿赂，以将大事化小、小事化了，或是用钱打通立项关，用钱购买排污许可证等，对环境污染加重起到了推波助澜的作用。

据此，为了真正搞好生态文明建设，发挥 1 万亿元投入的积极作用，就必须推进管理体制的改革，在环保管理与环保执法方面下功夫。

（三）生态文明建设需要以黄河流域为重点

纵观古今中外，水，是生态文明的生命线。具有 5000 年历史的巴比伦文明古国之所以消亡，充满丰美草木的幼发拉底河和底格里斯河两岸之所以变成不毛之地，都是因为缺了水。

为此，生态文明建设，必须提高对水的认知，重视水的重要性。水是一切生命之源，也是人类起源的母体与空间。农业的命脉是水，工业的血液是水，水更是所有人生存的必备条件。我国人均水资源仅有世界人均的 33%，再加上水资源分布严重不均，造成秦岭淮河以北 65% 的土地上仅拥有全国总水量的 19%。因此，我国北方尤其是西北的生态文明建设必须有高度的危机感，必须把水作为生态文明建设的生命线，尤其需要把黄河流域的生态文明建设当作重中之重。

黄河是中国的母亲河，是中华文明的发祥地。黄河流经九个省，其流域面积之大，生态问题之突出，是其他任何一条河流所不及的。黄河流经的地方植被紧缺，涵养水源面临危机，由此造成干旱少雨，水土流失。黄河水的径流量为 580 亿立方米，实则进入下游的只有 468 亿立方米，其水量相当于长江的 1/17，泥沙含量高达 35 公斤/立方米，同印度恒河相比高出 10 倍，同美国科罗拉多河相比高出 12 倍。黄河进入下游的泥沙每年高达 16 亿吨，将其垒成宽、高各一米的墙，可绕地球 27 圈。由于水土大量流失，植被严重破坏，气候变得更加干燥，黄河沿岸三分之二的县为贫困县，仅黄土高原就有贫困人口 2300 万。

从建设全面小康考虑，应首先突破黄河流域；从丝绸之路经济带的生态文明建设考虑，更应把黄河流域的生态文明建设作为重点。退耕还林、退牧还草，经过 10 多年的努力已经取得了很大成绩，并且创造了奇迹。在从黄河源头青海日月山到山东垦利的黄河入海口这 5000 多公里的行程中，我确实看到了不少林带、不少绿洲，特别是一些封山育林做得好的地方，山头上已经被林木覆盖。晴天刮风沙、雨天洪水发的局面正在改变，局部地区山变绿、水变清、田变平、路变通的景象，使人们受到鼓舞，更对未来充满希望。

为此，我们生态文明建设的投入，应该把黄河流域作为重点，要继续坚持退耕还林、退牧还草不动摇，更要加大对封山育林的投入，既要看到根治黄河流域的泥土流失、土地沙化和营造秀美山川大有希望，也要看到已有的投入同彻底治理黄河流域生态问题之间还相差甚远。这里不是需要锦上添花，实则是需要雪中送炭，必须通过国家的生态投入，把黄河流域的退耕还林、退牧还草、封山育林推向一个新阶段；通过突出重点加大投入，集中力量打歼灭战的办法，使陕甘宁、蒙晋陕以及河南和山东的黄河沿岸都变成真正的秀美山川。

生态文明建设是利国、利民、利子孙的伟大工程，要用好生态方面的投入，搞好生态文明建设，还必须打造风清气正、开放文明、科学发展的好环境。只有对人民爱得真挚、爱得彻底、爱得全面，做到视个人名利淡如水、视人民利益重如山，才能更好地挑起治理环境的重担，才能做到"三生共赢"，使生态文明建设普惠广大民众。

（2015 年 6 月 15 日在海峡科技专家论坛海峡两岸生态文明研讨会上的发言）

十一　生态文明是人类生存与发展的永恒期盼

生态兴则文明兴，生态衰则文明衰。要实现中华民族伟大复兴的中国梦，就必须建设生态文明、建设美丽中国。生态文明是实现人与自然和谐发展的必然要求，生态文明建设是关系中华民族永续发展的根本大计。当前，加强生态环境保护、打好污染防治攻坚战是建设生态文明、建设美丽中国的根本遵循。以下为2022年任玉岭在海南博鳌国际生态环境大会上的发言，为我们关于如何与时俱进推动生态文明建设上了生动一课。

值此2022年的第一天，首先祝大家新年快乐。根据会议的宗旨，我讲三个观点。

（一）加强环境保护，搞好生态文明建设，方可保证人类可持续发展

人类的生存和发展，永远离不开生态文明的支撑和保证。生态文明，涵盖了土壤、空气、阳光、温度、雨水、河流、湖泊、海洋、湿地、林木、草原及生物多样性在内的自然环境和自然资源的相互制约和平衡。

人类在近万年的农耕时代，整个大自然的环境和资源一直处在周而复始的循环和平衡状态。但是工业革命以来，火车、轮船和纺织机等相继问世，工业快速发展，煤炭成了动能资源，第二次、第三次工业革命，又造成煤、石油、天然气的大开发和电力的大发展。

由此，造成过量的二氧化碳向大气排放，并有甲烷和氧化亚氮夹杂其中，空气中的二氧化碳含量由工业化初期的 250ppm 上升到本世纪初的 380ppm，既严重污染了人们生存的空间，也造成了地球温度的上升，给自然界的物种和人类的生存带来了灾难。此外，由于人口的快速增长，化肥、农药大量生产和使用，也造成各种食品及广大的江河湖海的污染。如此严重的生态问题，给人类带来危机和灾难，直接影响了人类的可持续发展。

20 世纪 60 年代，美国女作家卡尔逊《寂静的春天》一书针对人类面临的生态环境危机提出了疑问。麻省理工学院一批学者又提出了"增长极限"理论，指出地球承载力是有限的，人类生活空间是有限的，资源供给是有限的，地球吸纳污染也是有限的，因此人类要实现可持续发展就必须关注和解决这些问题。这些观点虽然遭到一些人的反对，但最后还是得到联合国的认可，1980 年 3 月联合国大会首次使用了"可持续发展"这一提法。

从 20 世纪 70 年代起，国不论大小强弱，地不分东西南北，人们排除了冷战的影响和民族歧视的僵局，聚到了可持续发展的旗帜下，开始围绕保护生态、推进可持续发展进行磋商和讨论。1972 年在瑞典斯德哥尔摩，1984 年在瑞士日内瓦，1987 年在日本京都，1992 年在巴西里约热内卢，2002 年在南非约翰内斯堡，2005 年在加拿大蒙特利尔，2009 年在芬兰哥本哈根，2010 年在墨西哥坎昆，之后又在法国巴黎等地召开了保护环境、推进可持续发展的会议，签下了很多备忘录、宣言和议定书，针对生态文明和人类可持续发展提出了意见和建议。尽管各国对如何推进可持续发展步调还不那么统一，但做好环境保护、保护好生态文明方可保证可持续发展，已成为各国共识。

（二）中国生态文明建设取得的巨大成就，得到国际社会高度认同

我国的生态问题，始于改革开放后的大发展。我记得很清楚，1972年，在瑞典斯德哥尔摩召开了世界上第一次人类环境大会，中国代表团以观察员身份参会。我们的代表团从斯德哥尔摩回国后，在北京东四九爷府召开汇报会，我受天津市政府委托，到会听了汇报。汇报内容十分丰富，代表团团长最后的讲话让我记忆犹新，那就是"世界上的环境污染是资本主义制度的产物，因中国是社会主义国家，所以，我们国家不会发生环境污染"。

也许是这一观念的延续和影响，中国在改革开放后的大发展中对环境污染没能足够重视，很多开发项目的环评滑落到给钱就通过的地步。再加上地方发展的GDP论英雄和环保管理体制的自收自支，导致企业的污染成了某些环保部门的肥肉。在司法疲软、监督欠缺的情况下，环境污染日益加重，特别是水体污染。

在我担任全国政协常委和国务院参事期间，到过20多个省份、100多个城市调研，那时我所看到的几乎是"有水必污"。2002年，我国工业废水达194亿吨，几乎全部没有处理，由此造成80%的河流被污染。那时长江、黄河、松花江、珠江、辽河、淮河、海河以及太湖、巢湖、滇池等水体，65.1%为四类和五类水，丧失了饮用功能。因此，300多座城市中的1亿多人缺水吃，农村更有3亿人饮水不安全。水质污染还造成很多网箱养鱼户鱼死网破，生活艰难。那些时日，因环境污染，中国还出现了一批癌症村，老百姓怨声载道，而雾霾的日益加剧，更造成半个中国看不见白云蓝天。我也曾针对这些调研出的问题，在全国政协常委和国务院参事岗位上，提出过建设"五大体系"、实施"四大工程"的建议，即建设财政保障体系、政策法规体系、绿色GDP核算体系、环境补偿体系、群众监督体系，以及城市粪便利用工程、生态农业工程、节约用水工程、

循环经济工程等。

经过多方面的推动和党中央、国务院多年的探索和努力，特别是党的十八大之后，习近平总书记"绿水青山就是金山银山"理念的提出和环保法制的完善与加强，我国的生态文明建设取得了令世界瞩目的成就。

党的十八大面对环境污染的挑战，把生态文明建设摆上了全局工作的突出位置，将其纳入了"五位一体"总体布局，要求把生态文明建设贯彻到发展的全过程和发展的各方面，并把生态文明建设写进了宪法。过去的 10 年，中国在习近平生态文明思想指引下，深入贯彻"绿水青山就是金山银山"的理念，全国上下像保护眼睛一样保护生态环境，像对待生命一样对待生态环境，推动生态文明建设往深处走、往心里走、往实里走。在长江经济带发展过程中，只提大保护，不提大开发，并要求黄河流域要建成生态保护示范区，尊重自然、顺应自然、保护自然。这 10 年中国的生态环境保护发生了历史性、转折性、全局性的大转变，森林资源面积增加了 7000 万公顷，居全球首位，在沙漠的治理上扭转了沙进人退的格局，出现了林进沙退、绿进沙退的新局面。从今年 1 月 1 日起，长江干流及支流，还有近江湖泊与入海口水域开始实施"十年禁渔"。美丽中国建设迈出了坚实步伐，塞罕坝荒原变林海的奇迹获得了联合国"地球卫士"的最高奖项。为了实现对世界碳达峰碳中和的承诺与目标，自 2015 年起，我国开展了 10 个国家公园试点。在推动《巴黎协定》的实施，设立气候变化的"南南合作基金"，发起"一带一路"绿色发展国际联盟等方面，中国都是重要的参与者、贡献者和引领者。

正因如此，中国生态文明的理念和行动得到了世界的普遍重视和点赞。《联合国气候变化框架公约》第二十六次缔约方大会气候行动高级别倡导者奈杰尔·托平曾说，"生态文明""人类命运共同体"这些中国理念像诗一样美丽。美国人文与科学院院士约翰·柯布曾讲，中国生态文明建设关心的不仅是中国人民的福祉，更是整个人类的可持续发展。

（三）以稳中求进的姿态确保以"两碳"为中心的生态建设阔步前进

伴随着中国共产党带领中国人民踏上第二个百年奋斗目标的赶考之路，中国的社会主义建设进入了一个新时代。中国人民比历史上任何时候都更接近和更有信心实现中华民族伟大复兴。生态文明建设要遵循新时代的要求，与中华民族伟大复兴相适应，就必须以稳中求进的姿态，推动以碳达峰碳中和为中心的生态建设阔步前进。

碳的排放问题，是制约人类发展的最大难题，因为经济的发展需要能源，能源的生产需要燃烧煤炭、石油。在这些矿石能源的消耗中，有大量二氧化碳被排放，造成了空气中二氧化碳含量的高升。试验证明，二氧化碳在空气中大量存在会导致地球升温。人们已经证明，工业化以来因二氧化碳的超常规积累，已造成地球升温1℃，并因此引起了雪山融化、海平面上升、极地病毒释放、疾病增多、旱涝灾害、作物减产、粮价升高等问题，给人类带来了诸多灾难。

从1880年到1980年，这100年间海平面上升了14cm。预计到2030年，因温室气体排放引发的温度升高，会造成海平面上升20～140cm。为了防止气温过度上升，并将其控制在1.5～2℃的范围，控制二氧化碳的继续排放，大力推进碳达峰碳中和，已成为当今人类面临的重要使命。

据有关方面测定，2019年我国的碳排放达到了98.25亿吨，占世界排放总量的29%，GDP占世界GDP总量的16.2%，能源消费占世界消费总量的24%，单位GDP的能耗是世界平均水平的1.47倍。中国要实现碳中和，每年需要减排3.17亿吨二氧化碳，这是美国的2倍、欧盟的3.5倍、日本的9倍。我国工业生产耗能过高，一方面表明我们的产业层次偏低和能源浪费较大，另一方面也表明，我们的产业调整、高质量发展和减排二氧化碳，还有较多机遇和较大潜力。

为了承担节能减排、降低碳排放的使命，我们已向世界承诺2030年实现碳达峰，2060年实现碳中和。面对如此艰巨的任务，我们必须搞清楚完成这项任务的重要意义，明确该怎样做到既保证经济的稳中求进，又保证"双碳"目标的有序完成。

为此，一是需要做好顶层设计，发挥制度优势，压实各方责任，但也必须处理好全局与局部的关系、近期与长远的关系，确保经济活力。二是要节约先行，把节能放在首位，实行全面节约战略，包括低碳生活，提高能源的投入产出效率。三是用好政府职能和市场作用，加强科技创新，发挥好市场资源配置的决定性作用。四是立足本国实际，推广国内经验，同时要做好同国际的交流，并统筹用好两种资源。五是要加大非矿石能源开发力度，并在增加碳汇方面，努力提升森林覆盖率，力争2030年单位GDP二氧化碳排放占比下降65%，非化石能源占比25%。

中国共产党成立100周年的基本经验有"十个坚持"，即坚持党的领导，坚持人民至上，坚持理论创新，坚持独立自主，坚持中国道路，坚持胸怀天下，坚持开拓创新，坚持敢于斗争，坚持统一战线，坚持自我革命。我认为，要做好以稳中求进的姿态确保以"两碳"为中心的生态建设阔步前行，同样需要这"十个坚持"，尤其需要坚持以人民为中心，坚持敢于斗争，搞好开拓创新。

（2022年1月1日在2022博鳌国际生态环境大会上的发言）

十二　关于治理食品安全问题的六点建议

食品安全关系每个人的身体健康和生命安全，关系民生福祉。要始终坚持以人民为中心，认真落实中央关于食品安全的决策部署，切实把党的百年奋斗重大成就和历史经验转化为推进食品安全监管工作向纵深发展的动力。任玉岭常年关注食品安全问题，为我国"食品安全法"等相关法规的出台提出了中肯建议。

（一）关注食品不安全的问题，增强治理食品安全的紧迫感

近年来，随着党中央、国务院对民生问题的日益重视，食品安全的管理工作也已经有了显著成效。对三聚氰胺事件的重拳出击和对相关责任人的严惩不贷，有效地推进了食品安全建设，成绩应予以肯定。但是，各种各样的食品安全问题仍然层出不穷，有些是显性的，有些是隐性的，有些是突发性问题，有些是累积性问题。矿物油刨光大米、瘦肉精催生猪肉、敌敌畏浸泡火腿、柠檬黄染色小米、孔雀绿浸染蚕豆、牛奶用抗生素防腐等，只是已经被人们发现和公开曝出的食品安全问题，而没有被报道、被发现的食品安全问题又有多少呢？这可以从一些疾病的高发病率的角度进行判断。例如，中国的癌症发病率高于世界平均发病率50%，不明原因的上吐下泻事件不断发生，这大多与食品安全问题有关系。过去20年我国的不孕率已从世界最低的3%上升到12.5%，每8对夫妻就有1对不能生育。这与除草剂、促生长剂、防腐剂、增筋剂、增白剂、膨大剂等的过量使用以及转基因食品增多不无关系。不久前中国工程院

庞国芳院士送了我一套科学出版社出版的由质检院牵头完成的果蔬安全调查报告，全套共 8 本，约 600 万字。我翻阅后，得到这样的信息：在对 45 个城市、200 多个地区、1500 多个采样点采集的 135 种果蔬进行农药残留检测时，发现 81.6% 的样品有农药残留，30% 的单种果蔬累计检出农药超过 100 种，而且越是常吃的水果、蔬菜农药残留品种越多，芹菜、番茄、苹果、黄瓜、葡萄和菜豆农药残留排前 6 名。另外，还在 12.2% 的果蔬样品中检出高剧毒和禁用农药 76 种；有 28 个城市检出高剧毒和禁用农药超过 10 种，涉及果蔬 110 种，占品种总数的 81%，其膳食安全风险是非禁用农药的 35 倍。须知果蔬的农药残留只是食品安全问题的一方面，而仅此一方面，就已使我们感到问题的严重性，我们必须增强解决食品安全问题的紧迫感。

（二）把食品安全提上各级、各地政府的重要议事日程，进行有效管理

已经发生和可能发生的食品安全问题，的确是一个涉及面极为宽广、治理难度较大的问题。要解决好食品安全问题，就必须有各级和各地政府的高度重视，并将其作为一项系统工程，进行综合治理。食品安全，牵涉到各种农药如生长剂、增肥剂、增大剂等的研发、销售与生产，牵涉到农产品和食品生产中对各种有毒有害产品和添加剂的管理和使用，牵涉到工业企业的气体排放、废水排放、废物排放及对其的管理与防治，牵涉到质检部门的检测技术、检测效率、检测范围以及检测执法是否负责和认真。这些工作，有些是科研管理部门的，有些是农业生产部门的，有些是工业管理部门的，有些是环境监督部门的，有些是工商、质检执法部门的，要真正解决好食品安全问题，必须有各级政府的高度重视。一方面管理层需要端正认识，树立信心，特别是高层管理机构，不能把食品企业分散、难管作为食品安全难保的理由。另一方面，需要严格执法，统筹协调，不能多头管理，不能都管、都不管或实行人情执法，更不能搞地方保护，为企业隐瞒安全信息。必须把解决食品安全问题提上各级地方政府的重要议事日程，搞好各相关部门的通力合作，这样才能限制那些造成食品安全问题的新产品的研发与推广，才能使已经被限制的剧毒农药停止生产与使用，才能减少各种有毒气体和废物对农产品的污染，才能推出更有效、更快速的检测手段，才能做好有关食品安全的环境执法和市场监管。如此，食品安全问题才能从源头解决，食品安全才能有真正的保障。

（三）加强食品安全的宣传教育，建立必要的道德基础

食品安全问题涉及全社会男男女女、老老少少，必须让广大百姓重视食品安全，让每一个人都懂得食品安全的重要性。社会上曾经出现的张悟本事件，说明很多人极易被人忽悠、极易受骗上当，而原因就在于他们缺乏足够的科学知识。工作实践使我感受到我们的政府对食品方面的研发、教育、宣传、管理做得不够，虽然人人天天都要吃饭，但对这方面的重视比起卫星、飞船和安全武器来，真是一天一地，不可同日而语。例如我国食品工业 GDP 占 GDP 总量的 10% 以上，但对这个行业的人才投入、研发投入却少得可怜，同其他行业相比，有着天壤之别。

再就是，在庞国芳院士提供的调查报告中随机记录了 21 个城市的果蔬农药检出率，有三分之一的城市低于 70%，有三分之一的城市高过 80%。高过 80% 的 7 个城市是上海、西安、南昌、长沙、武汉、银川和杭州，最高的是杭州，果蔬农药残留率高达 92.4%。而低于 70% 的 7 个城市是兰州、乌鲁木齐、太原、呼和浩特、福州、昆明和郑州，最低的是郑州，果蔬农药残留率为 54%。从中似乎可以看出，发展越是强势的地方，食品安全落差越大，农药残留问题

更加严重。这说明食品行业在各地的大发展中被边缘化的趋势很明显。据此，为了搞好食品安全，在地方社会经济发展过程中，一定要重视食品行业的发展，提升食品安全的地位。

我们要加大对食品研发的资金和人才投入，提高食品生产技术研发能力，尤其要对食品安全进行必要的科学普及，特别是要使广大农民懂得食品安全，重视食品安全，从而做到在食品生产的每一个环节上，关注食品安全，保障食品安全。

当然，现在出现的很多食品安全问题，也与一切向钱看有关，与道德缺失有关。为此，还要围绕食品安全加强道德教育。要使广大食品生产者、研发者、销售者知道食品安全关乎生命安全，人命关天，不断提高道德水平和诚信意识。尤其要重视社会主义核心价值观的教育，特别是学校教育一定要寓道德教育于文化、知识教育之中，使社会主义核心价值观真正被记到学生的头脑里，融在学生的血液中。

（四）尽快提升国家食品安全标准，提高检测水平

我国食品安全方面存在的最大隐患是食品安全标准过低、检测设备落后、检测技术过差、检测不规范。前几年，在湖南生产的茶油中发现了大量的致癌性很强的 3,4 - 苯并芘。有关方面说，我们没有把 3,4 - 苯并芘列入检测指标，有些检测单位也没有相应检测手段。其实国外 40 年前就已经开始重视 3,4 - 苯并芘的检测，科学出版社 1973 年出版的由我翻译的《石油发酵》一书，就曾大量谈到 3,4 - 苯并芘。再如二恶英问题。日本早已发现垃圾焚烧场附近居民癌症发病率高出其他地区好几倍，这正是二恶英污染蔬菜和粮食所造成的。我国台州一个化工区搬到农村后，周围的居民不断有人得癌症死去。我去调查时，很多死者亲属从深圳、北京、上海赶回台州向我哭诉，但我们却因缺乏科学的检测手段和检测标准而束手无策。

庞国芳院士的调查报告指出，中国的检测标准只有4140项，而欧盟的检测标准则高达160000项，日本、美国分别为50000项和40000项。如此少的检测标准，不仅不利于检查食品污染实况，保证百姓健康，而且也不利于中国食品同世界接轨和更好地走向世界。

检测指标与检测手段与食品安全度直接相关。要保证食品安全，我们就要在这方面改变落后面貌，一方面要修改食品安全标准，另一方面要加强对食品检测设施、食品检测技术的研制以及食品检测人才的培养。而所有这些，都需要加大资金与人才投入。国家一定要把食品安全摆到重要的战略地位，加大必要的投入。

我们有那么庞大的工商队伍和质检队伍，只要检测的技术、方法跟得上，能够把好食品的入市关，生产源头方面的问题就一定会解决。

（五）要改变错误的管理理念，健全与食品产业相关的法律法规

很长时间以来，有一种严重脱离实际而且不懂中国国情的观念，正在严重影响我们对食品安全工作的推进。这种观念的核心就是认为我国食品安全问题的根源是食品工业企业过多、过于分散，因而主张必须关停中小食品企业，支持大企业发展。很多人认为食品企业都变成大企业了，我们的食品安全问题就解决了，并说这是外国的经验，是美国的经验。

持有这种观念的人，不仅严重忽视了中国人口多、就业难的国情，看轻了发展中小企业对致富百姓的重要作用，而且严重忽视了中国最大的食品安全事件、瘦肉精事件等，多是发生在巨型企业，尤其是名牌企业。相反，正如孙中山早年所讲，中国只要有个三家村就一定有豆腐坊。那时，并没有因为制豆腐的企业又多又小而产生食品安全问题。因此，我们必须防止"取消小型食品企业，支持

大型食品企业发展，以保证食品安全"这种谬论把食品安全工作引向歧途。

以本人50年来对食品加工生产的亲身实践和认真的分析观察而言，食品安全问题绝不在于企业的多少和大小，而在于食品安全方面的法律不够健全，监管部门不作为或执法不力也与此有关。我们的食品安全管理，一是需要修改和扩充安全标准，二是要对剧毒农药生产加强监管，三是要对农药使用出台约束条例，四是要对研发工作进行法律制约，五是要出台法律规范食品添加剂的使用，六是要加大监管和检测力度，对那些明知故犯者加大惩处力度，提高违法成本。之所以要对研发工作进行法律制约，是因为很多研发部门，置食品安全于不顾，只是从自身利益出发，研发那些有碍食品安全的增白剂、增稠剂、膨大剂、增黏剂等。例如将三聚氰胺加入牛奶中，这绝不是养牛人能想象出来的，实际上是相关研究部门的研究人员为了赚钱不惜故弄玄虚而推出的。我们的食品立法，没有对这样的研究做出法律界定。而针对食品添加剂使用情况的法律欠缺，是指没有对超出范围、超出数量使用食品添加剂者的惩罚规定。例如有人将抗生素、避孕药添加于饲料，用于水产和畜禽养殖，因为缺乏必要的监管，造成药物残留和恶性循环。因此，为了确保食品安全，必须制定更完善的法律，推动法律的健全，对明知故犯或唯利是图而不择手段者要进行坚决打击，以警示世人。

（六）要搞好食品安全必须反腐倡廉

我们的一些有关地方和有关部门解决食品安全问题的做法，多是寻租的做法，而不是安全的做法。例如认证绿色和有机食品基地、绿色和有机食品市场、绿色和有机食品商店，这样做就必然出现寻租和弄虚作假的现象。有的地方、有的企业为了一个绿色或有机的招牌，不惜进行贿赂；而拿到证书后，又不认真去做，结果是自欺欺人。

再说，食品安全是所有人的事，作为国家、作为政府，在食品安全方面应对所有人负责任。难道只有有钱人才可以享受食品安全，钱少的人、困难的人，就只能去吃不安全的食品吗？因此，大搞绿色或有机基地、绿色或有机商标、绿色或有机企业、绿色或有机商店的做法不符合以人为本精神，易产生官商勾结的腐败行为，应予以叫停。

在我看来，用寻租的"绿色""有机"认证去推动食品安全，如同当年英国为向澳大利亚移民而实施的付费设计。一开始是每上船一个人支付给船主1000英镑，船主为了多得钱、快得钱，就不顾移民正常生活，让他们死在中途，然后将尸体扔在海中。后来改为在澳大利亚上岸一个移民付1000英镑的政策，移民才真正取得成功。因此，我们的食品安全不能靠大搞寻租与腐败的"绿色"和"有机"认证，而是要注重立法立规、制度设计，比如学习土耳其狠抓食品无污染的标准化，最大程度保障全体百姓的食品安全。

另外，我们有些政府机关和管理部门，以及大型国有企业，利用手中拥有的公权力或国家的钱，设立自己的食品基地、粮食基地、蔬菜基地，搞所谓自供和特供。不仅他们搞粮食特供、蔬菜特供、油特供、酒特供，甚至有些环保部门也这样做，如此一来他们自己是安全了，自然就会放松对食品安全的监管，百姓就要跟着遭殃。所以，应限制有关管钱管物的部门和单位专设自己的绿色食品基地，遏制特供之风，以便增强管理者的使命感和责任心。这样人民的食品安全才会有保障。

再就是要实事求是地面对转基因问题。我是长期从事微生物学研究的，自1973年美国微生物学家发明基因重组技术后，我一直将其等同于多种多样的诱变技术，不认为转基因产物会有什么危害。但是当我看到农业部一要员在网上提供的美国粮农组织对孟三都公司转基因产品所做的为期35年的试验结果后，改变了固有观念，看到了转基因产品的真正危害。这个实验用了三组各 1000 只小白鼠，第一组 1000 只喂传统粮食，35 年后发展到 4000 只；第二组 1000 只喂 50% 传统粮食和 50% 转基因粮食，35 年后余下不到 1000 只；而第三组 1000 只全部喂转基因粮食，35 年后全部死光。这一实验结果是美国粮农组织向联合国报告的，有一定的可信度。既然如此，我们就要实事求是，不能自欺欺人，对转基因产品要正确对待。

总之，要做好食品安全工作，就一定要牢记习近平总书记推介的河南南阳内乡县衙的一副对联："得一官不荣，失一官不辱，勿说一官无用，地方全靠一官；吃百姓之饭，穿百姓之衣，莫道百姓可欺，自己也是百姓"。大家都这样去想、去做了，食品安全就一定会大有保障。

（2014 年 6 月 9 日在中国食品安全大会暨首届联盟峰会上的发言）

第五章

社会治理的产业逻辑

党的十九届四中全会的《决定》提出，要坚持和完善共建共治共享的社会治理制度，保持社会稳定、维护国家安全。应在政府统揽全局的前提下，拓展公众参与社会治理的制度化渠道，充分调动各方力量参与社会治理的积极性、主动性、创造性。企业参与社会治理，是营造共建共治共享社会治理格局的必然要求。本章梳理了任玉岭关于企业在发展中应承担的社会治理功能、如何推动产业振兴等方面的建言，其核心要义在于，中国企业应当依托技术赋能、市场互动、产业转型以及公益支撑的协同作用，推动社会治理效能的提升，提升社会的整体福祉与公共利益。

一 承担社会责任是企业可持续发展的重要保证

企业作为重要的社会成员，深深嵌入在特定的社会结构、社会文化和社会关系网络之中。企业要实现自身经济效益的最大化，必须承担相应的社会责任。任玉岭多次在论坛发言中强调企业的社会责任，并提出企业发展必须勇于承担的八大责任，值得企业界反思学习。

美国商业大师迈克尔·波特曾经在北京大学演讲时说道，"一定要使企业认识到企业的健康，需要社会的健康来保证"。在他看来，只有社会的健康发展，才有企业的更大成功。

去年日本京瓷公司董事长稻盛和夫在北京大学演讲时指出，他之所以能够创立两个世界 500 强企业，很重要的原因就是他懂得感恩社会、乐善好施和热爱员工。他认为每个人的生存都要依靠周围环境和所有人的支持，主张企业要感恩社会，要以亲切、同情、和善、慈悲之心去待人接物，"利人才能利己"。在这次金融危机中他的两大公司没有一个员工被裁，这不仅调动了员工积极性，也使其公司在战胜危机方面走在了日本的最前列。

改革开放 30 年来，我国能有数以万计的企业，从无到有、从小到大、从弱到强，其主要原因即在于国家的改革和开放，没有改革开放的好形势，就不会有民营企业、国有企业乃至外资企业在中国的大发展。因此，不论过去和将来，所有企业的发展都离不开国家发展的大环境。企业一定要爱护和关注国家的大环境，一定要使企业本身的发展与国家宏观政策相适应。

企业承担社会责任在西方是从宗教理论开始的。我在北海市天主教堂内，就曾看到做生意要诚的信条，实际这就是把"诚信"当作企业的社会责任。随着工业化的推进，企业的社会责任又逐步扩大到劳工权益、慈善捐助与环境保护等等。我国从21世纪初开始提出企业社会责任问题，由SA8000的企业认证起，企业社会责任越来越引起社会关注。我们姑且不谈SA8000能否作为企业进入国际市场的通行证，企业的社会责任，的确成为世界上很多国家关注的一个命题。企业承担社会责任，从总体上看，是有利于企业和社会持续发展的。这次美国次贷危机引起的世界金融风暴中，就有人责怪包括格林斯潘在内的一些金融界的负责人，抱怨他们缺乏应有的社会责任。我相信，这次金融危机后，各国会更加重视企业的社会责任。

在我国，当前从上到下都在认真落实和践行科学发展观，科学发展观作为马克思主义与时俱进的科学理论，作为我国经济社会发展的重要战略思想和指导方针，涵盖了"发展"的第一要务，"以人为本"的核心内容，以及协调发展、全面发展、可持续发展的光荣使命。贯彻落实科学发展观，就是要确保社会又好又快发展，要构建和谐社会，要把民生问题作为发展、改革和稳定的结合点。要做到这一点，必须有企业的参与和助力。社会与企业是相互依存的，企业的发展是离不开社会的。企业与社会的关系，就如同汗毛与皮肤和头发与脑袋的关系，如果皮肤和脑袋出了问题，汗毛和头发也将不会存在。有的企业只知赚钱和追求利润最大化，而不惜偷税漏税，制造假货，浪费资源，污染环境，压低和扣发工人工资，甚至置工人的健康于不顾，这样做不仅无法落实科学发展观，构建和谐社会，也不利于企业的长远发展、持续发展。因此，企业也要学习和践行科学发展观，强化自己的社会责任感，只有企业把更多的社会责任担起来，才会有国家与企业的双赢及共同繁荣与发展。

至于企业的社会责任，在三年多前，我曾经提出过八条建议，这里想简要予以重复。

（一）承担起又好又快发展的责任

国家的发展建立在企业发展的基础上，只有企业发展了，国家才能有发展。因此，作为企业，必须承担起发展的社会责任，把发展作为第一要务，坚持发展是硬道理。当今中国解决一切问题，都离不开发展的推进。无论是增强国力，还是提高国民收入，改善人民生活，保障社会稳定，没有发展这些都将无从谈起。为此，广大企业一定要以发展为中心，以发展为前提，切不可三心二意，或像前年东莞的某些企业那样，把发展的资金挪去炒股票，以致走向了破产和倒闭。企业的发展一定要以科学发展观为指导，坚持以人为本，搞好全面发展、协调发展和可持续发展。

（二）承担起缴纳税款的责任

税收，是国家财政的保证。没有税收做财源，政府就不能运行，国防就不会安全，国家就不能发展。企业作为主要的税源供体，担负着为国家纳税的重要任务。因此，企业一定要有纳税的责任心和纳税的使命感，积极地承担起缴纳税款的社会责任，确保国家财政收入的稳定增长和国家机器的正常运行。我们有些企业，为了偷逃税款，存在做假账、做两本账的现象，这不仅对本企业的发展是极其有害的，也不利于国家的发展，必须给予严厉的纠正和打击。

（三）承担起节约资源的责任

我国的可持续发展，正面临资源的有限性、稀缺性和耗竭性的矛盾和困难。我国人均森林面积是世界平均水平的三分之一，人均水资源占有量是世界平均水平的三分之一，人均矿产资源占有量是世界平均水平的二分之一，人均石油占有量是世界平均水平的十分之一，人均天然气占有量是世界平均水平的二十分之一。但是，在生产方面，我们对资源的浪费却十分严重。2005 年我国 GDP 仅占世界 GDP 总量的 4%，而消耗的石油、铝、铜、镍、钢、煤、水泥却分别占到世界总消耗量的 7%、19%、20%、21%、25%、30%、40%。我国单位 GDP 能源消耗是世界平均水平的 5.9 倍，是美国的 4.3 倍、日本的 11.5 倍。我国资源消耗占国民收入的比重是日本、法国、韩国的 100 倍，是德国、意大利、瑞典的 30 倍，投入高、产出低的现象普遍严重。企业作为资源消费的主体，为落实科学发展观，一定要承担起节约资源的社会责任，降低成本、提高产出，确保可持续发展的进行。

（四）承担起保护环境的责任

随着工业的发展，我国环境污染之严重，已经世界少见。目前我国农药污染、二氧化硫污染、汞污染、有机物污染状况均排世界前列，水体污染、大气污染、垃圾污染、噪声污染、食品污染等已经严重影响了人民生活及社会的顺利发展。我国工业废物的排放密度是德国的 20 倍，是意大利、韩国、美国、日本的 10 倍多；空气污染是法国、加拿大、瑞典的 7 倍，是英国、澳大利亚的 4 倍。另外，水作为生命之源，中国的污染更为严重，水质污染已造成 3 亿多人饮水不安全。酸雨和二氧化硫污染，已造成一些城市肺癌发病率比 20 世纪 70 年代增加 8 ～ 10 倍。所有这些，都与企业技术水平偏低和环保意识不强有关。因此，企业必须承担起保护环境的社会责任，大力推动科技创新，发展循环经济，减少废物、废水、废气的排放，并搞好"三废"的回收与处理。

（五）承担起保护职工权益的责任

人力资源是社会的宝贵财富，也是企业发展的强大支柱。保障职工的生命安全、身体健康以及他们的居住和收入水平，是企业更好发展的重要条件，也是社会和谐的重要方面。我们的一些企业因为不重视保护员工权益，职工的生命、健康问题不断发生。曾有报道称，我国每年有上万工人的手或手臂被切断，每年死于工伤的人数也很多。有的单位因不注意劳动保护，造成大量矽肺病患者。河南郑州出现的"开胸验肺"事件等都说明我国一些企业缺乏社会责任感。另外，无限延长工人工作时间，极度压低工人工资和克扣工资现象也较为普遍。这些问题不解决，不仅社会不稳定，企业也难以长久。因此，无论从国家利益考虑，还是从企业利益着想，企业都应该切实承担起保护职工权益的社会责任。企业要遵纪守法，爱护企业员工，搞好劳动保护，不断提高工人收入水平；要多与员工沟通，充分调动企业员工的积极性。

（六）承担起扶贫济困和关心慈善事业的责任

我们是一个拥有 13 亿人口的大国，发展的不平衡和生老病死等不确定因素，导致社会上仍有很多人生活困难，需要救助。而 2004 年评出的《财富》中国 500 强的前 100 名中，有 75% 对慈善事业毫无作为。中国慈善基金捐款有 70% 来自港澳台和国外。前年汶川地震发生后，一些企业表现很好，但仍有企业不仅自己捐款很少，而且还限制职工捐款，为此受到网民的唾骂。我想企业家应引以为戒，更多地学习国内外一些企业的好做法，把扶贫济困的社会责任担起来。

（七）承担起明礼诚信、确保产品货真价实的责任

当前，企业诚信缺失，为追求利润最大化不择手段，不顾人民群众生命安全的例子不断出现。以前年出现的三聚氰胺毒奶粉事件为例，这实际是安徽阜阳"大头娃娃事件"的继续。大头娃娃的出现是因为奶粉造假，蛋白含量不足，造成一些孩子营养不良。这一事件曝光后，有的企业没有从中接受教训，而是把不可食用的化工

原料三聚氰胺拿来补充牛奶蛋白含量，造成数万婴儿得上了肾结石，同时也使一个经营了 50 年的大公司轰然倒下，相关企业领导也因此锒铛入狱。又如房地产行业，一些企业无休止地追求暴利，以致房价脱离了广大群众的购买能力，出现了房地产泡沫。这不仅使一些企业面临倒闭，也给银行带来了风险。为了国家安全、人民健康、百姓福祉，我们的企业必须承担起明礼诚信、确保产品货真价实的责任。

（八）承担起加大科研投入，进行科技创新的责任

改革开放后，我们实行了"拿来主义"，引进了大量的国外装备和技术，这对我国科技水平的提高起到了巨大的推动作用。但是由于对国外技术依赖度过大，我国出口企业的利润极低，企业发展失去了自主性。上海是中国科技力量最多、创新能力最强的城市，但是上海企业对国外的技术依赖度上升到了 75%。2004 年同 1993 年相比，技术依赖度增加 10 个百分点。因此，为了提升中国企业的生产效率和效益，提高中国经济的自主性，我国广大企业一定要担当起科技创新的社会责任，要像武钢、奇瑞那样，充分加大科研投入，搞好科技创新。

总之，企业的发展，离不开社会的健康发展。承担社会责任、乐善好施，是企业发展的重要条件。

（原载 2010 年 4 月 20 日《人民政协报》）

二 关于推进企业项目建设与富民相结合的建议

企业作为社会有机体的基本单元，既是市场经济活动的主体，亦是承担社会责任的"公民"。其在依法追求经济效益最大化的同时，也应秉持道德自觉，主动承担扶危济困、推动社会进步的时代使命。任玉岭自1998年担任全国政协常委以来，始终秉持求真务实的研究精神，将企业调研作为参政议政的重要实践路径。他广泛听取并系统整理来自基层的意见建议，前瞻性地提出企业项目建设应与富民相结合的理念，最终形成了涵盖发展理念转变、税收政策改革、补偿机制建设等维度的系统性建议。

最近，我参加全国政协常委视察团在黄河沿岸视察时，不止一次地听到有关省领导提出项目建设要与富民相结合的建议。这一方面表明我们这些党政领导人确有一颗权为民所用、情为民所系、利为民所谋的赤诚之心，同时也说明当今确有很多工程建设项目，虽然搞得轰轰烈烈，但并没有给广大百姓带来利益和好处。

沿黄河一路走来，从源头到入海口，5000多公里的行程，我们目睹了很多水电、煤、油、化工等大项目正在黄河上中游蓬勃兴起。它们带动了地方交通条件的改善、财政的增收、城市面貌的变化，但与此形成反差的是，这里的广大百姓依然很贫穷。

例如，青海省这些年在黄河上建起很多座梯级水电站，这对于相关企业而言，能够创造很大效益，得到很多好处；而对于地方百姓而言，他们为支持建设电站而从祖辈生活过的好地方或向后靠，或往高移，而得到的补偿却十分有限。电站建成后，他的生存环境不仅没有改善，反而更为困难。当地有"三望三叹"之说。一是"望水兴叹"。水库修起后，农民吃水用水反倒更困难，那些在黄河边上靠黄河水养育成长起来的人们，今天要么要用高价水，要么就是没水吃。二是"望电兴叹"。原本当地百姓看到国家要在身边建电站，无不兴高采烈，而电站建成后，为电站作出贡献的农民却享受不到任何优惠，生活在电站边上，用的电和城市一样贵。三是"望站兴叹"。电站建成后，电站职工不仅有高收入，而且还享有用大量资金打造的好住宅、好环境，当地百姓同他们比起来却一个天一个地。这怎能不让人兴叹呢？

在山西，虽然每年有各种各样的企业在这里挖出 6 亿吨的煤，发出数亿千瓦的电，但在 2006 年黄河沿岸的 28 个县，农民月收入达到 1000 元以上的只有 14%，53% 的县农民月收入只有 600 ～ 1000 元，有 33% 的县农民月收入在 600 元以下。在今年我们国家的 GDP 即将跨入世界第三位的时候，我们该如何去面对母亲河及河畔的人们？

在陕西榆林，因为发现了大煤田和大油田，有些人自豪地讲这里就是"中国的阿联酋"，政府财政收入和城市面貌变化之快十分喜人。尤其油、气、煤的开采和加工垄断型企业，其办公大楼之豪华，职工生活环境之好、收入之高让人惊叹。但是，迄今为止占这里人口绝大多数的农民月收入才只有 2200 元。我两个月前去过中东的沙特和阿联酋，他们在采油增收后，并没有忘记百姓。我在沙特参观时，他们指着大片的住宅区，说是政府建好后送给百姓的，而且最近还要再建 150 万套住宅，送给那里的普通百姓。而我们的企业和项目的发生地，是否也可以仿效一下沙特和阿联酋的做法，去关注一下平均收入还远不及全国水平的当地农民呢？

其实项目建设者脱离群众，不能与富民相结合的问题，并不只是发生在黄河两岸，应该说这是一个普遍问题，只不过西部显得更为突出而已。我曾经在有些城市听出租车司机讲："我们不希望发展，越发展，百姓的利益越受损；越发展，普通百姓的生存越艰难！"这话虽然有较大的片面性，但确实也反映了部分百姓的心声。我也不止一次地收到过矿区人民的上访信。例如某地开采铁矿，地下被挖空塌陷，不仅造成居民住房裂缝、倒塌，而且使稻田不能存水保墒，以致颗粒无收。

总之，国家项目、民企和外资项目在地方的建设发展过程中如何与富民相结合，已成为我国当今经济社会发展的突出问题，也是需要研究解决的大问题。资源是国家的，也是广大人民群众的，水是这样，土地是这样，煤、油等各种矿产也是这样，各种各样的农副产品资源同样是这样。这些资源不能被攫为少数企业所有，更不能因为一些企业是国家的，或是因为企业有资本可以抵押贷款进行投入，就可以自以为是，为所欲为，置群众利益于不顾。研究解决项目建设与富民相结合的问题，已经到不能再拖的时候了。

（一）要把几十年来形成的农业支援工业的观念转变到工业反哺农业上

新中国成立后大约 50 年的时间内，我们为了推进工业化，一直奉行着农业支持工业的政策。只要是垄断行业的建设项目需要，不仅地方政府要让路，广大农村和农民更要让路，一切支持项目、一切服从项目。项目开发单位主宰一切，地方和农民从来都是顾全国家利益，从不讲价钱，也很少提要求。正因如此，我国的工业化才得以较快实现。然而，由于这种观念未能及时转过来，迄今为止在项目建设中仍是考虑开发单位的利益多，考虑农民和地方的利益少，也因此导致了城乡差距的拉大。实际上，现在很多国企建设项目，特别是水力发电、火力发电、开采煤矿、挖掘石油、电信交通、石油化工等项目，在具体操作中仍然沿袭了传统的农业支援工业的观念，地方和农民的付出巨大，企业对地方和农民的关注很少。这是不符合中央关于工业反哺农业的政策精神的，更不利于和谐社会的构建。因此，要实现项目建设与富民相结合，必须转变原有的观念，按照工业反哺农业的原则，去建设工业、开发资源，使项目建设为致富民众做贡献。

（二）要改革税收政策

现在很多重大的水电、煤、油生产企业，多实行总部纳税机制。很多公司的总部设在北京等大城市，无论项目开发有多大效益，作为税收大头的所得税都在大城市缴纳，地方上虽然可以在增值税中分成，但多为25%的提成，75%仍要交总部。地方提成的25%的增值税，省、市还要进行分成，所以地方上的所得是非常有限的。因此，为了使项目建设与富民相结合，可以考虑改革税收政策，对进行水电、煤、油开发的企业，要么实行在开发地注册公司、税收交注册地的办法；要么实行所得税、增值税都进行分成的办法，并扩大地方税收留成比例，力争中央、地方各取一半。

（三）资源开发项目建设中，可允许地方入股

具体可考虑让资源地占股份的30%。现在很多国家大项目多是靠国家贷款支持的，为了使项目致富百姓，可以实行地方或百姓以土地入股，然后共同承担贷款责任。走向农村的农产品加工企业，也应实行这种办法，让农民在龙头企业内占股分红，形成真正的"公司＋农户"。加拿大在水电开发中，给搬迁移民赠送股份，并在移民地建设工业企业保障农民就业的办法很值得参考。为了确保地方和农民得到效益，在企业管理上要让地方和农民参加董事会；资源开发型公司的党委书记，应在地方遴选，以代表国家和百姓的切身利益。

（四）尽快建立资源补偿、生态补偿和环境补偿机制

各类企业在进行资源开发的过程中，自身已经取得较大效益，而当地居民仍然贫困的，或者是过去几十年已经把当地资源开发殆尽，而今当地生存环境困难的，应该从企业所获效益中切出一定份额，对资源地的居民和政府进行补偿。而因资源开发造成生态破坏、地面塌陷、水位下降，导致百姓房倒屋塌或无法种植庄稼的，资源开发企业应在其销售收入中切出一定份额，对遭受影响的农户和居民进行生态补偿。凡企业因开发水利、工矿和农业资源，造成环境和空气污染的，也要依据污染的程度，从企业销售额中切出一定份额用于对环境的补偿。为确保补偿得以落实，政府要早日出台相关法律法规。

（曾收入任兴磊主编：《任玉岭谈经济》，世界知识出版社2013年版）

三 关于改革上市公司管理体制，强化上市公司管理监督的建议

提高上市公司的治理水平，加强对上市公司的管理监督，既是社会治理的重要一环，也是维护企业创新创利与公平监管共同发展的关键任务。具体而言，需要以上市公司治理专项行动为抓手，转变监管理念，尤其是在体制机制上要有破釜沉舟的改革勇气。

（一）上市公司问题严重，令人怵目惊心

中国股市是中国资本市场的金库和粮仓，也是广大股民的生命线。金库如果丢了钥匙或是粮仓遭了鼠害，受损的不仅仅是国家资本，可能受害最直接、最惨痛的还是广大股民。

最近曝出的很多上市公司的黑幕和高管人员的犯罪行为，虽是冰山一角，但已经血淋淋地展示出上市公司管理与监管中的阴影和黑洞。

享有"中华珠宝第一股"荣誉的达尔曼公司，靠虚假陈述骗取了22亿元资金后，董事长许某卷款潜逃，达尔曼已经死掉。银行欠款高达11.4亿元的酒鬼酒公司董事长兼总裁刘某神秘失踪，上亿元的股权转让金不翼而飞。作为证券旗手和股票元勋的南方证券，也在被曝出挪用个人保证金和欠债共200亿元的信息后，轰然倒下，让人无限怅然。

此外，还有格林柯尔问题、安民证券问题、五洲证券问题以及发生于此前的德龙13家控股上市公司问题等，让人眼花缭乱、怵目

惊心。这些都让上市公司在人们心目中的印象大打折扣，使广大股民对股市大失信心。

（二）证券管理存在腐败，监管严重不力

在贿赂腐败之风缠绕于社会的今天，上市公司与证券管理机构也不是净土一片。事实证明，有暴利产生的地方，多是贿赂严重之地。正因为多数上市公司是本小利大、暴富，所以难免有少数素质低下者对证券机构管理层进行贿赂。在这种情况下，一些证券机构管理者难逃"糖衣炮弹"的诱惑，最终陷入泥潭。

中国证监会驻贵阳办事处主任高某，本来是四川凉山州副州长，博士学位，年轻有为。但他在被派到证监会工作后，顶不住巨额贿赂的诱惑，最后毁了光明前程，被判了重刑。又如中国证监会发行监管部发审委工作处副处长王某，因收受贿赂140万元被判有期徒刑13年。这两个案子涉及证券的监管和执法的不公正，其轰动效应之大，超乎人们的想象。

前面所列举的那么多上市公司高管潜逃、失踪等问题，其所造成的损失之所以那样巨大，后果之所以惊心动魄，就是因为没有人对股民的钱负责任。在证券监管形同虚设、过于无力和松散的情况下，上市公司管理极其混乱，为硕鼠和盗贼提供了方便。这是造成国家财产和股民财产损失重大的重要原因。

（三）上市公司"辅导"和"包装"无穷后患

我们的股份公司上市前往往要由证券公司进行"辅导"和"包装"。说穿了有不少"辅导"是在圈钱。由于"辅导"费过于昂贵，曾造成有的公司因此上当受骗，钱被卷走，无果而终。至于"包装"就更成问题，如编假情况、做假账、虚假陈述、虚构业绩等。

（四）上市公司的管理体制需要改革

上市公司问题严重，不仅是证券管理机构监管不力造成的，也与公司的管理体制不合理有关。为克服上市公司的多种弊端，需对其管理体制认真进行改革。

第一，改革申请上市单位的一股独大和垄断管理权。我了解的一家上市公司，脱胎于某国有企业，因其占了大股，所以就成了当然的董事长单位。公司总共7名董事，由第一大股东推荐4名；独立董事4名，由第一大股东推荐2名。监事会副监事长由第一大股东担当，9名监事中，第一大股东推荐3名；另外3名职工监事，因公司由原国企脱壳而出，也就不可避免地由原国企"派送"。

诸如上面这样的董事会、监事会，不可能吸纳不利于控股方的建议。实际上第一大股东垄断了董事会大权，也同时控制了监事会。如此这般，有谁还能替股东讲话，股民的权力由谁代理？因此，应大力解决上市公司中存在的一股独大问题。假如一股独大不能改，也应该扩大小股东的权力，增加董事会和监事会名额，以稀释和弱化上市单位对上市公司的管理权，从而打破控股方的垄断，保证上市公司合理运转。

第二，公司股权应按总金额重新划分，增加小股东和公众股民的话语权。上市公司募集资金后，原股东的权益应相应按股民和小股东所占份额，在公司按比例设董事席位。这些席位可称为"独立董事"，但不能由大股东推荐，应由证监会选派候选人，让股民投票竞选。独立董事须恪守岗位职责，尽职尽责，代表监事会和广大股民行使监督权。

第三，对虚假陈述、虚构业绩上市欺骗股民的公司，要取消其控股资格。如果上市后控股方资产全部被冻结，应该对控股方按冻结资产价值，减除其所占股份，按比例降低控股方一切权益。此外，还要对原公司进行通报和严惩。

第四，公司若因故停顿运营，不得动用发行股票所得的集资款。在此期间，领导层不得拿高薪、全薪，更不得用发行股票所得的集资款发放补贴、奖金和购置高价办公设备及车辆等。

第五，对公司进行财务审计的审计事务所，不得由公司自聘自选。特别是在一股独大垄断管理权的情况下，要坚决杜绝这种做法。审计事务所应由证监会选派，而且不能一成不变，应依需要进行更换。

第六，统一监事会的职责，放宽监事会的权力，加强对上市公司的一线监督。监事会应代表国家利益、股东利益行使权力，确保国家与股民利益不受侵害，促进中国股市更加活跃。

（2005 年 3 月 3 日在全国两会上的发言）

四 重视"三个面向"，创造数字辉煌

任玉岭时刻紧跟社会经济发展的潮流，保持对新时代经济社会各种新生事物的客观评判，积极思考和研究如何将新科技融入改革创新，撬动中国经济活力，助力社会治理发展，为科技产业创新发展提供思想先导。

15天前，我在西安举行的全球第三届程序员节论坛上听到白俄罗斯大使鲁德·基里尔讲了这么一句话："我在中国每天都感到更加开放，更加变化，更加创新，更加不同，更加面向未来。"一个外国大使对我国能有这样的感受和发声，足以使我们为之骄傲和自豪。

那么，这位大使所讲的中国天天都发生的变化和不同以及创新和开放是怎么来的呢？作为一个中国70年发展全过程的亲历者，我认为除了有中共中央的不忘初心、高瞻远瞩、英明决策和坚强领导，以及中国人民的爱国敬业精神和持续坚定、艰苦卓绝的拼搏和斗争，还有"互联网＋"的推进及数字科技的创新和牵引。

互联网自1994年走进中国，25年来不仅改变了我们的通信和生活，更改变了我们的学习和工作。互联网及数字科技成了经济发展的焦点、热点、动力和引擎，引领着、支撑着和推动着经济社会的快速发展。中国近20年来生机勃勃、日新月异，由一个欠发达的国家成长为世界第二大经济体，绝不能低估网络与数字科技的积极作用。

2018年我国数字经济规模已达31.3万亿元，占到GDP的34.8%，

其中平台经济已经有 6000 万人就业，今年上半年增速达 17.9%；软件产业有 600 万人就业，今年上半年增速为 30%。中国数字经济的增加值仅次于美国，位居世界第二。5G、互联网、云计算、大数据、人工智能、区块链等新一代信息技术，随着科技强国建设的推进、创新投入的增加、科研队伍的壮大以及激励政策的不断出台，正焕发出更加蓬勃的生机，展现出更加汹涌澎湃的发展势头，加快取得新突破已是势不可挡。

中国以互联网为基础的数字经济，在台式网络经济方面比美国晚了 10 年，在电子商务方面比美国晚了 5 年。这次 5G 和区块链技术的发展与应用，中国虽然比美、韩略晚了一点儿，但仍进入了第一梯队，开始由"跟着跑"走向并驾齐驱的发展新局面。

中国之所以能迎来这样的好形势和新局面，一是党中央、国务院及时成立了推动机构，出台了相关政策，特别是党的十八大以来创新驱动发展战略的实施以及对"互联网＋"与"大众创业、万众创新"的提倡和激励，为数字经济的发展提供了良好的氛围和环境。二是随着新世纪以来的大学扩招，高等教育大发展，每年有 800 万大学毕业生和 30 万～ 40 万海归回到国内，大批人才涌现并走向创新岗位，为我们数字科技的发展奠定了坚实的基础。三是随着中国经济的快速发展，人民收入的提高，手机用户已广布中国城乡，中国现有 8.2 亿网民，形成了庞大的消费群体，巨大的市场规模同数字经济的联结与互动，为数字科技的发展增添了巨大动力。四是中国巨大的行业体系所形成的经济大海，为互联网、大数据、云计算、物联网、人工智能、区块链的应用和发展提供了广阔的空间和舞台。"海阔凭鱼跃，天高任鸟飞"，这是我们国家得天独厚的特点，也是我们的优势所在。五是我们的互联网企业领军人，深知习近平总书记所讲的在激烈的国际竞争中唯创新者进、唯创新者强、唯创新者胜的真正意义，坚持把创新作为支撑发展的第一动力，十分重视对关键技术的研发投入。例如，华为为了发展 5G 技术，在 15 年前就投下了 2 万人的队伍和 4 亿美元的研发经费，从而保证了我们在激烈的国际竞争中能够做到自强自立。

这次区块链技术的发展，更是得到了中央的关心和支持。社会上一些人利用区块链技术与比特币的炒作骗人牟利，以致影响了区块链技术的声誉，很多人对发展区块链技术犹豫徘徊。而中央政治局则对区块链技术进行专题学习，而且我们的总书记还发表了重要讲话，这对区块链技术的发展无疑会产生巨大的助推力量，中国区块链技术的发展必将迎来意想不到的美好明天。

正如习近平总书记所指出的，区块链技术应用已延伸到数字金融、物联网、智能制造、供应链管理、数字资产交易等领域。目前，全球主要国家都在加快布局区块链技术发展。我国在区块链领域拥有良好基础，要加快推动区块链技术和产业创新发展，积极推进区块链和经济社会融合发展。区块链作为一个去中心化的数据库，也可叫分布式记账本，能够高效记录和保存现实工作与生活中的人、财、物、商品采购、交易合同等，又能实现去中心化，省去律师、代理人与银行家的干预，可以降低成本，确保数据的透明、共享以及防止其被删除、被篡改、被修订。它不仅是一种金融属性的创新，而且是基础性先进技术，有着推动经济和社会体系创新的较大潜力，最终会渗透到经济社会基础设施的诸多方面，得到更广泛的运用。例如，一些产品的信息追踪、银行与政府的资金出入走向等，都可以通过区块链技术的应用而得到更有效的管理，防止弄虚作假和腐败发生。

最近，黄奇帆先生在上海讲，区块链同数字经济的关系，以人作比喻，那就是一次基因技术的创新与变革。区块链同互联网、云计算、大数据、人工智能相融合，一定会使数字经济富有更蓬勃的生机、具有更高的效率。

作为企业和年轻人，一定要审时度势，抓住国家正在把区块链作为核心技术自主创新的重要突破口进行推进的大好机遇，努力推进区块链的研究和应用，搞好与数字经济的融合。

25 年前，互联网刚走进中国之时，国家便安排了几个信息化试点城市。我当时在广西北海工作，北海市被定为试点城市之一，市里决定信息技术的推进和发展由我负责。从那时起，这么多年来我一直在关注信息技术和数字经济的发展。今天我想根据这 20 多年的认知并结合我长期从事科学研究的感受，对数字经济的发展提出如下建议。

第一，要重视面向实体经济。

包括区块链在内的数字技术，在此前的研发、应用方面更重视服务行业，如游戏、共享单车、滴滴出租等。创新研发是为了创造效益，这样做无可非议。但是，必须看到中国数字经济的更大舞台、更广天地还是在我们的实体经济。依我看，舞台越大、天地越广的地方，新技术的研发与应用就越有前途。正如恩格斯所说，社会的需要比十所大学更能够推进科学技术的发展。中国的实体经济是一片汪洋大海，制造业已经位居世界第一。中国制造业的增加值是日本的 3 倍、美国的 1.5 倍，是美日德三国的总和，中国有 220 种产品产量位居世界第一。但是，我们的制造业水平还不高，我们的产品质量还较低，这是因为我们的制造业自动化、智能化程度还不高。就以数控机床为例，1983 年我们在德国考察的几个制造业工厂，他们的机床都是数控的，他们的很多设计都是由计算机完成的。而我们的一些企业，至今还没能达到 1983 年我们看到的德国水平。如何推进我们的高质量发展，实现"制造"向"智造"的转变？这就需要我们用好数字技术，推进互联网、云计算、大数据、物联网、人工智能和区块链技术与实体经济相融合，使科技研发与应用工作面向实体经济，服务实体经济。中国庞大的制造业体系，无论是产品设计、工艺改造、生产管理，还是物流运输、销售服务等，还有很多工作可做。大力推进区块链技术面向实体经济、改造实体经济，能突破更多难题，补上更多短板，使中国制造业的水平得以大幅度地提升。而更重要的是，区块链技术也一定能够在种类繁多、场景复杂的情况下，取得研发的新突破，创造行业的新奇迹。

第二，要重视面向乡村振兴。

狠抓中国农村的数字化，应该成为中国数字经济的一个重点、一种特色。现在推进数字经济的发达国家都是城市化率极高的国家，那些国家的农业人口不到他们总人口的5%。正是这个原因，国外的数字化工程为农村服务的极少。而我国就不同了，中国城市化率约有55%，实际上有城市户籍的人仅有43%，半数以上的人还是农村人。我们的数字化工作要以人为中心，就不能忘记中国的广大农村。党的十九大提出要振兴农村，既是中国共产党不忘初心的使命担当，也是补上现代化短板所必需的。中国乡村振兴，既要发展农村产业，又要改善农村环境；既要完善乡村治理体系，搞好乡村治理，又要致富广大农民。正像习近平总书记所讲，中国要想强，农业必须强；中国要想美，农村必须美；中国要想富，农民必须富。乡村振兴的任务艰巨而繁重，我们在推进区块链技术、数字化工作发展的过程中，要有为国分忧、为民解难的家国情怀，要放眼广大农村。这不仅有利于乡村振兴的更好推进和早日实现，而且有利于数字化创新，使其在农村这个广阔天地里获得滋养，开阔思路，创造辉煌。

第三，要重视面向国际。

网络技术、数字经济都具有全球性。国际化是中国互联网不得不面对的挑战。越来越多的国家看到了数字经济的发展前景，并将其作为重要的发展战略。我国互联网、数字技术的研发与应用，虽然已经在拓展国际市场方面做了一些工作，例如华为在国外受到欢迎，支付宝在海外开始扩张，微信在海外得到应用，但就互联网的全球发展和广大互联网企业现状而言，国际化运作还远远不够。从过去几年数字化应用增长指数看，同印度、印尼、德国相比，中国并不比他们快多少，基本在同一个层级。就网民数量而言，亚洲网民占全世界的50%，中国只占亚洲的20%。因此，我们必须有国际眼光，要肯于面向国际、走向全世界，互联网企业要努力拓展在海外的大市场，增强在国际上的影响力。

从互联网、数字技术的进一步升级和突破考虑，我们也需要面向国际、走向全球。在这方面要向无锡市学习，他们在把技术销往世界上几十个国家的同时，又从几十个国家的应用场景中获得启示，反过来进一步促进自主创新，使数字技术的发展跨上了新台阶。美国硅谷在创新时也十分重视瞄准世界，这方面我们也要向其学习，要把头脑中仅有13亿人的思维扩大为拥有75亿人的思维。为此，我们要多走多看，要走向世界、考察世界。日本前首相田中角荣在《日本列岛改造论》中讲过，一个人的活动半径同他的贡献成正比。我们要想办法扩大活动半径，只有放眼世界，才能立足世界，更好地走向世界。

最后，祝愿大家在加强"三个面向"的过程中，创造出数字科技的更大成绩。

（2019年11月24日在世界区块链数字科技大会上的发言）

五　助推粤港澳大湾区制造业高质量发展的三点建议

在当前加快形成以国内大循环为主体、国内国际双循环相互促进的新发展格局背景下，进一步推动粤港澳大湾区制造业高质量发展的意义重大。任玉岭从强化产业协同集聚、优化工业布局、加快人才培育、促进创新引领等方面提出了推动粤港澳大湾区制造业高质量发展的建议，助力大湾区打造创新资源高度集聚的世界级先进制造业集群。

很高兴来开平出席大湾区制造业高质量发展的研讨会，根据会议的安排我讲三点建议。

（一）用好大湾区区域经济发展的好形势和新基建的环境与条件，突出新经济的培育和发展

就我所知，改革开放前广东制造业是十分薄弱的。珠三角处于河网地带，地区之间的来往很不方便，再加上香港、澳门分别在英国和葡萄牙的手中，沟通比较困难，这既影响了物流的推进和市场的发育，更影响了制造业的发展。

1982～1983年，我经常由广州到顺德和深圳去。那时，去顺德要走半天时间，去深圳要七八个小时，没有桥梁，过河要排长队。当时的中英街，一半归香港、一半归内地，香港那边热闹非凡，红红火火，而内地这边却冷冷清清。

广东是中国的主要侨乡，改革开放后，华侨大量返乡探亲，

1982 年江门的外汇收入就高达 1 亿美元。再加上中央高瞻远瞩，把深圳、珠海、汕头定为特区，把广州定为沿海开放城市，在中央支持和华侨捐资帮助下，河网地区的大批桥梁修了起来，公路修了起来，像虎门大桥，是经过一年半在流花宾馆的论证才开始建设的。

随着开放力度加大，交通条件改善，特别是港澳回归，大湾区各城市快速发展。记得当时我们把中国第一个星火计划产业密集区放在顺德北滘镇，并提出 1990 年要发展到 7 个亿的规模，很多人担心完不成。而到了 1990 年，《人民日报》报道北滘的产值达 12.5 亿元。我当时高兴地由北海到北滘来祝贺，时任书记告诉我实际是 25 亿元，报道时压低了一半。

改革开放 30 年来，大湾区的发展是神速的，制造业有了很好的基础。例如美的集团，在 20 世纪 80 年代只会生产台式风扇，而现在完全成了行业的老大，在实体经济发展方面，在新经济的创新与拓展方面，都有了数百亿元的规模。像这样的企业，在顺德、佛山、江门，在大湾区，已有很多。深圳在开放之初一穷二白，泰国来的谢国民的饲料厂位于深南大道的北侧，至今令人记忆犹新。而今深圳在制造业发展的带动下 GDP 已超过香港，成了国际化大都市。这些都为我国制造业登上世界第一的宝座作出巨大贡献。

为了推动区域的协调发展和更好发挥地区的比较优势，中央提出了京津冀协同发展、长江经济带发展、共建"一带一路"、粤港澳大湾区建设、长三角一体化发展和黄河流域生态保护和高质量发展的区域发展规划。

我们大湾区有 11 个城市：香港、澳门、广州、深圳、珠海、中山、东莞、惠州、江门、佛山和肇庆。这 11 个城市构成的城市群，有很多比较优势，交通便捷、实力雄厚、科技水平高、开放力度大，有着构建环境优美、生活宜居、科技领先、制造业高质量发展的中国基地，是我国实现"四化""三目标"战略的新引擎。

基于此，我们的制造业，一定要紧跟网络化的时代潮流，以新经济的发展为龙头，用好新基建的环境与条件；要促进制造业与新经济相融合，搞好"制造业＋互联网"，推动云计算、大数据、5G、高压输电、区块链、人工智能在制造业中的应用；要建立领先的新经济制度，大力培育龙头企业，构建有利于提高竞争力的产业集群。

为了推进新经济的发展，需要搞好"三个面向"。一是要面向实体经济。中国的实体经济是一片汪洋大海，它是我们的经济基础，也是我们的经济优势之所在。新经济只有面向实体经济，与实体经济相结合，才能有更好的发展前景。二是要面向乡村振兴。我们的城市已经发展得不错了，但农村的发展还存在诸多问题，中国有 6.8 亿人月收入在 1000 元以下，其中很多人在农村。正如习近平总书记所讲，没有农业强，就没有中国强；没有农民富，就没有中国富；没有农村美，就没有中国美。我们的新经济只有面向农村这一广阔天地，才能赢得更好发展，中国也才更有希望。三是要面向国际。总的来说，在面向国际方面，珠三角做得是好的，但同很多国家相比，我们的国际化程度还相差甚远。为了促进大湾区制造业高质量发展，一定要使新经济面向国际，提升企业的国际化水准，用好两种资源、两种市场，如此方能立于不败之地。

（二）要弘扬创新工作与制造业发展相结合及自力更生、艰苦奋斗的好传统

新中国成立 70 年来，中国制造业走过了一段极不平凡的发展之路，中国从制造业一穷二白，发展为制造业第一大国，制造业总量已达到美日德三国的总和，220 种产品产量位居世界第一，并提高了人民的生活水平。这都是因为我们的制造业坚持创新与生产实践相结合及坚持自力更生、艰苦奋斗精神的结果。在今天新冠病毒流行、全球经济将面临大萧条的形势下，要搞好我们的发展，十分需要弘

扬我们的好传统、好经验。

70年前，共和国刚成立时一穷二白，用的灯是洋灯，用的车是洋车，吸的烟是洋烟，用的布是洋布，用的火是洋火。人类没有火是不便生存的，我们的祖先钻木取火，为人类进步作出巨大贡献。我们现在用的打火机、火柴等各种取火工具十分方便，而往前推70年，我们还要用火镰撞击火石进行取火，可见我们的工业落后到了什么程度。共和国成立后，人民大众得到解放，社会主义制度激发了亿万人民的劳动和创造热情，生产力得到空前提升。中国制造业快速发展，从三酸两碱、金银铜铁等工业原料的制造，到煤米油盐酱醋茶及纺纱、棉布、服装、鞋袜等生活资料的生产全面启动，继而国家又狠抓了汽车、火车、拖拉机、轮船、飞机乃至"两弹一星"的研制和生产。

前30年制造业的发展，完全是靠创新与生产相结合和自力更生、艰苦奋斗取得的。我有幸参加了1962年启动的国家科学技术攻关计划，那时攻关内容有62个专项，其中7项于1964年放给了中国第二大工业城市天津市，这7项中的第二项"发酵法生产味精"交给了天津食品发酵研究所，项目负责人的担子落在了我的肩上。从那时起，我就深切感受到中国集中力量办大事的优势。

那时虽然人才很少、资金困难，国家为了保证技术能够顺利攻关，基本做到了要人给人、要钱给钱。我领导的攻关小组由我提名要的人组成，我提出从北大、南开、复旦、山大、吉大、武大、南大各要一名毕业生，结果除了这些学校的毕业生按时到岗之外，河北大学、天津轻工学院、无锡轻工学院的毕业生也参与了进来。为了完成任务，我们不分节假日、工作日，不分晚上和白天，拼命工作。我作为项目负责人，76天没回过宿舍，困了就睡在乒乓球台上，或是睡在楼棚板上，铺报纸、枕砖头，身上盖着工作服。我们大学毕业后15年没提过一次工资，谁也没有怨言。经过两年努力，我们完成了攻关任务，国家进行了严格验收，举行了全国专家参与的鉴定会。国家科委以秘密级出版了我们 8 万字的报告，并让我提供 5 万字的试验方法和工艺技术。《天津日报》头版头条，刊出了《年轻人敢想敢干敢攀世界高峰》。随后 10 年中国建起了 210 家味精厂。

我们的制造业后 30 年的发展，靠的是改革开放和解放思想，进行了技术、装备的引进和仿造。1983 年 9 个部委在长沙枫林饭店讨论中国人的蛋白质营养与畜牧业和饲料工业发展时，我应邀做了第一个学术报告。我指出中国人的动物蛋白营养不到总蛋白消费的 12%，中国的畜牧业产值不到农业的 16%，中国饲料年产量人均仅为 0.03 公斤，同发达国家相比有巨大差距。要解决肉蛋奶的供给问题，就要发展畜牧养殖业，就要发展饲料业。但当时认识很不统一，有人认为在人吃的粮食都还不能保证的情况下，根本不可能有条件发展畜牧业和饲料业。年初《红旗》杂志提出了"十亿人吃蛋白质战略应为杂合面战略"，即把大豆面混入面条、馒头中是唯一的方法。但随着改革开放的发展，我们通过"星火计划"引进了第一个饲料添加剂工厂，将其放到了顺德的北滘镇，推进了饲料工业的启动，带动了畜牧养殖业的大发展。迄今我们的养鸡、养牛、肉蛋奶产业都形成了很大规模，彻底改变了中国人动物蛋白质营养缺乏的大问题。

还有不少的产品，也都是因为对外开放使我们放宽了眼界，或进行了仿制，或大量引进生产线，而得以发展起来。20 世纪 80 年代初我参加中国科技代表团走访了 20 多个国家，在国外看到了餐桌上的干红、干白、矿泉水、格瓦斯等等。回国后，我们便通过"星火计划"，组织研究单位进行考察和研制，紧接着第一瓶干红葡萄酒、第一瓶干白葡萄酒、第一瓶矿泉水、第一瓶椰子奶、第一瓶格瓦斯便研制成功，走上餐桌。而我们国家更多的生产线，包括奶业、红肠、可乐饮料以及彩电、收音机、计算机、汽车和工程机械等，大多都是因引进生产线而得以成就的。大亚湾核电站也是从国外引入的核电技术。10 年前我国的技术依赖度非常之高，上海就曾高达 72%，而取得的成绩一定程度上也是靠大量引进成就的。而最近 10 年，我们真正开始实施了科技强国战略，推动了创新型制造业的发展。高铁、大飞机、汽车、高压输电、计算机、航天、探月、北斗导航等，它们的发展都离不开人才数量的增长和创新投入的增加。

由此看来，中国制造业的发展积累了极为丰富的经验，也拥有巨大的潜力。今天，在复杂的形势面前，如何用好我们的优势和经验，在创新与高质量发展方面，弘扬好自力更生、艰苦奋斗的精神，对大湾区制造业的发展具有重要意义。

（三）大湾区制造业的发展一定要立足于创新发展，把人才作为支撑发展的第一资源

我国虽然已成为第一制造业大国，但就总体水平讲，我们的制造业水平在世界上还属于第二梯队，有些方面还在第三梯队之列。这种情况主要表现在我们的制造业质量偏低，效率不高，竞争力不足。全世界创新企业 100 强中，美国有 39 家，日本有 34 家，其余则分布于德国、法国、韩国、瑞士等。中国 2015 年上榜数为零，2016 年也只有华为一家。生产效率是衡量企业质量高低的重要标准，我国企业的生产效率仅为美国的 12.8%，日本的 21.3%，德国的 24.8%。

这些情况，一是由原先的卖方市场造成的。中国在改革开放初期，制造业的发展满足不了市场需求，市场上企业说了算；物品严重缺乏时，"萝卜快了不洗泥"，这就是卖方市场。在卖方起主导作用而又有利可图的情况下，企业缺少创新的动力和激情。另一方面，人民收入过低，不管买什么东西，只要能凑合就行，专门捡便宜的挑，这就给粗制滥造、制假售假开放了绿灯。二是由廉价的农民工和环保代价低造成的。我国是农业大国，农业人口曾经高达全国总人口的80%以上。改革开放后，大批农民工走进城市和工厂，在劳动岗位少、劳动人口多的情况下，劳动力价格极低。再加上环境保护政策不力，先发展后保护的政策，使企业环境负担甚低。如此的低投入高产出，使得很多企业不思创新，不思质量改进。三是因为我国的劳动力大军文化水平偏低，这就导致制造业的操作、运作水准偏低。迄今，中国劳动者平均受教育年限为10.3年，而发达国家多达14～16年。前些年我们很多企业员工平均受教育程度只有五六年、七八年。1985年我在美国硅谷考察过他们生产线上员工的文化水平，多为大专以上学历。中国劳动者文化水平低，就难以在产品质量上精益求精。四是社会教育受到市场经济的冲击，一切向钱看、有钱能使鬼推磨的价值观和贪污腐败的恶劣导向，使得一些企业不惜偷工减料、以次充好，这也抑制了我们制造业质量的提升。

基于此，我们大湾区的制造业要向高质量发展转变，必须有问题意识，要立足于创新发展，把人才作为向高质量发展转变的第一资源。

（2020年8月7日在粤港澳大湾区制造业高质量发展论坛上的发言）

六　发展旅游休闲产业对西部经济再创辉煌意义重大

中国西部地区自然旅游资源和人文旅游资源都非常丰富，发展旅游产业可以有效调整西部地区的产业结构，提高区域的开放程度，增加当地居民收入和就业机会。尤其是近年来人们对休闲旅游的热衷程度逐步提升，为西部地区旅游经济的发展带来了巨大契机。2020年9月在遂宁举办的中国第五代温泉养生与休闲度假论坛上，任玉岭发表主题演讲，立足经济学视角提出了旅游休闲产业对西部经济发展的重大意义和具体思路。

（一）旅游休闲可以促进国家和民族发展与兴旺

我们不能只把旅游休闲看作消遣和养生的一种事业，事实上，旅游休闲也是创造生产力的重要手段。其经常被人们关注的一个方面是可以通过地方旅游资源的开发，聚集人流、物流、资金流、文化流，推动酒店、宾馆的建设，促进铁路、公路乃至水上与空中航运的发展，并且可以促进吃住行和游购娱等相关商品与设施的完善和繁荣。就这一方面讲，旅游休闲就是生产力，大力发展旅游休闲产业，不仅能安排更多的劳动力就业，而且能够创造更多的国民收入，促进人民群众的增收和地方经济的发展。

旅游休闲还有被人忽视的一方面：它对提升大众认识水平、知识结构、思维远见和胸怀情操具有重要作用。日本前首相田中角荣在《日本列岛改造论》中所讲的一句话让我深受启发：一个人的活动半径同他的贡献成正比。旅游休闲可以扩大人的活动半径，有利于提高民众的素质，提升旅游者的能力。这无疑对国家的进步和发展是十分有益的。

由此我联想到，孔子周游列国，李白、杜甫走遍天下，同他们留下的儒家学说和不朽的诗篇不能说没有关系。又如张骞通西域、唐玄奘西天取经，他们不朽的贡献应是直接来源于他们的长途远游。我们的老一辈革命家，他们因革命的需要走南闯北，无论国内国外、万水千山还是枪林弹雨，最大限度地扩大了他们的活动半径，才使他们大气磅礴地运筹帷幄，治理国家如烹小鲜，胸怀全局，高屋建瓴。

因此，为了国家和民族的发展与兴旺，我们一定要重视旅游休闲业的发展，让旅游休闲为中华民族的发展点燃希望之光。

（二）中国的旅游休闲迎来了最好的时代和机遇

世界旅游业的崛起始于第二次世界大战后的1946年，当年10月国际旅游联合会在瑞士成立。1950年旅游休闲成为一个新兴产业，1960年世界旅游人数上升到1950年的2.74倍，1990年又达到1960年的6.75倍。到了1966年休闲旅游业成为世界上规模最大的产业之一，占世界GDP总量的10.7%，其消费总支出占到世界消费总支出的11.3%。

我国的旅游业是改革开放后才受到重视的。至今国内旅游人次已上升到每年50亿～60亿的规模，近几年更是每年增长约10亿人次，出国旅游人次每年达1.5亿，这在世界上是少见的。中国的旅游收入已占到GDP的11%以上。今年"十一"长假8天旅游人次达6亿之多，旅游收入达4665.5亿元，每天收入超过500亿元，餐饮消费高达1.6万亿元。我国旅游业的快速发展，主要是因为以下原因：

一是中国居民收入的快速增长。随着我国经济的快速发展和近年来人均收入与经济发展同步增长，中产阶层收入以及人数快速增长，这直接促进了旅游业的发展。

二是人们假日的增多。改革开放以来在职人员的公休假由原来的 52 天提升到 104 天，很多单位又依国家规定实行按工龄享受 5～15 天年假，使很多人的年休假时间达到了 120 天左右，这就为旅游休闲创造了发展空间。

三是退休人员的增多。中国已有 2.2 亿 60 岁以上的老龄人口，很多人退了休仍身强力壮。在中国很多退休老人只有 1 个孩子或 2 个孩子，孩子工作后，老人拿着退休金，又没有什么负担，旅游休闲成了他们的首选。

四是我国景点的增多。经过 70 年的建设，我国的公路、高速公路、铁路、高铁、内河航运、航空客运都有了巨大发展，特别是 80 多万座桥梁和八万多条隧道的建设，使很多偏僻山水、人文景观上升为旅游胜地，为旅游业大发展提供了广阔天地。

五是文化与科技事业的发展，丰富了旅游休闲的内涵。特别是互联网、人工智能、云计算、大数据及 5G 技术的发展，大大促进了传统旅游娱乐项目同数字技术的融合，动漫、机器人、无人驾驶、航天技术等为人们提供了更多的奇幻感知和震撼娱乐场景，使旅游休闲上升到一个新台阶。

（三）西部旅游业的发展要重视挖掘和用好西部资源，弘扬民族文化

西部幅员辽阔、山川壮丽、历史悠久、文化璀璨，西部旅游资源数量之多、规模之大、品位之高，世间少见。

西部地区不仅汇集有高原、盆地、山地、丘陵、雪山、峡谷、江河、湖泊、戈壁、沙漠，风光旖旎、景象万千，而且还是中华文明的发祥地，沉积着数以万计灿烂辉煌的文化遗存，拥有着灿若星辰、美不胜收的文化景观。

从自然风光看，西部有众多嵯峨深峻的高山，有许多激流澎湃的河流，有惊险神奇的峡谷，有耸入云天的雪峰，有旖旎多彩的岩洞，有如诗如画的天池，有烟雾缭绕的瀑布，有令人神往的青藏高原，有风景秀丽的崆峒山，有人间仙境黄龙寺，有神话世界九寨沟，有高原明珠抚仙湖，有世上奇观火焰山，有"三江"源头巴颜喀拉山……

从气候条件看，西部地跨南北 4000 多千米，海拔落差 8000 多米。西部涵盖寒带、温带、亚热带和热带各种气候，甚至在同一地点也可出现春夏秋冬各种景色，"一山有四季，十里不同天"就是对这种独特风光的描写。西部地区拥有国家自然保护区 34 个，占全国总数的 34.3%；拥有国家级风景名胜区 40 个，占全国总数的 33.6%；拥有国家森林公园 114 个，占全国总数的 27.7%。由于交通所限，西部开发力度较低，还有很多优秀的自然景区尚未取得国家的命名和保护。从长远看，西部的自然风光景点不仅规模大、知名度高，而且开发潜力巨大。

从人文景观看，西部保留有我国各历史发展阶段的众多文化遗产，堪称历史博物馆。除了四川自贡恐龙博物馆、云南元谋古人类遗址、西安半坡人遗址、四川广汉三星堆、十一朝古都西安、秦都咸阳、西夏都城银川、南昭都城大理、蜀国都城成都，以及新疆的西域古城高昌和交河等，还有陕西的黄帝陵、临潼的秦始皇兵马俑、重庆奉节的白帝城、内蒙古东胜的成吉思汗陵、新疆喀什的香妃墓，以及秦长城、明长城、嘉峪关、玉门关、丽江古城、布达拉宫、敦煌莫高窟、重庆大足石刻、广西灵渠、新疆坎儿井和四川的都江堰、乐山大佛、峨眉山等，景观多、景观奇、景观美、景观古，让人目不暇接。

特别需要指出的是，西部的红色文化更是既多又奇，名声之大，响彻云霄。如四渡赤水、抢渡乌江、娄山关、腊子口、三军会师、红军西征，以及革命圣地延安、遵义、巴中等，都留下了很多景观和故事。后来的众多三线建设工程也都留下了值得歌颂与弘扬的史诗，都值得在西部旅游开发过程中进行深入挖掘和积极弘扬。

我们这次重点讨论的是遂宁市大英县的千年盐池和淡水温泉，咸淡两种温泉同居一地，这是难得的休闲度假资源。我们不仅需要搞好开发的设计和推动，而且要重视对优秀文化的弘扬。有人说，要从接受西方文化做起，将其建成像地中海一样的浪漫之都，这种说法我认为应予以审慎研究和讨论。欧洲的地中海浪漫、日本的别府温泉之都以及美国、加拿大的一些温泉景点我都见过，但我们不能唯洋为美、唯洋是尊、唯洋是从，而是要弘扬中国的优秀传统文化，特别是红色文化。民族的就是世界的，我们要向世界传递好中国声音，讲好中国故事，要宣传中国人的人生观、价值观、历史观、文化观、民族观、国家观，增强做中国人的自信心，增强做中国人的底气和骨气。

（2020年9月24日在中国第五代温泉养生与休闲度假论坛上的发言）

七 发展夜经济，既要解放思想，又要实事求是

夜经济，作为一种经济形态，是夜间居民消费和企业供给的汇合，是提升城市消费需求、促进产业结构调整的有力举措，已成为当前社会经济形态多元化发展中的一大热词。2020 年 11 月在新长江论坛·2020 中国夜间经济发展峰会上，任玉岭做了题为《发展夜经济，既要解放思想，又要实事求是》的主旨演讲，他通过对夜经济发展历程的回顾，肯定了夜经济的重要作用，指出当下夜经济发展过程中存在的错误观点和问题，对当前我国推动夜经济发展具有重要参考价值。

夜经济是提升消费，扩大内需和就业，促进百姓增收和地方经济发展的重要抓手。为了推动夜经济的发展，我认为既需要解放思想，又需要实事求是。

（一）我国夜经济发展的沿革及其对民生和经济所起的作用

有人说夜经济来自国外，认为"夜经济"一词源自英语。说这话的人并不了解中国的国情。曾有研究指出，约 3000 年前中国就有了夜市活动。到了汉唐时期，夜经济更加活跃。进入北宋后，京城开封大小商店连绵不断，夜市营业直至三更，五更又开始了早市。

新中国成立之初，我们的一些大城市还有不少商店晚上 9 点钟、10 点钟还在营业，也有一些饭店为了满足顾客在早上上班前就餐的需求，常在早 5 点多钟就开始营业。二十世纪五六十年代，我生活

在天津，近20年中，经常是晚上去劝业场、中原公司或百货大楼逛商场，早晨7点前后又常到一些煎饼果子店，或到其他早餐铺去买油条、豆浆和炸糕等早餐。实际上当时的上海也一样，20世纪60年代初，我在上海工作过一段时间，常常是下了班陪朋友到第十百货公司或是南京路、淮海路一些商店去吃晚饭和冷食，早上去宾馆附近吃阳春面等。所有这些都表明，夜经济在中国历史上是长盛不衰的。

二十世纪五六十年代，也出现过服务业同大家一起"早八晚六"上下班的情况，这给双职工家庭生活带来很多不便。此后在大家的要求下，商店、饭馆、银行、邮局晚下班开夜市的情况十分普遍。在农村也出现过夜市，《人民日报》也曾有过关于"农村夜市"的报道。

改革开放后，随着对"倒买倒卖""投机倒把"的正名，商业活动迅速发展，摊贩型的灯光夜市也迅速发展起来。例如广州的西湖路夜市，以及后来的北京路女人街，都是有名的夜市，人流如潮，熙熙攘攘。在广东的带动下，各大城市都有了灯光夜市，南京的三牌楼、上海的彭浦、厦门的定安等都十分有名。

而摊贩型夜市的最后一个高潮，是20世纪90年代国有企业改革造成大批工人下岗后，为了给他们找生活出路，很多城市开辟了下岗工人夜市一条街乃至多条街。90年代末和新世纪初是夜经济发展的最盛期。例如成都倪家桥路，接近1000米长的一条路，东起人民南路，西至玉林南路，数百家商铺，每天下午5点钟之后，就开始搭台摆摊，一般经营到晚上12点钟左右。这里有很多工人在经营本厂生产的东西，也有一些人是从外地批货在这里销售，更有不少下岗工人自己在家里做鞋子、衣服、被单等，拿到夜市销售，可以说这里的生活用品应有尽有。我那时在成都工作，逛过这个夜市20多次，也多次在这里购买生活用品，对它充满感情。还有些人借这个夜市修车、修表、修鞋子、改衣服，也有一些餐馆为大家提供夜宵服务，包括川北凉粉、龙抄手、猪儿粑、钟水饺、担担面等，人流比肩而至，好不热闹。这样的夜市既搞活了市场，方便了群众，解决了很多人的就业问题，也为很多上班族开辟了第二职业。有些人远买近卖收到了很好的效益，也学会了经营之道。我认识的两个人，他们后来成了老板，说那个夜市就是培养老板的"大学校"，使他们在无拘无束中成长了起来，并积下了第一桶金。由此可见，夜市对人民生活及经济发展的作用是不可低估的。

但是，随着城市化的推进，进入新世纪后，各个城市为了追逐亮化、美化工程和形象工程、政绩工程，再加上大量房地产商走进各个城市进行城市改造，一时间所有的路边摊贩都被扣上了不卫生、不规范、占道路、阻交通的大帽子，被各个城市一阵风吹掉了，摊贩型夜市更难摆脱被砍的厄运。2012年广州关闭了最后一个夜市，2013年南京关闭了经营15年的三牌楼夜市。从那时起各个城市很难看到路边商贩和摊贩型夜市，但我们的商场、超市晚间仍常营业至8点或10点左右。

（二）发展夜经济需要关注的几个问题

1. 要进一步明确发展夜经济的目的，坚持以人民利益为中心

我们提出发展夜经济，主要是为了调动内需和满足人民群众对美好生活的需求，从某种意义上讲是为了追求高大上的夜经济和夜生活。而今新冠疫情流行，世界经济下滑，我国经济进出口受到制约，就业压力加大，在更加重视经济内循环发展的背景下，发展夜经济应主要考虑稳就业、保民生、促消费、扩内需。如同我们的地摊经济，夜经济是真正的人间烟火。现在中央更加务实，更加重视调动内需和为广大百姓服务，重新搞起了地摊经济。今年刚刚启动，就搞得热火朝天，西安回民街、兰州正宁街、上海城隍庙、扬州关

东街、南京夫子庙夜经济都如火如荼。前几天我到洛阳去逛了地摊经济市场，其规模之大、人流之旺让人意想不到。我们的夜经济也应该按照活跃地摊经济的思路和做法来发展，首先是要恢复摊贩型夜经济。我们过去的摊贩型夜市经济是符合中国国情的，10 年前为了城市形象和政绩的靓丽，将其一风吹，显然是错误的，不要捂着盖着不敢说、不敢提。我们应该坚持以人民利益为中心，应该在不反对第二代的高大上的商圈型夜经济外，还要像恢复地摊经济一样，恢复过去被砍掉的地摊型的夜市场。前两天晚上我特地在重庆调研了那里的夜市场，地方的同志讲，重庆很多地方都有夜经济。我去的是仁和医院前的夜市场，那里卖的东西很齐全，服装、鞋袜、日用品、首饰、餐馆、水果……我问到的一辆水果车，车主是来自凉山州的农民，他们白天不出来，专门晚上来叫卖。重庆对夜经济放得开，不要证，谁都可以做，大大促进了就业，方便了群众。我认为大中小城市都应该学习重庆，为了满足人民的需要，多开辟一些地方，专供夜市摆摊、夜市占道，而且应该遵照市场规律，尽可能解放思想，放开经营，放宽政策，让群众做其想做之事，让市场提供群众所需之物。一旦这样去做了，夜经济就会火起来，调动内需和解决就业的工作就一定会大见成效。

2. 对夜经济的评价、宣传和奖励一定要实事求是，坚持从实际出发

客观事物在其发展过程中，往往会出现一种倾向掩盖另一种倾向的问题。我们一提发展夜经济，有关评价、宣传便开始讲夜经济何等重要、何等有效，并且用晚 6 点以后的营业收入吹嘘夜经济的成果。例如商业部统计的 2018 年夜经济的收入已达 22 万亿元，不了解情况的会以为高大上的商圈型夜经济刚刚启动就取得了这样的效果，而了解历史的都会知道，这些基本是晚 10 点以前的商业收入。我们没搞夜经济时，很多城市的商店一般都开门至晚上 8 点到 10 点，南方城市中的超市、商店关门会更晚些。也有报道讲上海统计的夜间商品销售额占白天的 50%，广州服务业收入有 55% 来自夜间等，把夜经济吹得神乎其神。实际上在没提出发展夜经济的时候，这个数字应该也差不多。因此，我们不要把晚 6 点以后的商业或服务业收入都算在新启动的追求高消费的高大上的夜经济的功劳上。我在前面讲了，远在二十世纪五六十年代，像天津、上海的大商场晚上都是很晚才关门的。改革开放后，全国不少城市，特别是南方城市，很多商店都是营业到晚上 10 点左右的。因此把晚上 6 点到 10 点间的商业与服务业收入作为新发展夜经济的成果，是容易造成误判的，这样会误导管理层的决策。

还有奖励问题。据报道，日本的东京新宿有一个在凌晨 0 点至早上 7 点提供服务的小食堂，生意不错。北京为了启动这种服务一条街，拿出一大批奖金，宣称谁开一个这样的店就奖励 50 万元。类似这种奖励，我认为大可不必。夜经济的发展应该顺应市场规律，强扭的瓜不甜，没有市场需求的企业，即使通过奖励搞起来，最终也会垮掉。

3. 夜经济的管理要顺势而为，绝不要唯西方是尊、唯西方是从

中国的夜生活，随着社会主要矛盾的转变是需要向前推进、发展的。把夜间的演艺、电影、文旅、体育、商贸纳入夜消费的菜单，是有必要的，加强这方面的规划、布局，对其进行合理的推进也是有利于拓展内需和促进经济发展的。例如像故宫博物院这样全国唯一的文旅资源，平时无论怎么开放都无法满足 14 亿人的需求，进行夜间开放甚至 24 小时连轴营业是必要的。又如，南平有那么多河流，水量大，行船方便，河岸两边建设夜景丰富，发展夜间旅游文化也是十分有利于满足人民对美好生活的需要和促进地方发展的，应该得到倡导和推动。

发展中国夜经济，是一项系统工程，需要交通、购物、餐饮、

文化、旅游、环保、宣传、公安等各方面的配合与支持。但对夜经济的管理，一定要顺势而为，要坚持以人民为中心，要搞好协调、创造条件以方便运营，让其焕发勃勃生机。各项举措，一定要扎根于我们生于斯、长于斯的这块土地。中国是社会主义国家，也是发展中国家，我们还有近 6 亿人月收入在 2000 元以下。6 亿人是什么概念？相当于 70 个瑞典的人口。我们不论做什么事，都要知道我们从哪里来、到哪里去。我们发展夜经济一定要同这样的地气相连接，要搞出民族的特色，要用中国特色社会主义的人生观、价值观指导夜经济健康发展。

我之所以要谈这个，就是因为有不少谈夜经济的文章，张口闭口都是西方国家怎么着，把英国、法国、美国、荷兰、日本的夜经济当成了我们的努力方向。有人说美国人已有三分之一的时间、三分之一的收入、三分之一的土地面积用于休闲，而其中有 60% 以上的休闲活动放在夜间。还有人说伦敦的夜经济提供了 30 万个工作岗位，有 660 亿英镑的年收入，伦敦夜间得到的税收就占到全国税收的 6%。因而他们认为中国的未来商业市场必将迎来一场商业的夜袭。

殊不知美国、英国这些资本主义国家的夜经济之所以如此繁荣，首先便是因为其有着比我们高得多的收入。这些老牌帝国主义国家，掠夺了多少国家的财富，占去了多少国家的资源，而我们还远没有实现现代化，就是实现了现代化，我们也还要继续努力奋斗。把美国的三个"三分之一"作为我们的奋斗目标，把 60% 的休闲放在夜间，既不符合中国的国情，也不符合中国人民的习惯。因此，我们切不可在发展夜经济上唯洋是尊、唯洋是从，一定要坚持底线思维，要有中国人的底气和骨气。

（2020 年 11 月 21 日在新长江论坛·2020 中国夜间经济发展峰会上的发言）

八 将不忘初心作为产学研更好合作发展的纽带和保障

产学研合作即产业、学校、科研机构等相互配合，发挥各自优势，形成强大的研究、开发、生产一体化的先进系统，并在运行过程中体现出综合优势。当前，产学研合作日益常态化，不断推动着社会创新进程。任玉岭审时度势，对我国当前的产学研合作格局进行了客观研判，提出要始终坚持不忘初心、牢记使命，让产学研合作成效能够更好回馈社会，造福人民。

今天很高兴出席第九届中国科学家教育家企业家论坛。会议安排我回顾下我们几十年来产学研发展与合作的成就和经验。我的回顾是挂一漏万的，希望对大家完成使命和担当能有一些启示和激励。

（一）产学研合作为我国经济社会发展所做的贡献令国人瞩目，令世人震惊

我作为一个过来人，经历了抗日战争、解放战争、中华人民共和国的成立及其后 70 年的风雨和从站起来、富起来到强起来的全过程。

我小的时候，中国几乎所有的工业品都是由国外引入的，如所谓洋烟、洋布、洋灯、洋油、洋车、洋火等。我在童年时期要帮母亲烧火做饭，买不到洋火，每顿饭都要用火镰撞击火石进行取火。因经常打不出火，还要到别人家借火。那个年代生活物资十分匮乏。

资料显示，1949 年新中国成立之初，我们的工业产值仅占国民经济总量的 15.5%，重工业占其中的 4.5%。党和政府为了改善民生、

增强国力，于1954年以前进行了国民经济的恢复性建设，之后又开始了第一个五年计划。迄今我们已经完成了13个经济发展的五年计划，工业生产取得了举世瞩目的成就。

进入2017年，新中国成立68年的时候，中国制造业增加值达到35584.04亿美元，占到了世界的27%，是日本的3倍、美国的1.6倍，是美日德三国的总和。我们有22个制造业大类行业的增加值位居世界前列，有220种产品产量位居世界第一，中国工业制成品出口总额占世界出口总额的17.8%。我们从一个积贫积弱的农业国转变为世界上产业配套体系最完整的制造业大国。

这些伟大成就，都是在党的领导下产学研奋斗与合作的结果，没有产学研的快速发展，没有产学研的共同合作，就没有这一切。我国的产学研合作是有优良传统的。为了推进产学研的合作，我们在学校提出了教育与生产劳动相结合的响亮口号，在科研战线提出了科学研究与生产实际相结合的奋斗目标。

我在读大学时，要到对口的工厂去劳动，熟悉生产的流程和需求。在科研单位，我参与的第一个研究项目，是轻工业部发酵研究所针对周恩来总理从保加利亚带回的620种葡萄，研究哪些品种适于做葡萄酒，进行酿造、储藏和品尝的优选。至今葡萄酒行业的赤霞珠、雷司令、玫瑰香，都是那时选出的。像这样的研究，就是紧密与生产相结合，研究完成后便直接用于生产，适合酿制的葡萄开始大量种植，优质葡萄酒的酿制工艺马上进入工厂。

由我牵头的第一个研究项目，是国家"十二年科技规划"提出的57项重大任务之一的用发酵法生产味精。该项目交给天津工业微生物所承担后，由我牵头在中国科学院微生物所探索的基础上，引用中国科学院微生物所菌种，按照工业化生产的技术指标做进一步研究，进行中间试验，完成工艺流程。当时我26岁，我的团队成员达30多人，在天津化学厂、轻工业部发酵所、中国科学院微生物所的协作下，我们用一年半的时间完成了任务。轻工部、中国科学院遴选专家跟班审查，核对由投料到产品制作的全过程。经多个部门、多所大学及多个企业的专家鉴定，我们的成果被评定为"味精技术的革命性成果"，建议在全国推广。最后国家科委印发了4000册6万字的"秘密级"科技成果资料，又责成我们汇编了各种原材料制作技术、工业性生产流程和控制技巧，以及多种中间品与最终成品的分析方法等，并将这份约25万字的内部资料印制5000册，交给国家，供有关省市共享，而后10年多的时间全国建起味精厂210家。在这一年多的研究与中试过程中，一些同志没有节假日，不分昼夜，困了睡在乒乓球台上，或是车间的楼板上，头枕砖头，铺的是报纸，盖的是工作服。而实际发放的9000本技术资料，我们一分钱不收，谁家建厂，还要去现场指导。这就是那个年代产学研合作一起给国家做贡献的基本情况。

后来天津市决定用细菌降解的方法去掉棉布上的棉籽壳残余，市政府组织了"天津的工业细菌战"。我任总指挥，共有10个研究所和大学的人员并肩战斗，当时的南开大学、天津轻工学院、天津纺织大学、天津印染厂、天津织染厂、天津工业微生物所等都参加了"会战"。大家齐心协力完成项目后，又各奔东西，谁也没有提任何回报。

我还联想到我们的"两弹一星"。从20世纪50年代调兵遣将开始，到1964年10月第一颗原子弹爆炸成功，1967年6月第一颗氢弹爆炸成功，1970年4月第一颗人造卫星上天，我们有多少专家、军人、大学毕业生，在严格保密的情况下，工作在极为艰难的环境中，自力更生、艰苦奋斗，不畏艰难险阻，最终通过数以百计的企业、学校和研究单位的合作，取得了"两弹一星"的成功，赢得了我国的独立自主和国防安全。我还记得，在1961年到1976年这15年的时间里，我们国家的工资制度是冻结了的，这么多科学家、教育家、企业家和大批解放军指战员在研究"两弹一星"的工作过程中，有15年不调工资。但大家没有要求，没有怨言。就连被誉为"原子弹之父"的钱三强老先生，他作为中国原子能研究所第一任所长、二机部副部长，在"文化大革命"后期，还经常自己拿上奶瓶到奶站排队取牛奶。我作为他的邻居，在中关村14楼前的奶站经常与他碰面，给他让位时，他也从不接受。当社区推进向阳楼建设，我们14楼要大家凑钱为孩子们购买打乒乓球的设施时，钱先生对大家说"你们都不要拿钱了，我和贝时璋先生两人负责了"。这就是我们的科学家，这就是心爱百姓、挚爱事业、艰苦朴素、不为名利所累的科学家精神。

迄今，中国的制造业已在很多方面有了突破，我们的高达千万吨的炼油设备、超临界的火电机组、核电工厂装备、高压输电设备以及4000吨大型干法水泥、60万吨乙烯、30万吨合成氨、百万吨级钾肥生产线，都已经走在世界前列。特别是高铁的机车和系统，已成为"中国制造"的靓丽名片。这些都是产学研合作的产物，是在党的领导下，产学研的多部门和广大专家不忘初心、同心协力、合作奋斗的结果。

（二）产学研合作要有问题意识，增强解决问题的紧迫感

我们从20世纪90年代就开始重视产学研的合作促进。我记得很清楚，1994年，中国科学院在西颐宾馆召开过全国的产学研会议，当时周光召院长点名让我到会上做报告。进入新世纪，我又参与了中国产学研促进会的组建，由于需要科技部、发改委、教育部等多部门批准，推进十分艰难。无奈之下，我在全国政协常委会找了70多位省部级领导签名，产学研促进会最终得以成立，由路甬祥副委员长任主席。虽然促进会每次开会都能得到很多国务院、全国人大、全国政协领导的支持，但时至今日，产学研问题仍然十分突出。

由于时代的变迁、技术的换代和社会风气的演变，我们的科学研究、学校教育和企业生产出现了很多新气象，取得了前面提到的很多大成果。但是，我们又不能不承认，产学研本身和产学研合作，特别是科技成果转化等，都出现了一些新问题，我们需要有解决这些问题的紧迫感。

1. 产学研工作者的家国情怀和信仰问题

我国现在产学研方面的条件大大改善了，无论资金投入还是工作环境，都已经今非昔比。据我所知，中国原子能研究所在中关村成立时，所里一穷二白，为了解决研究装备，钱三强、何泽慧这样的大科学家还要到天桥附近的地摊上，去买一些可代用的材料和制品。我在承担国家攻关任务时，需要摇床，没地方去买，只好用硬纸片剪贴出模型来，请后勤的师傅据之加工。那时人们只有一个信仰，就是为人民服务、为祖国的繁荣富强做贡献。而今天我们的年研发投入已经超过 2 万亿元，占 GDP 的比重已经超过了日本和欧盟。我们一些大学的年投入高达七八十亿元，研究装备、教学设施，足以同国外相媲美。但是很多人做起研究、培养起人才来，一心追求的是金钱和名利，不给钱不行，钱少了也不行，不给名不行，名小了也不行。这都成为阻碍我们科技、教育健康发展的绊脚石。

例如，网上热传的在北大、清华读书的各省市状元们，有 70% 的人在学业有成时，都到了美国。还有一些人从国外学成归来后，对国内的条件稍有不满足或不顺心，就甩袖子而去，结果还怪我们的政策有问题。又如我们有些企业家，借用改革开放的政策和环境赚钱发家之后，便把资产转移到国外，全家移民。像这样没有家国情怀、没有报效祖国信仰的人，做起事来，一定是私利当头、欲壑难填，这样的人多了，是不可能搞好产学研发展的，也是不可能搞好产学研合作的。

2. 研发、教育与生产实践"两张皮"的问题

以前的"科研与生产实践相结合""教育为生产劳动服务"的口号，现在很少喊了。我们的一些教育，如前所述，因没有重视为祖国服务、为建设服务，而致很多人才学成后流到国外，一去不复返。研究工作也是一样，一些人想的是钱、是职称，为论文而研发、为学历而研发、为奖励而研发，这种现象广为存在。再加上一些研发单位，为了自己部门的升格，为了自己学院的地位提升，管理上唯学历、唯职称、唯论文、唯奖励，导致我们很多研发工作同生产需求脱节，形成了科技成果与生产实践的"两张皮"。

有些研发选题，只求容易成功，而不求实际应用。就像前不久做机器人一样，大家都对扫地机器人感兴趣，我家里一时间出现了两个牌子的扫地机器人，个人觉得实际用处很小。再就是有些研发课题，要达到实际应用，必须使成果达到一定水平。就像桃子熟了才能吃一样，树上长出一个桃子容易，而要保证桃子长熟，还有一个很长的过程。我们很多研发人员不愿意做艰苦的工作，很多经济技术指标都没达到，就报成果、发论文，这也是研发与生产脱节的重要原因。我国在很长一个时期科技成果转化率仅为10%，远低于美国的80%，就是这样造成的，由此导致的大量的人力、物力的浪费是不能低估的。

3. 以论文论英雄和看关系配资源阻碍了产学研的发展

很长一个时期内，不论哪个科研单位，一谈工作成就就是发表了多少论文，尤其是职称的评定，更是以论文为依据。袁隆平前三次评院士没能评上，屠呦呦能获诺贝尔奖而不能当选院士，都是以论文论英雄造成的。我也遇上一些人，他们为了能出几篇像样的论文，找关系，求发表。更有一些人搞假论文，抄袭、剽窃。有些人以代写论文为营生，就是因为代写论文有市场。国外有一个重要期

刊，曾一次性退回中国几十个人的论文，其中不少就是花钱委托市场上的人代写的。

靠关系配置科技资源也影响了产学研的健康发展。在升官靠关系、上学靠关系、就业靠关系的环境下，科研的立项与资源配置也卷入了关系的漩涡。"跑部"就"钱进"，有关系就有钱。一个研究所关系多，这个所的钱就多；一个人关系多，这个人的钱就多。没关系的研究机构和科研人员要拿到科研经费比登天还难。有些人靠关系拿到经费后，便取得了经费使用权、分配权，自己甚至不干活就能在论文发表时排首席。没关系的研究人员，就像乞丐一样，向这些"有本事"的人乞讨，为别人出力、流汗。有一次我参加一个项目的评奖，看到一个人提出一个很普通的管理学课题，不仅在科技部立了项、拿了钱，而且在教育部、发改委等单位都立了项、拿了钱。这种靠关系配置资源的锦上添花、花上垒花的做法，同前面以论文论英雄一样有害，既不利于科技资源的利用，也制约了很多科技成果的形成。

（三）推进产学研发展必须把不忘初心作为纽带和保障

最近习近平总书记连续召开了企业家座谈会和科学家座谈会。面对新冠病毒世界大流行和百年未有之大变局，我们必须搞好高质量发展。习近平总书记希望广大科技工作者不忘初心、牢记使命，秉持国家利益和人民利益至上，继承和发扬老一辈科学家胸怀祖国、服务人民的优秀品质，把自己的科学追求融入全面建设社会主义现代化国家的伟大事业。他强调，企业家有祖国，优秀企业家必须对国家、对民族怀有崇高使命感和强烈责任感，把企业发展同国家繁荣、民族兴盛、人民幸福紧密结合在一起，主动为国担当、为国分忧；企业家要在爱国、创新、诚信、社会责任和国际视野等方面不断提升自己，努力成为新时代构建新发展格局、建设现代化经济体系、推动高质量发展的生力军。在研讨我国的经济发展与产学研的合作时，首先要学习和贯彻习近平总书记这两个讲话的基本要求，要把不忘初心作为推进产学研发展、合作的纽带和保障。

1. 要在科技与教育经费的使用上打破既得利益的藩篱

要立足于面向世界科技前沿、面向经济主战场、面向国家重大需求、面向人民生命健康，配置好国家一级的科技资源和教育资源。要坚持乡村振兴和区域协调发展两大战略，对中国广大农村和更多欠发达地区加大科技与教育资源的配置。有钱才能赚钱，有钱才能发展，必须把国家更多科技资源配置到中国乡村振兴与欠发达地区的发展需求上。一定要坚持资源配置的公平正义，坚决杜绝拉关系、走后门，以保证科技研发投入更有效。

2. 要把好项目立项关，确保科技成果更成熟

一般来说，一项新科技成果能否独立应用或取代原有的旧工艺，往往会有一个关键经济指标起作用。对这样的关键指标，在项目立项和评定时一定要抓住，而且不能降低门槛。例如，我们的煤变油项目，因为煤便宜、油价贵，刚取得成果时就开始大力宣传，并建厂投产。我作为一个老工业技术人员，以全国政协常委的身份到神木调查时，向总工程师询问煤变油的转化率，他告诉我是 42%。我认为如此低的转化率，是对能源的极大损耗。回到全国政协，我便进行了呼吁，投产因此被叫停，直到转化率上升到 80% 后才又再次投产。这个 42% 左右的转化率，虽然可以让工厂赚钱，但煤的燃烧值的 58% 消耗在了转化过程中，这对我们的全局发展显然是不利的。像这样的研发成果，就是桃子没成熟，还不能算作成熟的科技成果。我们不能过早地把不熟的桃子推向市场。

3. 要弘扬团队精神，并做好中间试验

在当今时代，除了部分基础研究是要靠个人完成外，多数发明创造和技术创新都需要有团队集体去完成，因此必须在产学研工作中大力弘扬团队精神。应用型创新研发，需要有不同专业、不同专长的研究人员共同合作，需要有不同的理念和认识在交流碰撞中激发更多的思想火花。现在有些科研单位，受小农经济思想的影响，一两个人一个课题，这极不利于产学研工作的开展，特别是研发工作的推进。

再就是很多研究成果，在实验室完成后不可能直接进入生产，而是需要孵化和进行中间试验。为了搞好科技成果转化，需要设立更多的中间试验工厂，而且要分流研发经费，支持中间试验工厂的建设。需要出台相关政策，鼓励更多人才走上中间试验的岗位，搞好生产性模拟试验，使科技成果更成熟、成本更低、效率和效益更高，为成果转化作出大贡献。

4. 做好创新驱动，重视发展数字经济

互联网自 1994 年走进中国以来，26 年间取得了巨大成绩，不仅改变了我们的生活、学习和工作，而且对中国的经济发展作出巨大贡献。迄今我国数字经济已占到国民经济的 31%，我国数字经济的一些重要领域已经从"跟着跑"发展到"并驾齐驱"，有些方面已走在世界前列。互联网、云计算、大数据、人工智能、区块链不仅是今后长期的竞争焦点，也是我们产学研合作的重要引擎。我们的产学研要全力推进数字经济化和经济数字化，用好新基建创造的条件，把产学研做得更好。

5. 要壮大风险资金，加大力度支持将科技成果转化为生产力

科技成果转化不是要壮大经济，而是要壮大模拟生产的中间试验。在国外，这一块的研发是靠风险资金支持的。苹果公司、英特

尔公司的电脑芯片，无不是靠风险资金支持它们的中间试验而取得成果并走向大规模生产的。我们国家这些年风险资金有了一定的规模，但还远远不够。很多风险资金，实际是保险资金，投资方常常无把握不撒鹰。现在需要改变这种观念，要解放思想，确立"东方不亮西方亮"的思维，要有付出意识，做好一些项目遇上风险血本无归的准备，只有这样我们对研发项目的支持才能更到位，我们的成果转化才能取得更大成绩。

6. 要借鉴韩国"身土不二"的精神，依托国内市场提升创新水平

"身土不二"是韩国用了很长时间的口号，简单讲就是韩国人要用韩国货。他们的这一做法使他们的很多技术成果，利用国内市场，得到技术的提升和竞争力的增强。当年我们生产小轿车时，他们连汽车轮子都不会做，而在"身土不二"精神的支持下，韩国的汽车制造业得到快速发展。我三次去韩国，看到他们公路上跑的几乎都是韩国车，大宇、现代汽车正是在其国内市场支持下才得以壮大，从而打入中国市场，并将其生产线转移到了北京。

我们与之相反，很多企业以引进更多外国的生产线为荣，导致国内的发明创造被冷落。正因如此，我们的大飞机制造延误了很多年。我作为政协常委调研沈阳、西安、汉中、成都的飞机制造时，大家对我们民航只用外国飞机不用中国飞机的意见很大，认为如果仍不改观，中国大飞机永远难发展。2005 年我在全国政协同栾恩杰常委一起提出造大飞机的提案后，2007 年国务院批准了大飞机制造专项，2017 年中国自己的大飞机已开始试飞。我们今后仍需要借鉴"身土不二"的精神，利用国内市场支持我国大飞机的高水平、大规模生产和发展。

（2020 年 9 月 19 日在第九届中国科学家教育家企业家论坛上的发言）

九　互联网金融亟须加强道德规范

近年来，互联网技术、信息通信技术不断取得突破，推动了互联网与金融的快速融合，促进了金融创新，提高了金融资源配置效率，但也存在一定问题和风险隐患。党中央、国务院对互联网金融行业的健康发展非常重视，对出台支持发展、完善监管的政策措施提出了明确要求，提出要鼓励互联网金融的创新和发展，营造良好的政策环境，规范从业机构的经营活动，维护市场秩序。作为经济领域的资深专家，任玉岭曾在 2016 中国国际金融高峰论坛上发表主题演讲，阐述互联网金融创新发展的必要性以及如何从诚信出发，明晰责任、端正立场，回应社会和业界关切，促进互联网金融这一新兴业态健康发展。

（一）金融业需要创新和发展

金融作为经济的命脉，在当代经济发展中起着至关重要的推动作用，发挥着不可替代的调节功能。金融工作搞得好，经济就可以顺利发展；金融工作出了问题，经济就要衰退。实际上，世界近几十年的经济危机都与金融有关系。1997 年亚洲经济危机是金融出了问题导致的，2008 年世界经济危机则是由美国金融次贷问题引起的。因此，推动经济发展，一定要关注金融的改革、创新和发展。

我国在改革开放前，经常是把既不欠内债又不欠外债引以为豪的。实际上，这在一定程度上说明那时候我们是不善于运用金融这个抓手推动经济发展的。改革开放后，我们开始重视金融在经济发展中的地位和作用，不仅强化了用银行贷款支持经济发展的工作，而且开始招商引资，从世行、亚行借贷，加速资金流动，保证资金供应，使我国的经济发展迎来了高速度，迈上了新台阶。

20 世纪 90 年代初，我在北海工作，由于招商引资做得好，大批商家走进北海。有一次一个公司要上市，某银行两天就进了上百亿存款。资金的大量涌入，把北海推到了改革开放的浪尖上，一时间北海的房地产公司占到了全国的一半还多。大家都说北海是房地产的黄埔军校，实际上就是因为很多房地产公司都是在那里起家并走向全国各地的。但是后来整顿银行时，北海的资金链断掉，众多房地产公司面临危机，烂尾楼大量出现，从而导致北海经济泡沫破裂，一蹶不振。这也说明金融对一个地方的兴衰起着决定性作用。

今天，我国经济进入了新常态。能否在新常态下，确保经济发展的中高速和产业结构调整迈向新高端，关键还是要看金融的改革能否支持新常态、引领新常态。在此阶段，特别需要金融行业更多地支持民营经济的发展，支持中小企业的发展。

（二）互联网金融是金融业发展的新生事物

互联网金融是互联网于金融领域应用和发展过程中的创新与必然，是互联网渗透于金融行业的结果。互联网金融包括传统金融的网络化、第三方支付、P2P 网络贷款、大数据金融、众筹、第三方金融服务平台等六个方面。

互联网金融的创新，一是降低了金融成本；二是降低了金融交易中的信息不对称程度；三是提高了金融交易效率；四是推动了金融的供给侧改革，提高了金融供给与交易的透明度；五是可以更好、更多地解决中小企业贷款；六是可以为大众提供新的理财渠道，调动沉睡于百姓手中的资金为社会服务；七是可以增加就业岗位，促进更多人就业。

正是因为给社会带来了这些好处，互联网金融得到政府的高度关注。政府对互联网金融的关注主要表现在：一是连续三年的《政府工作报告》中呈现的关键词，由当初的"促进"，到"推进发展"和"异军突起"，再到今年《政府工作报告》指出的"规范发展"。二是2013年4月，国务院部署了19个重点研究课题，其中之一就是"互联网金融的发展与规范"。三是2013年8月互联网金融被写入了国务院文件，即《关于金融支持小微企业发展的实施意见》，它提出要"充分利用互联网等新技术、新工具，不断创新网络金融服务模式"。四是《国务院关于促进信息消费扩大内需的若干意见》指出，要推动互联网金融创新，规范互联网金融服务。五是一些地方，如中关村、石景山、上海黄浦区，出台了一系列促进互联网金融发展的优惠措施。

但我们又不得不看到，新生事物毕竟是新生事物，互联网金融的不完善、不规范，已使它的形象受到了严重冲击。在我们身边出现了一些老人被互联网金融诈骗的惨剧；郑州一大学生在互联网金融的诱惑下不能自拔，最终在青岛跳楼自杀……这些事件造成了人们对互联网金融的敌意。特别是"e租宝"问题的出现，其非法集资500多亿元，受害人数以万计，引起社会广泛关注。而"e租宝"问题出现后，中国农业银行关闭了P2P服务。随后，招商银行、交通银行、建设银行、兴业银行、浦发银行都关闭了P2P业务，而此时已有896家网贷公司倒闭或负责人携款逃跑。这些事件的发生导致人们对互联网金融逐渐丧失了信心。

纵观互联网金融的发展形势，必须对互联网金融认真加以规范。互联网金融企业至少要做到：一是不能既担保又借贷；二是绝对不能设立"资金池"；三是不能对P2P的借贷不负责任，不担风险。至于政府部门，一是要提升互联网金融企业的进入门槛，二是要严惩互联网金融犯罪，三是要提高互联网金融经营者的道德水平和诚信意识。

（三）互联网金融必须认清责任、端正方向

互联网金融是一个创新平台，绝不允许一些人投机取巧，把这个平台作为图财牟利的手段，对不择手段的经营者一定要严厉打击。为了适应新常态，更方便支持中小微企业贷款，互联网金融是可以存在的，但必须认清责任、端正方向。

正如习近平总书记所讲，人民对美好生活的向往，就是我们的奋斗目标。互联网金融不是不可以做，但必须服务于这个方向。所谓"既以为人己愈有，既以与人己愈多"，我们应该理解老祖宗的这句话，同时也可以学习日本企业家稻盛和夫，做到重善行、思利他、敬天爱人。敬天爱人，就是要讲良知、讲良心。无论做人、做事、做金融，我们都必须讲诚信、讲道德。

商无诚不兴，业无信难隆。诚信是市场经济的生命和灵魂，我们必须提高道德水准，提高诚信水平。"国有四维，礼义廉耻。四维不张，国乃灭亡。""礼义廉耻"对一个国家是如此重要，对一个企业、一个人也同样重要。

如果大家都能够正确对待互联网金融，严格按照国家要求去从事这项工作，我们的互联网金融就一定会得到健康发展，互联网金融也一定能够为中国梦的实现作出更大贡献。

（2016 年 4 月 17 日在 2016 中国国际金融高峰论坛上的发言）

第六章

社会治理的文化逻辑

在当下，社会治理已成为各国应对复杂社会问题和多元利益诉求的核心议题之一。社会治理有其文化逻辑，文化治理是社会治理结构中的关键组成部分，是维护社会秩序、促进社会和谐与可持续发展的核心动力，在塑造社会价值观、行为规范和制度框架方面发挥着重要作用。本章整理了任玉岭关于传播和弘扬优秀传统文化、塑造民族精神品格的相关建言，阐释了在社会治理过程中如何通过文化认同、文化传承和文化创新来实现社会共同体的自我调适与发展，揭示了文化要素嵌入社会治理过程的内涵和价值。社会治理现代化的推进，不仅依赖法律、行政等手段，还必须有文化参与、文化渗透，必须尊重文化、引导文化、建立文化，借助文化共识的力量，推动文化自觉与社会参与，形成共治格局。

一 文化是和谐的基石、发展的动力

文化是一个民族的灵魂。五千年中华文化体现的是中华民族的精神追求，是中华民族区别于其他民族的精神标识，其基本价值已积淀为中华民族的文化基因，传承中华文化就是维系中华民族的精神命脉。因此，文化建设与发展事关我国民众精神世界的塑造、和谐社会的建设以及国家软实力的彰显，文化建设始终是社会治理的重要议题。以下为任玉岭于2015年11月在武汉中国文化发展指数发布会暨中国文化发展论坛上的讲话，详细阐释了发展文化事业的价值属性及推进思路。

今天我讲的题目是"文化是和谐的基石、发展的动力"。我主要讲三点：一是为什么强调发展文化事业；二是发展什么样的文化；三是怎样推进文化发展。

（一）为什么要强调发展文化事业

党的十八大提出了"五位一体"的发展理念，强调文化建设要同经济、政治、社会、生态文明建设齐头并进。党的十八届五中全会对"十三五"规划的建议中，又提出了推动物质文明和精神文明协调发展，建设社会主义文化强国的奋斗目标。中央为什么如此重视文化发展？我认为有四个方面的原因。

第一，文化是广大人民对美好生活向往的重要内容，它是民族的血脉，人民的精神家园。讲到这里，就会有人问什么是文化。广义地讲，人类创造的物质财富、精神财富都是文化。狭义地讲，文化主要指意识形态及与其相适应的制度和组织机构。语言、文字、文学、艺术、广播、电视、风俗、习惯、世界观、人生观、价值观、经济发展的道路、理论制度等，都是文化的内容。

人类文明的历史证明，没有文化力的积极引领，没有文化创造力的充分发挥，广大人民就过不上美好生活，一个民族、一个国家就不能立足于世界民族之林。

文化是一所无形的学校，它能把时代的灵魂、未来的光明送进人类心灵的深处，文化的先导力、引领力、和谐力、和合力、微调力、稳定力、平衡力，不仅能引领、鼓舞人们坚韧不拔、奋发有为、厚积薄发，而且能增强人们的礼、义、廉、耻意识和孝、爱、和的崇德理念，从而使我们的民族和人民更具梦想，更能激发无限的生产力和创造力。同时，文化的发展可以推进社会道德水准大幅提升，实现家和万事兴、家和天下宁。因此，我们可以说文化是社会和谐的坚固基石，是经济社会发展的巨大动力。

第二，在当今多元文化并存的情况下，不用民族的、先进的文化去占领文化空间，腐朽的异类文化就会乘虚而入。事实上，在我们几十年的发展中，对文化建设不够重视，已经导致一些不良文化的侵袭，封建腐朽文化的泛滥。"一切向钱看""有钱能使鬼推磨"等思想已经俘虏了很多人，色情淫秽、暴力恶搞、享乐奢靡之风已经大举入侵我们的社会。

就拿"圈子文化"为例。这个"圈子文化"实际就是"朋党文化"，近20年这种文化风越刮越盛。因为"圈子"一旦形成，圈内的人就会无原则地沆瀣一气，互相包庇，互相吹捧，任人唯亲，排斥异己。我们有些干部热衷于上党校、上名校MBA班，他们的目的不是去学理论、长见识，而是要结识人脉、建立关系。甚至有些官员利用"圈子文化"走向腐败、拉帮结派，给社会发展带来了极大风险。

要解决这些腐朽文化的侵蚀，既需要坚持依法治国和用重典治疴除乱，坚定不移地打老虎、拍苍蝇，把权力关进笼子里，也需要加强文化建设，用优秀的文化提升干部、群众的道德水准，这才是惩恶扬善、扶正祛邪的治本之策。

第三，文化的发展必然涉及文化产业。文化产业制造的文化产品是为了满足广大群众对美好生活的需求，要把那些腐朽的、淫秽的文化产品从百姓生活中挤出去，就必须大力发展我们自己的文化产品，创造出广大百姓喜闻乐见的优秀影视、书画、戏剧等作品。当前文化产业的产值在发达国家已达到 GDP 的 20% ～ 30%，而我们现在还不到 5%，我国的文化产业还有巨大的发展空间。今天我国经济发展已进入新常态，既要保经济发展的中高速，又要把我们的整个产业提升到中高端水平。加速文化产业发展不仅可以促进两个"中高端"更好实现，而且可以在壮大文化产业特别是创意文化产业的过程中，调整我国的产业结构，提升产业水平。如能把文化产业的产值提升到我国 GDP 的 20%，则不仅有利于中国经济兴旺发展，而且可以为广大百姓就业、过上小康生活作出更大贡献。

第四，这是向世界讲好中国故事、传递好中国声音的需要。随着中国成为世界第二大经济体，中国的国际地位、国际影响力明显提高。特别是在中国经济每年的增长量占世界总增长量 30% 的情况下，很多欠发达国家都对中国寄予厚望。很多国家都在建孔子学院，学习中文，以加强学习中国的力度和同中国的交往。习近平总书记在外交方面提出各国要树立命运共同体意识，认清一荣俱荣、一损俱损的连带效应，对周边国家的外交提出了"亲诚惠容"的理念，坚持要走睦邻、安邦、富邻的道路。这就需要确立守望相助、合作发展、互利共赢的理念，中国需要更多走向世界，同时也需要世界更多了解中国。为此，我们必须加强文化建设，认真提升国民素质，强化爱国、敬业、诚信、友善的社会主义核心价值观。只有这样，我们才能讲好中国故事、传递好中国声音，才能树立起中国的好形象，才能更好地肩负时代使命，在国际上产生好的影响。

（二）我们需要传承和发展什么样的文化

加强文化建设，就是要展示中华文化的独特魅力。中华文化历史久远、博大精深，不仅对中华民族的道德建设产生着深刻影响，而且对中华民族的自立自强发挥着重要作用。

《易经》《尚书》是早期的中华文化宝库，其在人生修养方面都强调"诚"与"仁"的重要性，主张"以诚为本""见善则迁，有过则改""自强不息，厚德载物""敬天爱人""敬德保民"，对启迪和规范中华民族的道德修养起到了极为重要的作用。老子的《道德经》所强调的"信言不美，美言不信""既以为人己愈有，既以与人己愈多""利而不害""为而不争"，以及墨子的"夫爱人者，人亦从而爱之；利人者，人亦从而利之；恶人者，人亦从而恶之；害人者，人亦从而害之"，都对中华民族的道德建设、和谐社会的构建影响深远。

从先秦诸子百家直至近代优秀的思想家、理论家，他们所倡导和发展的优秀中华文化同我们传承几千年的诚、仁、孝、善、礼、义、廉、耻一脉相承，紧密相连。我们这个民族虽然经历屈辱、血泪和坎坷，但始终坚如磐石，像一艘巨舰，在激浪排空的大海中战胜汹涌波涛，一往无前地奔到今天。之所以如此，既与中华民族的文化道德给予无数志士仁人、革命先辈强大的精神力量分不开，也与不断创新和发展着的优秀传统文化铸就了国人爱国敬业、诚信友善的价值观直接相关。

中华民族这些优秀的传统文化，不仅影响了整个中华民族，而且也对世界上诸多民族的发展进步产生过影响。1988 年 1 月，世界上 70 多个诺贝尔奖获得者聚首巴黎，发表宣言，说如果人类要在 21 世纪生存下去，必须回头 2500 年，去汲取孔子的智慧。日本京瓷集团的创始人稻盛和夫，一生创下两个世界 500 强企业，70 岁之后又出山救活了濒临死去的日航公司。前两年他应邀在北京大学和中央电视台演讲时说，"送给大家一个成功的秘诀，那就是我们古代《尚书》中提出的'敬天爱人'"。由此可见，我们对中国优秀的传统文化绝不可肆意贬低，在当今推进文化建设的过程中一定要重视对我们传统文化的弘扬。

我们需要传承和弘扬的，是我们中华民族的优秀传统文化。文化建设就是要使中华民族最基本的文化基因与当代文化相适应，与现代社会相协调。要把跨越时空、跨越国度，富有永恒魅力、具有当代价值的优秀传统文化精神弘扬起来，把继承优秀传统文化又弘扬时代精神、立足本国又面向世界的当代中国文化创新成果传播出去，并通过中华文化的弘扬塑造好国家形象，让当代中国形象在世界上不断闪亮。

（三）怎样推进中国文化的建设和发展

1. 文化的建设和发展，首先要重视对优秀传统文化的继承

中华文化积淀着中华民族最深沉的精神追求，包含着中华民族最根本的精神基因，是中华民族生生不息发展壮大的丰厚滋养，是中华民族的魂和根。但从 1919 年五四运动开始，为反对帝国主义、封建主义给中国造成的封闭和落后，诸多以儒家文化为代表的优秀传统文化受到了冲击。1949 年中华人民共和国成立后，为了破迷信、反封建，一定程度上也对传统文化造成冲击。"文化大革命"又一次使中国的传统文化受到严重打击，很多优秀传统文化遭受了灭顶之灾。正因为如此，很多人已经不知道什么是我们的优秀传统文化了。

正因传统文化被冲击，很多人丢失了孝善美德、礼义廉耻、诚信仁爱，由此引发的社会乱象不可谓不多、不可谓不重，偷盗抢劫、见死不救、制假售假、坑蒙拐骗等时有发生。在政界，结党营私、

买官卖官、贪污腐败以及享乐主义、奢靡之风等，不仅造成了家庭的不和睦、社会的不和谐，而且直接影响了广大百姓的安居乐业乃至国家的可持续发展。

我们文化的建设和发展一定要从这一实际出发，按照既不厚今薄古又不厚古薄今的指导思想，多一点对传统文化的挖掘、继承和弘扬。要系统梳理传统文化资源，"让收藏在禁宫里的文物、陈列在广阔大地上的遗产、书写在古籍里的文字都活起来"。

同时，做好传统文化的继承需要读书，需要流汗下功夫。但实际上我们一些人不愿下功夫，不愿去读书，这种倾向是危险的。就拿书法的发展来说，很多书法家所谓的创新是不要继承的创新，这种创新是没有根基的，是短命的，且是没有市场的。这种不继承而创新的做法，我们需要坚决反对。

为了搞好继承，还需要以德为中心，以社会主义核心价值观为中心，加大对优秀传统文化的正面宣传力度，要通过学校教育、理论研究、影视作品、文学作品等多种方式，加强社会主义核心价值观教育，加强爱国主义、集体主义、社会主义教育，引导我国人民树立和坚持正确的历史观、民族观、国家观、文化观，增强做中国人的骨气和底气。

2. 要在意识形态领域，特别是文艺领域拨乱反正，解决好价值扭曲、浮躁粗俗、娱乐至上、唯市场化、金钱第一等突出问题

《中共中央关于繁荣发展社会主义文艺的意见》（2015 年 10 月）指出，意识形态领域形势复杂，巩固思想文化阵地、维护国家文化安全的任务更加紧迫。文艺创作生产上存在"有数量""缺质量"、有"高原"缺"高峰"、抄袭模仿、千篇一律、粗制滥造等问题。文艺评论"缺席""缺位"，对优秀作品推介不力，对不良现象缺乏批评，文艺评论辨善恶、鉴美丑、促繁荣的工作亟待加强。

我虽然没有从事文艺工作，但我对中央文件指出的这些问题深有同感。我们的文学艺术作品，从创作到出版、再到销售这一过程中存在的问题之多，已经严重地限制了文化事业的发展。由于"事事靠关系，事事靠金钱"的观念在社会上广为流行，很多作品因没关系、没金钱而不能发表。某些出版企业对书号管理的高收费直接限制了一些作品的问世。在图书等文艺作品的销售中，一切以利润为导向，导致很多有价值有用途的作品不能进入新华书店，不能进入机场、车站的书店和书摊。

2014年10月习近平总书记在文艺工作座谈会上指出，文艺工作者要想有成就，就必须自觉与人民同呼吸、共命运、心连心，欢乐着人民的欢乐，忧患着人民的忧患，做人民的孺子牛。文艺工作者如何把这一指导思想化为自己的行动，是需要付出艰苦努力的。

不仅作家要深爱人民、做人民的孺子牛，文艺评论家同样也要在深爱人民上下功夫。要扭转当今文艺评论中出现的不辨丑美、只为吹捧的不良风气，必须加强对文艺评论的领导，以提升和发挥文艺评论在鉴美、批丑方面的作用，使丑的东西得到抑制，使美的东西得到弘扬。

3. 要大力发展文化产业，搞好文化产业创新

中国有13亿人口、56个民族，这个市场对文化产品的需求是巨大的。一般发达国家，文化产业占GDP的比重高达20%～30%，而我国这方面还不到GDP的5%。在今天我国经济进入新常态的情况下，一定要按照建设文化强国的要求，做好文化发展规划，大力推进文化产业的发展，对影视、戏剧、出版、书画和创意文化产业，一定要出台相关扶持政策，解决好其在发展过程中的诸多难题。

尤其要重视"互联网＋"与文化产业的结合，推进"互联网＋文化"的创新，要把物联网、大数据、云计算与文化产业相融合，创新

文化产业的业态，提高文化产品的质量，创新文化产品的销售理念。

另外，还要用好大思维、大战略，既要用好"一带一路"的机会扩大开放，搞好文化的互通互鉴，搞好文化产品向"一带一路"共建国家的更好传播，又要吸收、学习"一带一路"共建国家的特有文化，通过学习、借鉴，用好两个市场、两种资源，不断吸收各种文明养分，促进中国文化的创新和发展。

我们的经济曾经靠劳动力红利赢得了快速发展，而今劳动力的供应虽然减少了，劳动力的成本虽然上升了，但是我们劳动者的文化水平提高了、创新能力增强了。据统计，我们现在每年有 18 万海归，有 56 万博士，有 426 万硕士，有 700 万大学生，如此众多的人才，既是我们创新发展社会经济的巨大动力，也同样是创新发展文化的巨大动力。只要认真搞好思维创新、管理创新、模式创新、业态创新，我们的文化事业和文化产业就一定会迎来快速发展，文化强国的目标就一定能实现。

（2015 年 11 月 26 日在中国文化发展指数发布会暨中国文化发展论坛上的发言）

二 扬德孝传统文化，筑时代精神大厦

德为立身之本，孝乃百善之先。德孝文化是中华优秀传统文化的根基与命脉，积淀了中华民族深厚的道德文明精髓，是社会主义核心价值观的重要源泉。德孝传统，薪火相传，有利于在全社会形成崇德向善、积极健康、文明和谐的良好氛围。如何在新时代做好对德孝传统文化的弘扬，筑造时代的精神大厦，任玉岭在2019年山西运城新时代德孝文化的传承与创新研讨会上的发言道出其内涵和精髓。

很高兴来到德孝之乡、武圣故里运城，参加德孝文化的学习和研讨。

令我感慨的是，运城盐湖区通过近10年德孝文化节的举办，已使德孝文化遍及盐湖大地，并为盐湖区的发展贡献出巨大的凝聚力、感召力和推动力。由此引发的人们精神面貌的变化以及社会蓬勃的生机、和谐的景象，的确令人鼓舞和振奋。

1998年，我作为全国政协常委曾在政协常委会大会上针对社会道德发展乱象，做了一个题为《实施道德工程，保证社会长治久安》的发言。这个建言通过《政协信息》报送中央后，引起了各方面的重视。而胡锦涛同志于2002年任总书记后提出的以"八荣八耻"为主要内容的社会主义荣辱观，对推动社会道德建设和防止社会道德下滑起到了重要作用。

但是必须看到，在改革开放后的几十年发展中，精神文明建设

出现了诸多严重问题和丑恶现象，并且已经严重侵蚀了社会主义的肌体，干扰和破坏了社会的进步和发展。在社会道德方面出现的问题，形形色色、五花八门，一切围着金钱转、一切围着名利转成为各种乱象的核心。不仅出现了不忠不孝、急功近利、欺上瞒下、弄虚作假、贪图虚名、唯我独尊、贪图享乐、拈轻怕重、吃喝玩乐、骄奢淫逸、道德败坏、生活放荡、贪污贿赂、买官卖官、任人唯亲、关系至上、明争暗抢、倚强凌弱、偷袭剽窃、制假售假等问题，甚至还出现了假专员、假市长等现象，引发了广大百姓的不满，导致民众怨声载道和群体性事件的大量发生。

党的十八大以来，在习近平新时代中国特色社会主义思想指导下，党中央不忘初心、牢记使命，狠抓反对"四风"，并以壮士断腕的决心，开展"打老虎""拍苍蝇"的反腐败斗争，被揭露出的问题之大及其对社会的危害之深，令人发指。对各种社会丑恶现象的治理，固然需要加强法治建设，并使反腐倡廉永不停顿，把权力关进笼子里，更需要堵塞各种丑恶现象产生的源头，做到防患于未然。大力开展道德建设，无疑是铲除丑恶现象的治本之策，是精神文明建设的百年大计。

德义与忠孝文化是中华民族道德之根基，也是中华文化之精华。这种文化蕴含的人文精神和力量，不仅使我们这个国家和民族几千年来披荆斩棘、乘风破浪，而且凝聚了中华民族的团结和拼搏，迎来了近百年来中国的伟大变革和共和国的繁荣昌盛。

今天，我们正迎来中华人民共和国成立70周年这一重要时刻，14亿中国人民在习近平新时代中国特色社会主义思想的指引下，正满怀激情、朝气蓬勃地为实现"两个一百年"奋斗目标和中华民族伟大复兴而努力奋斗。此时，我们需要有德孝与忠义文化的软实力，需要像德孝之乡、武圣故里这样重视对德孝与忠义文化的传承和弘扬，更需要德孝与忠义文化进一步地接地气、增底气、灌生气，得到全民族的守护和传承，更加具有影响力。为此，我们有必要在德孝与忠义文化的进一步弘扬中做好"四个结合"。

一是做好继承与创新相结合。弘扬德孝与忠义文化，首先要对我们的德孝与忠义传统搞好继承，不忘本来，才能开辟未来。要看到在中华民族5000年的发展中，德孝和忠义文化作为社会文化的重要分支曾经是有口皆碑、薪火相传，渗透到社会的方方面面。以孝文化为例，有"二十四孝"的故事广为传播，仅在山西就有舜帝、介子推和郑兴孝母的故事传颂至今，山西的介休市、孝义市都因他们而得名。为了更好地继承德孝与忠义传统文化，需要对这方面的文化资源进行挖掘和整理。运城需要对舜帝和关公的德孝和忠义故事进行系统梳理，让"书写在古籍里的文字都活起来"。本着既不厚古薄今也不厚今薄古的原则，做好去粗取精、去伪存真的传承工作。同时也要反对一切重复古代的做法，反对故步自封、僵化不前，要善于借鉴新时代的新滋养、新内容，面向未来，吸收外来。

毛泽东主席为其母亲所写的祭文，就充分表现出他对母亲的孝顺。开国大将许世友，在新中国成立后回到河南新县探母，与母亲见面时久跪不起，从中也可看出他作为儿子的孝心是多么深重。这些我们最熟悉、最崇敬的人在德孝方面的立言、立行是十分珍贵的文化财富，在树立和传播德孝文化的过程中，要将其一并纳入需要传承的内容之中。还有像美国比尔·盖茨的慈善为人、日本稻盛和夫重善行、思利他、敬天爱人的经营之道，都值得我们借鉴。我们对德孝与忠义文化的弘扬，一定要做到与时俱进，在改革开放中创新、超越。

二是做好传统教育与不忘初心相结合。我们的德孝与忠义文化是历史的，也是现代的；是今天的，也是未来的；是民族的，也是世界的。因此，德孝与忠义文化的传承教育一定要与我们所从事的伟大革命实践相结合，首先是要与不忘初心的教育相结合。

不忘初心的"初心"，就是要为人民谋幸福、为民族谋复兴，我们的德孝文化与忠义文化的传承也一定不能忘记初心。如前面提到的毛泽东、许世友，深厚的德孝文化使他们对革命更加忠贞。而无数的革命先烈，之所以在极其艰难的革命斗争中抛头颅、洒鲜血，不屈不挠，就是因为他们有着不忘初心、忠于国家和人民的家国情怀。

三是德孝文化的传承要与社会主义核心价值观的培育相结合。必须明白弘扬德孝与忠义文化是为了更好地强化时代精神，弘扬真善美，传播正能量，增强中国的文化软实力。具体地讲，就是要培育人的美善意识，使人养成敬老爱幼、崇德向善、遵纪守法的习惯，增强不孝不善的耻辱感，强化孝善忠义的自律感，使那些有害于社会的浑然无序行为得以规范。习近平总书记提出的社会主义核心价值观，是在既不忘本来又着眼未来，既不崇洋媚外又重视吸收外来的思想指导下形成的。深入开展社会主义核心价值观的学习与教育，就是要夯实文化建设的根基，引导人们追求讲道德、尊道德、守道德的生活，坚定人们对中国特色社会主义道路的自信、对中国特色社会主义理论的自信、对中国特色社会主义制度的自信、对饱含中华民族精神和时代精神的文化的自信。

为此，我们德孝与忠义文化的传承和教育一定要与社会主义核心价值观的教育相结合，使中华民族最基本的文化基因与社会主义核心价值观的教育相适应，与现代社会发展相协调。在推进德孝教育的同时，还要倡导爱国、敬业、诚信、友善的道德规范，推进社会公德、职业道德、家庭美德、个人品德的教育和提升，更好引导人们树立正确的世界观、人生观、价值观，坚持正确的历史观、民族观、文化观和国家观，强化每一个人做中国人的底气和骨气，增强爱国心和责任心。

四是社会的宣传教育要与家庭教育相结合。传承德孝与忠义文化要有社会的推动和宣传。在这方面，运城盐湖区已经创造出很多好经验，其中宣传教育的"七进入"，即进入机关、进入农村、进入社区、进入家庭、进入学校、进入企业、进入党校，无疑都是必要的。在我看来，最重要的是进入家庭。家庭是社会进步、和谐的基点，是梦想起航的地方，做父母、做爷爷奶奶的一旦重视起孩子的德孝与忠义文化教育，真正能做到从娃娃抓起，就一定会收到意想不到的效果。

我作为过来人，接受的最早的教育，就是德孝与忠义的教育。孝敬父母、尊敬长辈以及"岳飞精忠报国，岳母为其刺字""人敬我一尺，我敬人一丈""行善积德必有好报"之类的言辞与故事，在童年刚懂事时就已印在我的心里，成为我一生待人处事的准则。只是我们这一代人因为在大城市工作，工作忙碌，刚开始条件局限，没能力孝敬父母；待条件好些时，父母已经去世，对父母孝敬不够成为我们永远的遗憾。

德孝与忠义文化教育，一定要从村庄和街道抓起，一定要从家庭和幼儿园抓起，尤其要重视对家风的打造。话说山西闻喜县的裴家出了72位宰相，这必然是与他们代代相传的家风分不开的。我们要力争让每个家庭都重视对德孝与忠义文化的传承，都形成尊老爱幼、妻贤夫安、母慈子孝、爱国爱家、勤俭持家、遵纪守法的家风，都成为德孝与忠义的典范。这样一家家一代代地抓下去，我们的社会风气就一定能好转，中华民族的伟大复兴就一定能早日实现。

（2019年9月29日在新时代德孝文化的传承与创新研讨会上的发言）

三　弘扬姓氏文化，增进民族团结

姓氏文化是中华民族五千年文明的重要组成部分，是民族团结、国家统一的纽带。中国人的姓氏表明了一个人的家族系统和血缘关系，是了解中华文化的重要切入口，姓氏文化研究对培养国民高度的文化自觉和文化自信、建设社会主义文化强国等方面具有重大意义。任玉岭通过长期研学，深谙姓氏文化对于当前弘扬中华优秀传统文化、增强国家文化软实力的重要意义，他所提出的在弘扬姓氏文化过程中应当秉持的原则、坚守的方向以及应当回避的问题，值得我们深思。

姓氏文化是中国文化的重要组成部分，也是中国文化的重要特色。它是根亲文化，也是血缘文化。姓氏文化对于增强中华民族的凝聚力，增进华人世界的团结与进步起到了重要作用。

（一）中国姓氏文化的发源与现状

姓氏，是血统的标志、氏族的符号。据文献记载，伏羲所在的时代，人类生活于杂游、群居之中，无亲戚、无兄妹、无夫妻。伏羲深感近亲繁殖的严重危害，提出了"正姓氏，别婚姻"，严禁同宗婚配，为提高人类素质作出重要贡献。

为了区别婚姻，人们开始采用徽志对不同宗族表示区别，同徽志的宗族之内的人不许结婚。姓氏也由此而来。一开始有用动物命姓的，有用植物命姓的，有用山水命姓的，有用自然现象命姓的，有用颜色命姓的，以后逐步过渡到以父名为姓、以地名为姓、以数字为姓、以图腾为姓、以国名为姓、以封地为姓等。

中国的姓氏有多少呢？现代学者统计，中国有19989个姓氏。由于时代变迁，中华民族保留下的姓氏有3500余个。前300个大姓中，有171个源于河南；前100个大姓中，有97个源于河南。人口最多的10个姓包括：张、王、李、赵、陈、杨、吴、刘、黄、周，其人口占我国总人口的40%；其次有徐、朱、林、孙、马、高、胡、郑、郭、肖这10个大姓，其人口占总人口的10%；再次又有谢、何、许、宋、沈、罗、韩、邓、梁、叶这10个大姓，其人口占总人口的9.5%。

古老相传，炎黄二帝为中华民族的始祖。虽然司马迁对炎帝进行了否定，但根据史学考证的结果，我们还是视炎黄二帝为中华民族的始祖。黄帝不是帝王，而是世号，史书称其为"轩辕氏"。轩辕氏受封于熊国（河南新郑），轩辕氏修法振兵，种五谷，扶万民。很多诸侯闻其贤德，叛炎帝而归轩辕。后来炎黄两族在今河北涿鹿激战，轩辕打败炎帝后称帝，而谓黄帝。炎黄二族自此休兵合力，和平发展。黄帝命仓颉造字、胡曹制衣、嫘祖缫丝、伶伦制乐器、岐伯行医疗、青阳造屋宇、货狄造舟楫。传说黄帝最后化龙归天，只留下衣冠冢在桥山（陕西黄陵）。黄帝有25子，以其封地为姓者有12个，即姬、酉、祁、己、腾、箴、任、荀、僖、佶、儇、依等。颛顼、尧、舜均为黄帝之后裔，就连夏、商、秦、汉、三国、晋、隋、唐、宋、明等朝代的王族都是黄帝的后代。黄帝后裔的姓氏共4742个，由黄帝直接派生的姓有1403个（单姓923个，复姓480个），间接派生的姓有1525个。

（二）姓氏文化是中华文化的重要内容

姓氏文化是中华文化的重要组成部分，其对中华文明的形成与延续，对中国历史的传承和发展，对中华民族精神的凝聚与弘扬，起到了极为重要的作用。

在世界文明史上，有四大文明古国，分别是古埃及、古印度、古巴比伦和中国。四大文明古国中能够延续至今的只有中国，其他三个国家或因异族的入侵而中绝，或因部族的冲突、斗争而消亡。他们的文明形成了断层，甚至连原有的文字都不能识别。中国虽然历经诸多风浪和坎坷，也遭遇了外族的入侵和破坏，但是这艘巨舰终究还是战胜了汹涌波涛，并能坚定不移地向着独立富强的方向挺进，其所依靠的就是中国文化的支撑和激励。

姓氏文化是中国文化很重要的一方面，也是中华民族能够走到今天的重要柱石。中华文化，广义地讲，是指中华民族5000多年来创造的所有物质财富和精神财富；狭义地讲，中华文化包含我们的语言文字、姓氏传承、宗教信仰、风俗习惯、文学艺术、道德观念等。姓氏传承既是中国文化的重要内容和重要方面，也是中华文化延续5000年的重要纽带。古老的中国之所以能够完整地保存和延续，而没有像另外三个文明古国那样走向分裂、断代，很重要的一个原因是中国人对姓氏文化的重视和传承，姓氏血缘起到了巨大的凝聚作用。

孙中山早就指出"族谱记述的中华民族，由宗族的大团结，扩大到民族的团结，这是中国人特有的良好传统观念"。梁启超也讲过，"我们乡乡家家皆有族谱，实可谓史界瑰宝。将来有了国立大图书馆，能尽集天下之家谱，俾学者分科研究，实为不朽之盛业也"。

从20世纪50年代起，海外一些学者和学术机构就开始重视对中国家谱的收集和研究，并取得了一批重要学术成果。这不仅对开展学术研究作出重要贡献，而且对增强海外同胞的寻根意愿发挥了积极作用。

家谱、族谱中蕴藏着大量人口学、社会学、民族学、民俗学、经济学以及宗族制度、人物传记等文献资料。研究和弘扬姓氏文化、宗亲观念，有利于增进中华民族的团结，有利于海峡两岸的和平发展，有利于中华民族伟大复兴的更好实现。

（三）弘扬姓氏文化需要关注的几个问题

1. 弘扬姓氏文化，一定要摒弃"圈子文化"

"圈子文化"是朋党文化，是腐朽文化。"圈子文化"一旦形成就会有人无原则地沆瀣一气、互相包庇、互相吹捧、拉帮结派、任人唯亲、排斥异己。近20年来，"圈子文化"害了不少人，产生了不少腐败分子，同时也给我们国家带来了巨大风险。改革开放以来，一些地方在"圈子文化"的影响下，多次出现宗族之间的殴斗，不仅损害了人们的团结，也影响了地方经济的发展。另外，在一些基层选举中，宗族势力为寻求本族利益的最大化，干扰选举各个环节，影响民主选举的公正性和公平性，给我们发展和巩固基层政权带来了很大风险。为此，在弘扬姓氏文化之时，一定要防止"圈子文化"的侵扰。

2. 弘扬姓氏文化，一定要着眼于爱国、敬业精神的传承

我们中华民族有着5000年的悠久历史，各个姓氏都在爱国敬业方面涌现出一批可歌可泣的英雄人物，以及数以万计的军事家、政治家、科学家，为我们国家的独立富强、为广大百姓的安居乐业作出不朽的贡献。与此同时，各个姓氏都有孝敬长辈、勤奋俭朴、好学上进的好家风、好典型，他们不仅是我们各个姓氏的骄傲，也是国家的财富。为此，弘扬姓氏文化，一定要立足于社会主义核心价值观的培养，传承好各个姓氏的好传统、好家风，弘扬好姓氏文化的正能量。

3. 要借助弘扬姓氏文化，加强交流合作

当今正处在知识爆炸时代，大数据、云计算、互联网推动着技术革命的到来。我们每个人不论学习还是工作，都需要从外界获取更多信息，需要各方面的合作。为此，弘扬姓氏文化，要立足于事业的发展和共赢，加强联系，互通信息。要按照亲、诚、惠、容的理念，互通有无，互学互鉴，互相帮助，共同发展。要用好经济发展的新机遇，尤其是"互联网+"、"一带一路"、城市化等大战略、大思路所蕴藏着的发展机遇。我们一定要对中国的发展充满信心，进一步解放思想，为争取发展的中高速、把产业发展推向中高端而加倍努力，作出贡献。

（2015年12月25日在中国第一届姓氏文化高峰论坛上的发言）

四　发展茶产业需要在文化上下功夫

博大精深的中华茶文化积淀而为茶文明，融入中华5000年文明的河岳英灵之中，瓜瓞绵绵，生生不息。现代茶产业发展离不开文化作为内涵支撑和引领统率。茶文化的引领与主导地位，不仅体现在中华茶文化的历史悠久与博大精深，中华茶人的文化自信与本色当行，也体现在茶行业的本质特性。中国茶企与从业者必须坚持"以人为本""以人民为中心"的发展理念。作为深谙文化之道的学者，任玉岭对茶文化有着不一样的解读。以下为其在湖南安化茶产业座谈会上的发言，论述如何从文化上下功夫推动茶产业的发展。

（一）茶产业大发展为扶贫作出大贡献

中国是世界上最早饮茶和种茶的国家之一，孙中山曾指出，中国曾是以茶叶供给全世界的唯一国家。中国茶叶的大发展始于改革开放之后，1985年，国家"星火计划"出台后，我们在组织适用技术的推广过程中，就支持了浙江龙井茶、福建乌龙茶和四川蒙顶茶的创新发展。据我所知，当时中国有六大名茶，除上述三种外，还有信阳的毛尖茶、黄山的毛峰茶和云南的普洱茶。在那时，中国茶不仅产区、产量十分有限，而且品种、品牌也较为稀少。

如今经过近40年的发展，中国茶树的种植已经扩大到20个省、900多个县，绿茶、白茶、黑茶、红茶、黄茶、青茶等六大类样样俱全。茶树的种植面积已达 4650 万亩，茶农有 8000 万人，茶企有 7 万多家，茶品牌 1000 个左右，茶叶年产量超过 255 万吨，年出口 35 万吨左右。茶叶本身的年销售额达 500 亿元，综合产值在 6000 亿元以上。

这次到安化来，看到了茶叶种植和茶产业的发展给安化带来的巨大变化。一个长期戴着国家贫困县帽子的安化县，在政府把茶叶作为重点产业集中力量突破后，茶树种植和茶叶产量不断加番，县财政收入超过 15 亿元，百姓因而脱贫，生活明显改善。今天，全国贫困县可持续发展大会在安化召开，全国政协的领导亲临会议指导，不仅是为了介绍和传播安化的脱贫经验，也是为了传播和推广安化种茶取胜的真经。类似于安化靠种茶脱贫致富的地方，在浙江、福建、四川、贵州、云南还有很多。茶树的种植既提高了农业劳动生产率，也大大提高了荒坡、山地的开垦面积和利用价值，特别是茶叶加工业的发展，促进了科学技术走进农区，也促进了农区经济与市场的对接。茶产业不仅成为脱贫致富的动力，也成了发展贫困山区经济的重要引擎。我曾在云南看到由香格里拉通往西藏的一段茶马古道，它位于云南怒江上游的丙中洛附近。这里山高水深，下面是汹涌澎湃的怒江，上面是碧罗雪山，人们为了运茶叶，不得不在山体上开辟出一条通道，形成了当时往西藏运送茶叶的必经之道。一片小小的茶叶，不仅拉动了物流，也改善了交通，还使当地成为重要的旅游景区。为此，我们要重视茶叶产业链的作用，要大力推进茶产业的发展，为精准扶贫和山区人民生活的改善作出贡献。

（二）弘扬传统茶文化，更好走向世界

中美贸易战，不仅给我们的制造业带来了下行压力，也为茶产业带来了发展困难。为了改变这种状况，我们必须提出发展茶产业的新思路，开创茶产业发展的新前景。而弘扬好传统的茶文化，用

好"一带一路"建设机遇不失为发展茶产业的新路径。

首先要看到中国茶在世界的地位和影响,以增强我们发展茶产业的底气和自信。据我所知,俄语中"茶"的发音是"zau",这是中国"茶"的同音语,而英语中的"tea"和法语中的"thé",其读音来自中国福建和广东对茶的方言读音。仅此就可以看出,茶是从中国走向世界的。实际上我们的丝绸之路,是瓷器之路,也是茶叶之路。为此,我们今天要有足够的信心,把握好茶产业发展的主动权,坚持以文化人,挖掘茶文化资源,讲好中国故事,壮大国际市场。

中国已有3000年的种茶史,茶产业的形成已有1200多年,茶文化博大精深。中国的茶史、茶经、茶诗、茶歌、茶舞、茶具、茶艺、茶人、茶馆、茶山、茶坊、茶路、茶道等都有着丰厚的积淀。

茶不仅可以为人解渴,同时也是人们休闲消遣、商业活动和创新交流的载体和媒介,茶馆成为人们交友会客、联络生意、交流信息、创客思想碰撞的场所和平台。茶叶中所含的维生素、茶多酚,有利于调节代谢、增强免疫等。我们的茶文化是历史的,也是现代的;是今天的,也是未来的;是民族的,也是世界的。为了使中国茶叶利用好"一带一路"机遇,更好地走向世界,十分需要对博大精深的茶文化进行挖掘和整理,要让收藏在禁宫中的有关文物、陈列在广阔天地中的有关遗产和书写在古籍中的有关文字都能活起来,对茶文化做好保护,并通过去伪存真、去粗取精,做好茶文化的传承和弘扬,使其更加有底气、有生气,从而为讲好中国的茶故事和拓展好中国茶的国际市场作出贡献。

(三)茶产业要抓住机遇,搞好创新

在国际经济下行压力加大和中美贸易摩擦加剧的情况下,我国的茶产业也出现一些新情况,遇到一些新困难。但我们绝不能因此

失去信心，而是要看到我们的发展仍然处在机遇期，要抓好机遇，搞好创新，大展宏图。

1. 要抓住社会主要矛盾已转化的机遇

党的十九大报告指出，我国社会主要矛盾已转化为人民日益增长的美好生活需要和不平衡不充分的发展之间的矛盾。在共享发展成果的理念与大力推动共同富裕的方针指引下，中国的低收入阶层人口在逐渐减少，中产阶级人口在快速增加，茶叶作为构建人们美好生活的一种需求品，一定会随着经济的发展和广大百姓收入的增长而逐渐扩大市场。中国年人均茶叶消费量迄今只有 0.76 公斤，同爱尔兰人均 2.3 公斤、英国人均 1.9 公斤、俄罗斯人均 0.94 公斤相比，还有很大的市场潜力。假如中国有半数人达到英国人均茶叶消费水平，中国国内茶叶年需求量就会增长 79.8 万吨。因此，我们要有足够的信心，继续打好茶产业发展之战，为脱贫攻坚及满足人民的美好生活需要而努力。

2. 要抓住"一带一路"的机遇

"一带一路"提出后的 5 年来，我们的朋友圈已达 100 个国家和组织，不仅很多欠发达地区需要我们的合作，就连西欧一些发达国家也加入了"一带一路"。我们国家的中欧班列，已从近 20 个城市开进了欧洲，中国到欧洲的航空货运，也通过郑州同卢森堡的合作，从欧洲发展到南美一些地区。随着"一带一路"基础设施的不断拓展，中国同中亚、南亚、东欧、西欧乃至非洲和南美的贸易往来与日俱增，中国同"一带一路"共建国家的茶叶贸易也一定会迎来新的发展前景。

3. 要抓住"互联网 +"和网络销售的机遇

随着互联网技术与云计算、大数据、人工智能、区块链技术的发展，网络消费已是风生水起。茶产业的发展，要抓牢网络化和智能化的机遇，这样做一方面是为了提高茶叶生产、加工与管理的效率和质量，另一方面是为了更加广泛地拓展茶叶市场，尤其要重视跨境电商的发展，以促进我们的茶叶更好走向世界。

4. 要狠抓创新，推动茶产业高质量发展

创新是企业发展的不竭动力，也是提升企业效益的不竭源泉。我们虽然是茶叶的原产国，但今天世界上生产茶叶的国家已有很多，印度、斯里兰卡、越南、印尼、肯尼亚、阿根廷、日本、孟加拉国等都在茶叶生产、销售方面同我们存在着激烈竞争。在这样的竞争态势下，只有创新才能进、才能强、才能胜。

创新包括思维创新、管理创新、科技创新、业态创新、品牌创新，我们的茶叶生产一定要全方位地关注创新。一要推进集约化生产，壮大企业生产规模。在这方面，无论是由企业流转土地独立经营，还是与农民合作，让农民入股，都需要用创新的思维，推出创新的模式。二要狠抓产品质量。特别是在种植过程中，要减少化肥、农药的使用，确保茶叶的食品安全，要创新检测方法与手段。三要调整好产销与茶农的利益关系。曾有人靠包装茶叶暴富，而茶农却收益甚低，这种情况也要通过创新进行转变。四要加大科技研发投入。大企业要建立研发机构，可以学习华为任正非的创新竞争意识，用 10% 的营业额投入研发创新。五要聚集人才。人才是创新取胜的根本，要舍得在人才上下功夫，扩大研发与经营人员的活动半径，要站在制高点上进行竞争，以在竞争中取胜。

（2019 年 10 月 4 日在湖南安化茶产业座谈会上的发言）

五 加强文化建设，打造拴心留人的营商环境

营商环境是市场经济培育之土、市场主体活力之源，抓好营商环境建设，是激发市场活力和社会创造力、推动经济高质量发展的重要支撑。文化是营商环境软实力的重要体现，是打造营商环境不可或缺的重要因素。在当前的市场经济发展格局下，迫切需要以文化软实力为营商环境赋能加码。任玉岭作为一名经济学家，常年关注营商环境建设，曾在 2020 年葫芦岛市举办的营商环境文化建设论坛上发表主题演讲，从文化建设角度，对如何优化营商环境提出真知灼见。

习近平总书记曾于 2018 年在深入推进东北振兴座谈会上提出了"以优化营商环境为基础，全面深化改革"的要求，并把打造拴心留人的大环境，创造人们安心、安身、安业的生活与工作条件视为深化改革的重要内容。为什么要拴心留人？为什么要创造安心、安身、安业的生活与工作环境？我认为这是针对东北人口外流的实际提出的。

我们的发展，一是为了人，二是要靠人干。人是发展的服务对象，也是支撑发展的基本力量。东北作为我国的工业基地、粮食基地、能源基地，曾经为社会主义建设、为抗美援朝作出不可磨灭的贡献。而今东北经济增长乏力并有所下滑，究其原因，见仁见智，各说不一。但就我而言，自然环境、地理气候固然是影响发展的因素之一，但绝不是决定因素。毕竟东北三省的发展也曾走在中国各

省、各地区的前列，并且在国际上，如北欧很多地区比我国东北还寒冷，但已有不少国家进入了发达国家的行列。因此东北的增长乏力，一定要从营商环境上找问题，需要从安心、安身、安业的生活与工作环境上下功夫。

有资料显示，2019年东北外流人口达39万，近4年流出人口达164万。2014年东北人口占全国总人口的8%，四年后降到7.7%。仅看这样一个人口比例，还不能发现大问题，重要的是这些外流人员同当年客家人流出中原一样，他们大都是社会的精英人士，多是有钱之人、有才之人。这些年东北人才大量流失，并引发外来投资者不入山海关的连锁反应，人口只出不进，这才是东北发展的致命伤。人是技术的载体、资金的载体、文化的载体，人才的只出不进，势必造成资金、技术和文化的只出不进，这就引发了东北经济发展的"贫血"和"缺钙"。特别是作为经济发展要素的市场和购买力的外移，必会造成东北发展的乏力。

我是经常在全国各地考察或参加活动的，就我的观察，流出的东北人，有很多是携出大量资金的。一次我在山东威海市乳山的银滩旁，看到大面积的别墅群，当地陪同人员讲，那里住的都是东北人。有一次去广西北海出差，在街上偶然碰到30多名东北人，他们上来问我哪里的房子可以买，他们都是准备在北海市买房的。还有一次我从北京出差去佳木斯，上飞机后有两个中学生来到头等舱同我坐在一起。我问他们从哪里来、到哪里去，他们说家住珠海，回佳木斯老家去看看。昨天我从广西回北京，在头等舱的第一排又遇上一家子东北人。他们本来在北京买了房，已住了好几年，这次到北海是因为喜欢北海的环境和气候，准备在那里买房过冬。另有我一个朋友的朋友，来自黑龙江，在北京天通苑有两套房，后来为了孙子上学又在中关村买了一套学区房，中关村的房价约每平方米16万元，很多北京人都望而生畏。仅亲身所见，就使我感受到东北人到外地的太多了，而且大多移居外地的东北人，可以说是比较有钱的。不然，为什么中学生可坐飞机头等舱？为什么他们可以成群结队去买房？为什么他们有条件买 16 万元一平方米的学区房？见微知著，东北人外流造成的钱、才双失问题对东北经济的影响决不能低估，我们更不能捂着、盖着，视而不见，避而不谈。实事求是地找出这个问题、解决这个问题才是破解东北振兴难题的关键所在。

那么，我们该怎样遵照习近平总书记的指示，建设好拴心留人的营商环境？我在这里提出五点建议。

（一）要高度重视文化力的强大作用，增强推进营商环境文化建设的紧迫感

今天这场讨论营商环境文化建设的会，开得很好、很及时。我看过一些地方打造营商环境的文件，本子很厚、条数很多，但就是不见文化的内涵。今天把这个问题提出来，很有必要。一个民族、一个国家的发展离不开文化的先导力、引领力、和合力、平衡力、微调力在方方面面的渗透。中国之所以能成为世界四大文明古国中唯一得以延续至今的国家，就是靠了中国文化的延续和不断档。我们很多优秀文化——包括红色文化——所蕴含的思想观念、人文精神、道德规范，给了人们无穷无尽的滋养，确定了中华民族勇于奋斗、自强不息的人生观、价值观。最近央视播放了《摇篮》《长征》《彭德怀》《刘伯承》《陈赓》《洪学智》《韩先楚》等电视剧，共计400 多集，其中所展示的革命精神、人生价值，正是中华民族近百年来站起来、富起来、强起来的强大支撑力量。为此，我们东北的发展一定要重视营商环境文化建设的重要作用，要增强推进拴心留人的营商环境文化建设的紧迫感，用好文化的先导力、引领力、吸引力，把东北人留在东北，让更多人走向东北，这样东北就会大有希望。

（二）要提升广大百姓的家国情怀，激发东北人对家乡的热爱

我在 20 世纪 80 年代，两次去日本大分县学习其"一村一品"运动。今天"一村一品"已普及全国，但很多人还不知道日本人当时搞"一村一品"的重要秘诀。我同日本大分县知县平松守彦交谈时，他告诉我，"要搞好一个地方的发展，必须这个地方的人民热爱这个地方"。当时大分县很穷，人口大量外流，平松守彦从国家土地资源部派遣到当地任知县后，针对这一问题，提出"爱大分，建大分"的口号，激发了广大百姓对大分的热爱之情。政府竭力打造宜居宜业的环境，并通过"一村一品"运动，使大家有业可就、有利可图，让大分县走上了富裕之路。特别是海港、空港建起后，大分县又搞起了空港产业和海港产业，其经济实力迅速走在了日本各地县的前列。我于 20 世纪 80 年代末去北海任副市长时，做的第一件事就是做了六次"我爱北海"的报告，受众达 5000 人以上。大家看到我这个外地来的人都如此热爱北海，都开始触发对北海的热爱之情，由此提振了信心，增强了发展的紧迫感。

我还记得，曾经去北海要先坐三天的火车到南宁，再由南宁坐八个小时汽车到北海。当时北海城市级别同广州、宁波、大连是一样的，但全市仅有一个红绿灯，财政收入才几千万元。但是，大家都热爱这个地方，从而加快了北海的发展进程，也吸引了全国各省和十几个国家的人大量走进北海。北海顿时有 600 多家外省的办事处和 125 家设计院落户，成为 20 世纪 90 年代初发展最快速的城市。今天要振兴东北的经济，也十分需要通过弘扬热爱东北的文化，达到拴心留人、减少人员外流之目的。

（三）在营商环境的打造上，一定要有远大的战略眼光，促进地方的人文交汇

正如人们看到的，混血儿大多聪明、漂亮。在中国也可以观察

到南方和北方、东部和西部的青年人结婚后，二者家庭距离越远，后代越聪明、漂亮。经济的发展也是这样。改革开放后，深圳因开放力度大而成了移民城市，来自不同地方的人认识、观念、风俗、习惯不同，很容易碰撞出更多的思想火花，这是促进深圳发展的重要动力。相反，一些地方都是清一色的本地人，发展动力相对缺乏，发展速度必然缓慢。

改革开放初，我初到东京、伦敦、巴黎、纽约时，感觉最为突出的就是那些地方人文交汇的程度之深、范围之广，让人为之一振。在那些地方可以随时看到世界上不同的人种，可以随时听到英语、法语等多种语言。现在看来，这种人文交汇的局面，就是这些地方发展的动力和繁荣的依据。为此，我们在讨论营商环境文化建设时，一定要关注地方的人文交汇。

20世纪80年代，我刚到北海任职时便提出要引进三种人（即戴眼镜的、说普通话的、讲外国语的），并断定这三种人大量涌进北海之时，就是北海振兴之日。事实上，被称为"三种人"的知识分子、外地人和海外的朋友大量涌进北海后，不仅提升了当地人的认知水平、管理水平、创新意识，也大大提速了这个地方的发展进程。早期去北海时，想吃面条都没地方买，而后来随着人文的交汇，像四川担担面、兰州拉面、朝鲜冷面、上海阳春面、北京炸酱面、山西刀削面、河南烩面在北海全都有了，这就是人文交汇的作用和威力。

因此，为了提振东北特别是葫芦岛的发展，更好打造营商环境，我们一定要站高看远，要有意识地创造条件，让五湖四海之人，向我们葫芦岛聚集，要把葫芦岛的新城区龙港打造成移民城区，形成人文交汇之地。

（四）政府要坚持亲清的政企关系，通过制度和政策厚待投资人，成就企业家

这里所讲的企业家，既包括国企企业家也包括民营企业家，而往往更需要关注的是民营企业家。我们一定要看到民营企业发展的必要性、重要性，要怀着对民营企业家的真心关爱，在坚守清正廉洁底线的前提下同民营企业家交朋友。为了让民营企业家施展才干促进企业更好发展，十分需要创建"厚待投资人，成就企业家"的文化氛围。要坚决做到对投资人的五个厚待：一是感情厚待，二是政策厚待，三是税费厚待，四是金融厚待，五是设施与服务厚待。要在生产要素的平等使用、市场竞争的平等参与和权益财产受保护的公正执法等方面完善政策和机制，要在招投标、资源利用、市场准入、审批许可、经营运行、军民融合、户籍配额等方面打造公平环境。在税费和融资方面要坚决反对竭泽而渔，搞好减税、降费，减轻企业负担。在金融方面要正风气、端方向，改变重大轻小、重富轻贫、重国有轻民营的习惯路径，出台得力举措，保障民营经济融资发展。在设施与服务方面要解决好水、电、气、通信与道路的"最后一公里"，搞好诸多申报的一站式审批和短时间办成。坚决杜绝乱收费、乱罚款、乱摊派、乱检查，实行负面清单管理，清理不合理审批，减少政府对市场的干预。

作为投资人和企业家，也一定要坚持搞好亲和清，要珍惜国家、政府对民营企业的厚爱，要牢记习近平总书记所讲的"企业营销无国界，企业家有祖国"，一定要担负起国家交予的使命和责任，要为我们 2035 年基本实现社会主义现代化，努力尽职尽责，作出新贡献。

（五）强化人人都是营商环境的意识，重视硬环境打造和宣传、接待工作的提升

对于一个地方、一个城市而言，每个人的行为都会影响到营商环境。20 世纪 90 年代安徽铜陵，曾因出租车司机对外商的热情和周到服务，感动了外商，获得了投资。相反也有地方因为一个人不尽责或不热情，而失去了外商的投资商机。当年新加坡发展局到上海研讨建设新加坡工业园一事，因相关人员接待不当，新加坡发展局的人买好机票准备第二天就回国。此事被苏州市政府听说后，第二天便赶在新加坡官员上机前同他们进行了洽谈。苏州市政府相关人员的热情接待，最终促使新加坡工业园落户苏州。苏州既不是直辖市，也不是省会或副省级城市，而能在今天成为国内第一大工业城市，不能不说与类似的行为有关。

为了葫芦岛新港区的发展，一定要明确知名度也是生产力，宣传和接待也能创造生产力，我们一定要提高知名度，加大宣传力度，搞好接待工作。特别是窗口服务单位，一定要再上一个新台阶。此外，葫芦岛还需要进一步完善基础设施，要打造好天蓝、云白、山青、水秀、树绿、花红的自然生态。新加坡前总理李光耀曾经讲，新加坡一个弹丸之地，之所以能吸引全世界那么多的投资人，主要就是因为城市的绿化美化，他们城市中的一个建筑物就是一件艺术品。我们的政府除了要重视对自然生态的打造外，还要重视交通建设，要建好铁路、公路、机场和港口。葫芦岛还需要建设支线机场，有机场的城市才是真正开放的城市。要做好城市规划，打造好城市公园和广场，使大家休闲有地方、娱乐有去处，使城市宜居、宜业、宜学习、宜养老，真正做到拴心留人，给人以安心、安身、安业的生活与工作环境。

（2020 年 11 月 28 日在 2020 营商环境文化建设论坛上的发言）

六 关于加强保护与弘扬京剧艺术的建议

党的十九大报告提出，要深入挖掘中华优秀传统文化蕴含的思想观念、人文精神、道德规范，结合时代要求继承创新。在庆祝改革开放40周年大会的讲话中习近平总书记再次提出，要传承和弘扬中华优秀传统文化，推动中华优秀传统文化创造性转化、创新性发展，努力创造光耀时代、光耀世界的中华文化。在这一背景下，京剧艺术的保护与传承问题值得更多的关注。

京剧具有悠久的历史、独特的魅力和深厚的群众基础，是表现和传承中华优秀传统文化的重要载体。京剧也是广大人民群众最喜闻乐见的传统艺术形式之一，优秀的京剧传统剧目中所包含的道德规范、审美规范、艺术规范，集上千年中华优秀传统艺术精华之大成，已经成为闪耀民族光辉的经典。然而京剧艺术的保护与传承仍有待实质性的改善。任玉岭历来关注京剧艺术，他早年提出的支持保护和振兴京剧艺术的建议，至今仍具有极大的借鉴和参考价值。

（一）保护与弘扬京剧艺术，是中华民族文化建设的重要任务

京剧，又有"国粹"的雅称，经过200多年各京剧流派艺术大师的锤炼和创新，这门艺术已经成为中华民族的文化瑰宝。

老一辈革命家十分重视京剧的繁荣和发展。新中国成立后，在

毛泽东主席和周恩来总理的亲切关怀下，在北京较早成立了"中国京剧院"和"北京京剧院"，全国各地有 200 多家京剧院团，推动了京剧事业的蓬勃发展，让京剧走过了一个辉煌的时代。

作为最具特色的民族艺术，京剧不仅在国内拥有相对固定且为数众多的追随者、爱好者，在海外也有大量十分喜爱京剧的华人和外国人。长期以来，京剧还是中国文化对外交流的重要载体。如宁夏京剧院，就曾代表国家访问过亚、非、欧、美四大洲的 30 多个国家，受到了各国人民的欢迎。2 月 19 日湖北省京剧团在纽约演出后，得到观众的高度赞扬，掌声经久不息，纽约市政府当即决定与湖北省京剧团签约，并把 2 月 19 日定为"纽约中国京剧日"，希望该团每年都能赴纽约表演。

中华民族历经 5000 年的文明创造所形成的伟大民族精神和民族文化，由于受到 10 年的文化浩劫和市场经济及舶来文化的冲击与影响，有很多艺术形态已经淡出舞台，甚至被人遗忘。在今天，既存在对其进行传承的必要性，也存在对其进行弘扬的紧迫性。京剧艺术不仅是传承民族文化的艺术载体，也是弘扬和陶冶伟大民族精神的重要形式和手段。因此发展京剧艺术，绝不能仅仅将其作为一种娱乐工具来对待。政府应立足于保护和传承中华文化的战略高度，重视对京剧艺术的支持和发展，给予其更多的关心和支持。

（二）经费严重紧缺，京剧艺术发展前景堪忧

经费匮乏是造成剧团缺乏领军人物、新星难以成长、人才大量流失、无力开拓市场、演练设备陈旧、演职人员学习与生活环境恶劣等问题的真正根源。现在很多京剧院团人员每月工资平均只有一千元，很多年轻的演职人员每月工资只有五六百元。大多数地方财政仅向京剧院团支付工资的 60%，最高的支付 90%。但因各院团还会从财政支付的工资额度中再扣 20%～30%用作院团的办公费用，

因此，不少人只能拿到40%～50%的工资，导致一些演职人员不得不在下班后去做临时工。

据统计，我国原有250个京剧院团，现在已经有三分之二垮掉了，尚存的76个院团，也是生存维艰。多数京剧院团办公条件极差，演职人员生活与工作环境十分恶劣。如兰州京剧团，领导都是在屋顶搭的夏热冬冷的简易工棚中办公。宁夏京剧团的办公设施和职工住房迄今还是20世纪50年代建的，有的房屋还是"干打垒"。我们看到一些一级演员，全家住房才60平方米，房屋内没有卫生间、天然气，公共厕所无化粪池，也没有自来水。看到这般近乎凄凄惨惨的场面，几位考察团的老艺人都流下了眼泪。

京剧曾经有过大师辈出、流派纷呈的时代，而今大师出不来、流派出不来、新星出不来，就连二十世纪六七十年代曾经辉煌一时的京剧明星和各流派传人也成了被冷落的群体。如此下去，京剧将会随老一辈艺术家的逝世而危在旦夕。

（三）关于保护和振兴京剧艺术的建议

1. 加大投入，确保京剧的运作和发展

近年来，京剧在市场上的竞争力已经很弱，要使这项优秀文化遗产传承下去，政府必须予以经费上的支持。京剧演职人员的工资应该实行全额拨款，并逐步提高工资水平；要改善京剧院团的练习场地和办公条件，解决好演员特别是获高级职称演员的住房和看病问题；要加大人才培养投入，防止后继乏人。据我们测算，现有76个剧团，每个剧团每年增拨500万～1000万元，每年有4亿～8亿元即可使全部问题得以解决。根据今天的财政实力，我们完全有能力支持这76个京剧团全面发展。而同时需要注意的是，不能一讲财政支持，都搞锦上添花，造成贫穷地区的院团仍需要地方财政买单，实际又因当地的财政买不起单而致使京剧团继续困难。因此不能把

中央财政拨款都用于发达地区，而使其与欠发达地区无缘。京剧改革一定要从中西部财政实力过于薄弱的地区文化更需发展的实际出发，将中西部京剧院团纳入中央财政支持的领域，使其得以保存和发展，为中西部振兴做贡献。

2. 出台政策法规，对京剧进行保护和弘扬

同中国京剧一样，世界上有很多国家和地区的传统艺术，都因受到现代影视的冲击，出现了一定的发展困难。但是他们没有把自己的传统艺术推向市场，任其消亡，而是制定出特殊的政策法规给予优待和保障。日本、新加坡、英国、奥地利、俄罗斯的做法都证明了，传统的戏曲、舞蹈等艺术只要有良好的保护措施，不仅能走出困境，而且可以保持繁荣。例如莫斯科仅有 900 万人口，而大大小小的剧场就有数百家之多，剧场的繁荣景象展示了其传统艺术经久不衰的魅力与生机。

因此，我国需要尽快出台保护和发展京剧的政策与法规，其应包括：（1）确立京剧事业作为公益文化事业的定位；（2）对京剧拨款额度要制度化并确保其逐年增长；（3）规定中小学音乐课程中要有京剧教学时间；（4）设立京剧发展基金会，制定企业赞助京剧事业的免税办法；（5）对京剧人员的职称评定和高级京剧演员退休年龄作出特殊规定；（6）媒体要重视对京剧的传播和宣传。

3. 适应时代要求，推进京剧改革

京剧的振兴，最终取决于京剧工作者的努力。一是要改变文化管理部门对京剧发展的不作为，加强对京剧改革的领导。二是要重视人才的培养，借各流派传人尚能工作的时机，加大其对年轻演员的指导力度。三是要加强京剧艺术的研究和教学工作，培养既懂得理论又熟悉表演的高级人才，培养京剧明星。四是要不断创新，努力使京剧适应时代发展和市场需求。五是要大力开拓观众市场，除

了增加演出场次，使演出走进校园外，还要提倡发展京剧大篷车，到城市社区、广大农村演出。六是要大力创造条件，实施京剧"走出去"战略，提高京剧的国际影响力。七是要在重视保有传统经典剧目的前提下，推出更多面向市场、贴近生活、贴近群众的新节目，最大限度地吸引观众，使京剧逐步形成自我发展能力，再现中华民族这一艺术精粹的辉煌。

（曾收入《中国政府参事论丛·任玉岭文集》，中国时代经济出版社 2008 年版）

七　非正风气，无以创新异

习近平总书记曾指出，"一部好的作品，应该是把社会效益放在首位，同时也应该是社会效益和经济效益相统一的作品。文艺不能当市场的奴隶，不要沾满了铜臭气"，"文艺工作者应该牢记，创作是自己的中心任务，作品是自己的立身之本"。乱象横生的书画市场，务须洗牌整顿。任玉岭作为中国书法学院名誉院长、中国书画协会名誉主席，面对浮躁的书画市场，始终保持冷然的清醒，并多次提出建言，呼吁书画市场必须回归理性，书画业应回归服务大众。

书法、绘画作为中华文化的载体，同文学、戏曲、音乐等一样，都是中华民族文化的重要组成部分。它们不仅是人民群众的精神家园、精神食粮，也是延续国家与民族血脉以及向世界展示中华民族形象的重要方式。

中国的书画艺术，经过 5000 年来千百万人民群众和艺术家的实践和创造，博大精深，千姿百态，波澜壮阔，是其他很多艺术类别所不能企及的。中国的书画艺术，既是历史的也是现代的，既是今天的也是未来的，既是民族的也是世界的，十分值得珍视和弘扬。

面对中华民族的伟大复兴和人类命运共同体建设的伟大使命，为推进中国书画艺术的薪火相传，必须处理好功利主义、浮躁之风对书画艺术界的不良影响，非正风气，无以创新异。只有坚持反腐倡廉永远在路上，我们才能搞好书画艺术的守护与传播、继承和弘扬。

反腐败、正风气，在认识上加强重视，在操作上强化举措，不仅是弘扬真善美、遏制假丑恶所必需的，也是端正书画艺术发展方向，增强艺术家的责任心、使命感，开创书画艺术蓬勃发展的新局面所不可或缺的。

现针对书画界的实际情况，提出如下五点建议。

（一）管理上要祛疴治乱，反腐倡廉永远在路上

我们必须承认，党的十八大之后，以习近平同志为核心的党中央，坚持以刮骨疗毒、壮士断腕的勇气进行的以猛药治疴、以重典治乱的反腐倡廉，是大得党心和民心的。正是这场抓铁有痕、踏石留印的伟大斗争，才使我国避免了亡党亡国的巨大风险，重新走上民族伟大复兴的康庄大道。

书画界不是世外桃源，也绝不是法外之地。在书画艺术的管理领域存在着严重的权钱交易，书画大师、清华大学艺术学院教授吴冠中生前曾在全国政协呼吁解散相关协会，因为广大百姓对书画界存在的腐败怨声载道。我有一次做政协视察团副团长，在去云南视察的路上同吴冠中老师聊天，听他讲到我们某些书画协会真的把手中的权力当成了摇钱树。吴冠中老先生当时提出的这个观点，遭到了一些权贵的指责和反驳，因而久久无人问津。直至去年，书协、美协因某些主要领导被查处，一些问题被曝出，这正表明人民群众的眼睛是雪亮的，吴冠中老先生所提的意见是正确的。

我们的某些协会不仅把发展会员、发展理事等作为摇钱树，而且为了使手中的权力能够赚到更多的钱，还大搞什么书法乡、书法县、书法城、书法学校、书法景区等。书画界掌权者长期以来在用权方面的不光明、不正大、不坦荡，不仅搞乱了书画界的人才晋升和使用，也直接破坏了我国书画艺术的健康发展。因此，为了书画界的更好发展，我们必须进一步打破这个行业的潜规则，使祛疴治

乱、反腐倡廉永远在路上。

（二）腐败与功利主义所致的书画界乱象需要拨乱反正

长期的腐败与功利主义在书画界管理方面的滋生和蔓延，造成了由上到下的很多乱象。今天在腐败的盖子已经揭开的情况下，十分需要对这些乱象造成的后果进行拨乱反正。

一是需要对人才的安排和使用进行拨乱反正。我曾听闻一位从南方到北京来搞文化的年轻人，连汉字都写不好，却因为有钱，而成为某协会的会员和理事。同时也获悉，有人书画创作水平很高，申请入会的手续办得十分齐全，只是因为对领导不跑不送，而长期被拒之门外。类似这样一反一正的情况，在腐败盛行期间不知发生了多少例。这一方面造成少数人的沽名钓誉，他们霸占与掌管了一些学术头衔和权力；另一方面也造成有真才实学之人，因进不了协会，才华可能被埋没。管理方面的腐败所造成的乱象必须拨乱反正，对用钱买到的会员、理事、秘书长等，需通过考核重新安排；对长期被拒之门外的人才，需打开大门，进行补救。

二是需要对各地用钱买到的种种桂冠重新定夺。我曾看到，一个因为开采煤而新崛起的城市，在书法方面没有任何基础，却只是因为有钱，买到了"书法城"的桂冠；更因为有钱，出巨资弄来了书协一些并不很高明的作品，建成了书法博物馆。诸如此类的书法市、书法县、书法乡，还有什么书法山、书法景区、书法企业等，在全国上下、南北各地，为数不少。这都是腐败的产物、权钱交易的结果，按理说不能给予承认。但考虑到一些地方的发展实属不易，建议在查清权钱交易的内幕后，其桂冠之名是留是舍需重新定夺。

（三）书画的文艺评论，需要造就强有力的队伍，真正弘扬正能量

从"文化大革命"到今天的 50 年，我们的文艺评论成了一个严重的短板。在种种不良导向和金钱至上观念的影响下，文艺评论大大被削弱，文艺评论严重被扭曲。

要推动书画艺术的创作与发展，必须有文艺评论的监督和站岗。没有文艺评论，就如同城市里没有警察，就会出现车辆的横冲直撞，就会有坏人当道。没有文艺评论，就会出现书画创作的丑美不分、真假难辨，就无法按照人民大众对文艺的要求，推出新人，培育大家。

现在的情况是，一些自称的所谓评论家，由于缺乏应有的教育和考核，又缺乏马克思主义信仰和必备的职业道德与个人道德，常常是以"关系"为准则，以功利为目标。在圈子文化极重的情况下，常有人把黑的说成白的，把假的说成真的，把丑的说成美的，对书画艺术的正常发展所起作用是破坏性的。比如有一次，我接到一位擅长书法的老部长的电话，要我看一重要报纸上发表的某秘书长的"丑书"书法，下面有一篇很长的评论为其鼓吹和叫好。那位部长认为这是颠倒黑白，在把中国的书法引向毁灭的方向。

为了使书画艺术能够在正确的轨道上健康成长，搞好鞭打丑恶、扶植美好，我们必须重视书画评论家的遴选和培养，要下功夫造就一批有较高艺术造诣，有较强革命责任心，能坚持正义、天下为公，且职业道德、个人道德高尚的书画艺术评论家。要像聘任大法官一样，授予头衔，给予待遇，专职书画艺术的评论与批评，以推动书画艺术健康发展。

（四）书画艺术作品的宣传出版，需要对相关机构与权限进行整治和约束

腐败所致的书画行业的宣传出版问题颇多，机构缺乏审定，权限无人约束，几乎成了某些人赚钱营利的黑洞。

现在，报道和出版书画专刊、书画专集、书画书籍、书画邮票的机构、单位名目繁多，数不胜数。所见出版物如《一代宗师》《中国名家》《领军人物》《国礼高手》等，五花八门，占尽风头。一些书画家，为了提高自己的地位，扩大自己的名声，不惜同这些为赚钱创收而搞宣传出版的机构结合在一起。这不仅搞乱了书画创作，也搞乱了图书市场。

还有，过去出版商出版作品是要给作者稿费的，二十世纪五六十年代虽然条件十分困难，我们有些作家的作品，一个字还能换回一个馒头。而中国今天的出版界整个翻了个个，很多人的书籍出版、论文刊登不仅没有稿费，还要交数额不小的出版费、版面费，知识的价值在这里完全消失了。

就我所知，国家不少单位和部门，都有一些专家出版书籍和作品的补贴费，能否把这个不合理的补贴，通过国家财政统一转给出版企业，从而回到知识有价值的时代，改变现在谁有钱谁出版的局面，使真正的好作品得以出版，实现其价值，并为作者带来财富。

为了整治学术乱象，真正提高出版物的价值和真实性，建议认真彻查以上有关情况，以扭转书画宣传出版中有损书画艺术发展的种种乱象。

（五）书画艺术的传承与弘扬需要坚持马克思主义的指导和信仰

书画艺术的发展既需要传承中国的优秀传统，又需要吸取整个人类创造的艺术精华。在处理古今中外的关系上，我们既不能不要继承，也不能厚古薄今；既不能封闭保守，也不能唯洋是从。这就需要用好马克思主义的唯物辩证法，坚持以马克思主义为指导。

中国革命的胜利，新中国成立后 70 年的发展、40 年的改革开放，以及此番战胜新冠肺炎疫情，实际上都是马克思主义的胜利。马克思主义是迄今人类历史中最科学、最严密、最有生命力的理论体系。我们的书画艺术要取得更好发展、更大成就，就要坚持马克思主义的指导，以人民利益为中心，站在人民的立场，反映人民的愿望，学好用好唯物辩证法，解决好传承与创新的关系问题。

我们的书画艺术队伍中，有些人在书画创作中不讲继承而求所谓创新，追求怪异，丑态百出，使创作成了无源之水、无本之木。也有一些人，一讲弘扬传统，就跳进顶礼膜拜、故步自封的泥潭，走向另一个极端。还有一些人，为了创新，就以洋为尊，以洋为贵，以洋为美，唯洋是从。为摆脱这些极端思维，我们就一定要坚持在马克思主义的指导下，创新思维，从实际出发，做到实事求是，既要见事物发展的森林，又要见事物发展的树木；要使我们的创作接地气、增底气、灌生气，在吸收外来、面向未来的过程中与时俱进，强化中国艺术的风格和气魄，垒筑中国艺术的大厦和长城。

依据这样的思考，我想我们的书法改革还有两项工作需要推进。一是，需要借此盛世，统一和完善我们的草书字典。草书是书法最高超的艺术所在，但我们的草书字典，一个字有很多种写法，如福和寿都有上百种写法，其作为特有艺术可以保留。就绝大多数的汉字而言，我们可以允许不同笔法的存在，但不能让古人写错了的字体进入字典代代相传。随着"一带一路"、人类命运共同体建设的推进，以及中国国际地位的迅速提升，中国书法正走向世界，我们应抓住这个时机，做好草书字典的编纂工作。

二是，中国书法已经走进校园，我们需要改变"写书法一定写繁体字"这一不成文的规定。周恩来总理当年在《当前文字改革的任务》中指出，"书法是一种艺术，当然可以不受汉字简化的限制。……因此汉字简化不会对我国的书法艺术有什么不利的影响。同时我们也应当欢迎书法家按照简化汉字书写，以提高简字的艺术水平"。现在很多年轻人不认识繁体字，如果一定要用繁体字写书法，不利于书法艺术的弘扬和传承。我们应该从今天起，按照周总理的建议，提倡书法按简体字进行书写。

总而言之，当前的书画市场须回归理性，书画业要坚守服务人民群众的宗旨，书画艺术应在更加清朗的环境中传承弘扬、发扬光大。

（原载《智慧中国》2020 年第 6 期）